Materialistische Staatskritik

Moritz Zeiler

Materialistische Staatskritik

Eine Einführung

Reihe
theorie.org

Schmetterling Verlag

Bibliografische Informationen der Deutschen Nationalbibliothek
Die Deutsche Nationalbibliothek verzeichnet diese Publikation in der Deutschen Nationalbibliografie; detaillierte bibliografische Daten sind im Internet über http://dnb.d-nb.de abrufbar.

Schmetterling Verlag GmbH
Libanonstr. 72a
70184 Stuttgart
www.schmetterling-verlag.de
Der Schmetterling Verlag ist Mitglied von aLiVe,
der assoziation Linker Verlage.
ISBN 3-89657-671-2
2. Auflage 2022
(1. Ausgabe von 2017)
Printed in the Czech Republic

Satz und Reproduktionen: Schmetterling Verlag
Druck: EuroPB, Príbram

Inhalt

1 Einleitung

> *«Wie zur Strafe für die Unterlassungssünden der Vorväter, die es versäumt hatten, den Gegenstand der Marxschen Kritik abzuschaffen und sie damit gegenstandslos zu machen, muss man noch heute, mehr als 100 Jahre nach ihrem Erscheinen, sich beim Studium der blauen Bände die Augen verderben, nur damit man halbwegs begreift, was man treibt, ohne dass man es deshalb schon im geringsten ändern könnte, was ein unbeschwertes Lesevergnügen umso weniger ist, als kein Ende absehbar erscheint. [...] Und dies, nämlich der Zwang, sich unter dem Kapital mit den blauen Bänden abquälen zu müssen, wäre kein schlechtes Motiv, das Kapital abzuschaffen und Verhältnisse herbeiführen zu wollen, unter denen man die blauen Bände ungelesen ablegen kann.»*[1]

Karl Marx (1818–1883) hatte vor, im Rahmen seiner Kritik der politischen Ökonomie auch ein Buch zum Staat zu schreiben, konnte dies zu Lebzeiten aber nicht mehr realisieren. Marx' Hoffnung, mit seinen kritischen Analysen der herrschenden Verhältnisse zu deren emanzipatorischer Überwindung beizutragen, hat sich bislang nicht erfüllt. Bis heute haben die vom Marx'schen Werke inspirierten Bewegungen es nicht vermocht, die befreite Gesellschaft zu verwirklichen. So wie seine drei Bände des *Kapital* seit ihrem Erscheinen vielen Generationen der Linken eine profunde Analyse zum besseren Verständnis der kapitalistischen Ökonomie boten, so sehr vermissten diese eine entsprechende Kritik des Staates und der Politik. Daher wurden die wenigen fragmentarischen Überlegungen zum Staat bei Marx von vielen marxistischen Intellektuellen als willkommener Zitatenschatz verwendet, auf dessen Basis sie unterschiedlichste Interpretationen zum Charakter staatlicher Herrschaft in kapitalistischen Verhältnissen entwickelten. Nun verdankt die Menschheit nach Wolfgang Pohrt «dem Marxismus

1 Pohrt 2010, S. 138 f.

ganze Bibliotheken, die man weder durchlesen kann noch mag».[2] Deren Regalreihen biegen sich unter der Last der insgesamt 43 blauen Bände der Marx-Engels-Werke (MEW) und der inzwischen noch umfangreicheren Marx-Engels-Gesamtausgabe (MEGA) sowie der voluminösen Sekundärliteratur. Zu all dem ist die Linke nach Johannes Agnoli (1925–2003), einem der brillantesten marxistischen Staatskritiker, mit einer weiteren Hinterlassenschaft von Marx konfrontiert, die er die «Negation des Staates» nennt.[3] Marx wollte eine Kritik der politischen Ökonomie in ihrem «idealen Durchschnitt»[4] formulieren, also die zentralen Kategorien und Dynamiken der kapitalistischen Produktionsweise herausarbeiten und weniger eine Analyse spezieller Regionen wie Großbritannien oder einzelner Epochen wie des 19. Jahrhunderts verfassen. Dementsprechend wäre die Kritik des Staats im «idealen Durchschnitt» die zentrale Aufgabe einer materialistischen Staatskritik. Die Marx'sche *Kritik der politischen Ökonomie* möchte weniger eine Alternative zu bürgerlichen Analysen ökonomischer Verhältnisse sein, als vielmehr eine Kritik dieser Verhältnisse. Und genau so will materialistische Staatskritik nicht lediglich eine Alternative zu konservativen und liberalen politischen Theorien sein. Vielmehr soll die kritische Analyse der gesellschaftlichen Herrschaftsverhältnisse zugleich deren emanzipatorischer Überwindung dienen und Verhältnisse jenseits von Staat und Kapital denkbar und wünschbar machen.

Die zentralen Elemente einer an der Marx'schen Gesellschaftstheorie orientierten Staatstheorie sind also: Analyse, Kritik und Subversion. Als kritische Analyse von Herrschaftsstrukturen beschäftigt sie sich mit der Frage, wie die Gesellschaft beschaffen ist, in der wir leben. Im Kontrast zu liberalen und konservativen, aber auch faschistischen Theorien untersucht sie den historischen Charakter von Herrschaftsverhältnissen, weil sie nicht an deren Legitimation sondern an Emanzipation interessiert ist. Wenn die gesellschaftliche Ordnung nicht als eine natürliche, sondern als historische verstanden wird, kann sie auch verändert und durch eine neue Ordnung ersetzt werden, die nicht auf Zwang und der Herrschaft von Menschen über Menschen basiert. Theorie ist somit Voraussetzung für

2 Pohrt 2010, S. 140.

3 Agnoli 1998a, S. 220.

4 MEW 25, S. 839.

eine kollektive Praxis gesellschaftlicher Veränderung, aber keine simple Handlungsanleitung. Die Aufgabe emanzipatorischer Bewegungen ist Agnoli zufolge nicht die konstruktive Kritik des Bestehenden und die Korrektur von Missständen durch Reformen, sondern die Negation von Zwangsverhältnissen, worunter Agnoli auch den Staat fasste.[5] Ein Beispiel staatlichen Zwangs gegenüber den auf seinem Territorium und unter seiner Herrschaft lebenden Staatsbürgerinnen und -bürgern ist die Kontrolle über Leben (Geburtenkontrolle, Abtreibungsrecht oder -verbot, Bevölkerungspolitik) und Sterben (Unterwerfung unter ein staatliches Gewaltmonopol, Militärdienst, in manchen Ländern die Todesstrafe auf bestimmte Straftaten). Der Staat reglementiert aber auch Bildung, Mobilität (staatlich ausgestellte Pässe erlauben legale Reisen in andere Länder, fehlende Visa verhindern sie) und viele andere Aspekte des alltäglichen Lebens und schränkt dadurch individuelle Freiheiten ein. Staatliche Einschränkungen individuellen Handelns bieten jedoch auch Schutz vor Gewalt und Willkür. Das in Gesetzen und Verfassungen festgeschriebene und für alle geltende Recht, das durch das staatliche Gewaltmonopol garantiert und durchgesetzt wird, schützt die Staatsbürger_innen vor Bedrohung und Diskriminierung. Solange keine gesellschaftlichen Bewegungen in Sicht seien, die eine Emanzipation von Staat und Kapital realisieren könnten, so Agnoli, sei es die Aufgabe kritischer Individuen und Initiativen, mit «Geduld und Ironie» subversive Theorie zu betreiben: «Sinn der subversiven Theorie liegt: im Nachdenken über schlechte Zustände und in der Einsicht in die Notwendigkeit der Umwälzung, im Entwurf des Neuen. Denn nur so verstanden, konjugiert sich Subversion auf Emanzipation.»[6]

Staatstheorie als subversive Theorie versteht sich auch als Revolutionstheorie, als Plädoyer für andere, poststaatliche Verhältnisse. Die Linke hat dafür diverse Begriffe geprägt: befreite Gesellschaft, Verein freier Menschen, gesellschaftliche Emanzipation, Kommunismus.[7] Neben dieser revolutionären Tendenz gibt es auch eine reformistische Position: Fundamental andere Verhältnisse seien – grundsätzlich oder momentan aufgrund der Marginalität von Staatskritik – nicht möglich, weshalb die erkämpften Rechte gegen deren Demontage verteidigt und die

5 Vgl. Agnoli 2002, S. 11 f.

6 Agnoli 1999, S. 14.

7 Einen guten Überblick über Emanzipationstheorien gibt Hoff 2016.

bestehende politische Ordnung emanzipatorisch mitgestaltet werden müsse.

Subversive Theorie hat nichts an Notwendigkeit verloren. Weder sind die von Agnoli und anderen linken Intellektuellen kritisierten Zwangsverhältnisse verschwunden, noch existieren soziale Bewegungen von Bedeutung, die sich deren emanzipatorischer Überwindung verschrieben haben. Der Zusammenbruch der Sowjetunion 1990 markierte nicht nur das Ende des real existierenden Sozialismus, sondern stürzte ebenso die Linke in all ihren Varianten in eine Krise – auch diejenigen Strömungen, die sich in kritischer Distanz zur Sowjetunion und dem Marxismus-Leninismus als ihrer Staatsdoktrin befanden. Die britische Premierministerin Margaret Thatcher schien mit ihrem Slogan «There is no alternative» Recht behalten zu haben. Die Idee einer nichtkapitalistischen Gesellschaft war als historisches Experiment gescheitert und erneute Versuche einer gesellschaftlichen Emanzipation von Staat und Kapital erschienen utopischer als je zuvor. Der Kapitalismus schien tatsächlich alternativlos geworden zu sein. Ende der 1990er-Jahre begann jedoch mit den globalisierungskritischen Protesten gegen den Gipfel der Welthandelsorganisation (WTO) in Seattle ein neuer Bewegungs- und Protestzyklus gegen die herrschenden kapitalistischen Verhältnisse. Anfangs wurde vor allem in kleinen linken Zeitschriften und Zirkeln wieder vermehrt die Marx'sche Kritik der politischen Ökonomie diskutiert. Die globale Krise seit 2007 bescherte marxistischen Analysen für kurze Zeit auch die Aufmerksamkeit der Feuilletons renommierter Zeitungen und Marx erfuhr die zweifelhafte Ehre, zu einem der prominentesten Deutschen der Geschichte gewählt zu werden. Die Krise der kapitalistischen Ökonomie hat also der Marx'schen Ökonomiekritik zu einer bescheidenen Renaissance verholfen. Eine ähnliche Renaissance der marxistischen Kritik von Politik und Staat steht dagegen weiter aus.

Linke Praxis befindet sich stets in Auseinandersetzung mit dem Staat. Reformistische Parteien wollen die gesellschaftlichen Verhältnisse mit Hilfe des Staates verändern. Sozialdemokratische Parteien beteiligten sich seit dem 19. Jahrhundert an Wahlen und hofften durch Wahlerfolge Regierungsverantwortung übernehmen zu können und dann eine friedliche Transformation in Richtung Sozialismus vorantreiben zu können. Revolutionäre Parteien in der ersten Hälfte des 20.

Jahrhunderts, wie zahlreiche kommunistische Parteien, zweifelten an der Möglichkeit einer gewaltfreien Überwindung der kapitalistischen Verhältnisse mittels Reformen und plädierten stattdessen für die revolutionäre Machtübernahme. Auch sie sahen im Staat ein Instrument politischer Praxis: Im Kapitalismus dient nach Wladimir I. Lenin (1870–1924) der Staat zur Aufrechterhaltung kapitalistischer Klassenherrschaft und der Unterdrückung von Opposition. Nach einer revolutionären Eroberung der Staatsmacht und dem Austausch des staatlichen Personals sollte der Staat als die temporäre Diktatur des Proletariats durch die Verstaatlichung der Produktionsmittel die antagonistischen Klassenverhältnisse aufheben. Nach dieser Übergangsperiode sollte der Staat sich selbst überflüssig machen und absterben und so den Kommunismus als die staatenlose und klassenlose Gesellschaft ermöglichen. Der Erfolg der Russischen Revolution schien Lenins Revolutionskonzept zu bestätigen und verhalf seinen Thesen zum Staat zu enormer Popularität. Sowohl kommunistischen Parteien als auch antikolonialen Bewegungen diente die Russische Revolution als Modell.

Reformistische und revolutionäre Bewegungen haben zwar immer wieder temporäre Erfolge gefeiert, aber bisher keine emanzipatorische Überwindung der kapitalistischen Verhältnisse erreicht. Die Sozialdemokratie hat in Deutschland spätestens bei Beginn des Ersten Weltkriegs mit ihrer Zustimmung zu den Kriegskrediten – welche die deutsche Kriegsführung finanziell ermöglichten – ihren Frieden mit der herrschenden Ordnung gemacht. Die sozialdemokratischen Parteifunktionäre bewiesen mit dieser Burgfriedenspolitik, dass sie in ihrer Mehrheit nicht die «vaterlandslosen Gesellen» waren, als die sie von nationalistischer Seite stets kritisiert wurden. Sie waren im Gegenteil schnell bereit, im Zuge der nationalen Mobilmachung ihre bisherigen Ideale des Antimilitarismus und Internationalismus zugunsten politischer Anerkennung aufzugeben. Nach Ende des Zweiten Weltkriegs hat sich die SPD mit dem Godesberger Programm von 1959 von einer Partei der sozialistischen Arbeiter_innenbewegung zur Volkspartei gewandelt und von Marxismus und sozialistischen Idealen endgültig verabschiedet. Auch kommunistische Parteien haben sich im Laufe der Zeit ihrer anfänglichen revolutionären Positionen entledigt und zunehmend eine reformistische Praxis übernommen. Ähnliche Entwicklungen einer Entradikalisierung lassen sich auch bei jüngeren linken Parteibildungen beobachten.

Die Grünen beispielsweise haben sich seit ihrer Gründung in den 1980er-Jahren kontinuierlich von linksradikalen Ansichten und fundamentaler Opposition entfernt. Aus anfänglicher Kritik der herrschenden Verhältnisse wurde opportunistische Beteiligung. Unter Kanzler Gerhard Schröder übernahm die Partei in einer rotgrünen Koalition sogar Regierungsverantwortung. Dafür verabschiedete sie sich beim Jugoslawienkrieg – dem ersten deutschen Kriegseinsatz nach Ende des Nationalsozialismus – auch von ihren antimilitaristischen und pazifistischen Idealen. Sozialdemokratische, kommunistische und grüne Parteien mögen sich in vielen politischen Fragen unterscheiden, es eint sie jedoch die Orientierung ihrer Politik auf den Staat.

Die Anhänger_innen linker Parteipolitik erhoffen sich von einer Regierungsübernahme die Beseitigung von Diskriminierung, die Verbesserung von Arbeits- und Lebensverhältnissen oder gar die Revolution. Von Generation zu Generation werden große Erwartungen in Parteien und Wahlen gesetzt: Die sozialdemokratischen Kanzler Willy Brandt und Gerhard Schröder galten als Hoffnungsträger oder zumindest als kleineres Übel gegenüber ihren konservativen Amtsvorgängern Kurt Kiesinger und Helmut Kohl. Ähnliches gilt auch in anderen Ländern. So herrschte beispielsweise große Euphorie, als der Demokrat Barack Obama 2009 zum Präsidenten der USA gewählt wurde. Doch die erhofften weitreichenden Reformen blieben in dessen Amtszeit aus. Die Frustration der Linken darüber artikuliert sich vor allem in Enttäuschung über konkrete Politiker wie den Präsidenten Obama (und jüngst in der Hoffnung auf eine Präsidentschaftskandidatur des Sozialisten Bernie Sanders für die demokratischen Partei, der am Ende jedoch Hillary Clinton unterlag). Auch der Wahlsieg der linken Partei Syriza in Griechenland 2015 erzeugte in Europa anfänglich große Begeisterung unter reformistischen Linken. Als Syriza bei ihrem Krisenmanagement jedoch Wahlversprechen brach, wandte sich das linke Interesse enttäuscht ab und der spanischen Partei Podemos als neuester Attraktion des linken Parteienspektrums zu. Diese Abfolge von anfangs großen Hoffnungen in eine neue Kandidatin oder eine neue Partei und später enttäuschten Erwartungen wiederholt sich regelmäßig bei jeder Wahl aufs Neue. Nur selten führt die

Desillusionierung zu einer kritischen Analyse politischer Strukturen und Dynamiken.

Neben linken Parteien sind auch linke und linksradikale Bewegungen in ihrer Praxis mit dem Staat konfrontiert. Antifaschistische, antirassistische und feministische Bewegungen organisieren sich zwar nicht als Parteien, beteiligen sich nicht an Wahlen und streben keine Regierungsübernahme an. Ihre Bühne ist eher die Straße als das Parlament. Doch sie richten Appelle an den Staat und kämpfen um Rechte oder sind aufgrund ihrer Ablehnung und Übertretung von Gesetzen staatlicher Gewalt und Repression ausgesetzt. So engagieren sich beispielsweise feministische Gruppen für die Legalisierung von Abtreibung, antirassistische Kampagnen fordern ein Bleiberecht für Geflüchtete und ökologische Intiativen streiten für die Abschaltung von Atomkraftwerken sowie gegen den Ausbau von Flughäfen. Anarchistische und autonome Bewegungen richten keine Forderungen an staatliche Institutionen, sondern plädieren für Aneignung durch direkte Aktionen und Selbstverwaltung. Besetzte Fabriken, Häuser und Kulturzentren bedürfen jedoch entweder der Duldung staatlicher Behörden oder müssen bei ausbleibender Tolerierung gegen staatliche Räumungsversuche verteidigt werden. Linke und linksradikale Bewegungen betrachten den Staat also entweder als Adressaten ihrer Forderungen oder als Gegner ihres Engagements. Ihre Praxis ist vor allem auf das Organisieren von Aktionen, Demonstrationen und Kampagnen ausgerichtet. Es überwiegt also meist politischer Aktionismus gegenüber theoretischer Reflexion. Detailliertere Analysen staatlicher Strukturen und politischer Dynamiken sind daher in der bewegungsorientierten Linken ebenso sporadisch wie in der parteiorientierten. Damit jedoch politische Praxis nicht in ritualisiertem Aktionismus und diffuser Ablehnung gegen «die Herrschenden» verbleibt, ist eine kritische Analyse ökonomischer und politischer Zusammenhänge für gesellschaftliche Emanzipation unverzichtbar. Wo gesellschaftliche Verhältnisse nicht in ihrer Komplexität begriffen werden, führt dies leicht zu Verschwörungstheorien und unberechtigter Verurteilung einzelner Politiker_innen oder Bevölkerungsgruppen werden unberechtigt für gesellschaftliche Missstände verantwortlich gemacht. Opposition gegen die herrschende Ordnung führt dann im Erfolgsfall nicht zur Emanzipation von Herrschaft, sondern zur Etablierung einer alternativen und meist noch autoritäreren Herrschaft anderer Parteien oder gesellschaftlicher Kollektive.

Materialistische Staatskritik orientiert sich an der Kritik der politischen Ökonomie von Karl Marx. Mit dieser teilt sie die Absicht, sowohl eine kritische Analyse der bestehenden Verhältnisse zu formulieren, als auch zur Subversion dieser Verhältnisse beizutragen und eine alternative Ordnung vorstellbar und wünschenswert zu machen. Die vorliegende Einführung möchte einen Überblick über die verschiedenen Interpretationen und Debatten geben und Interesse an der Lektüre der Originaltexte wecken. Obwohl Marx sein geplantes Buch zum Staat nicht mehr schreiben konnte, finden sich in seinem Werk an verschiedenen Stellen fragmentarische Überlegungen zu Staat und Politik. Für die sozialdemokratische Linke des 19. Jahrhunderts waren jedoch die Interpretationen des Staates durch Friedrich Engels (1820–1895) oder Ferdinand Lassalle (1825–1864) von größerer Bedeutung.

Das fehlende Buch zum Staat bei Marx und die Konsequenzen dieses Fehlens sind Thema des zweiten Kapitels. Lenin formulierte mit *Staat und Revolution* eine der einflussreichsten Interpretationen des Staates für die kommunistische Linke. Seine im Jahre 1918 veröffentlichte Broschüre versammelt Zitate von Marx und Engels über den Staat und versteht sich vor allem als eine Kritik des sozialdemokratischen Reformismus dieser Zeit. Die Interpretation des Staates als Herrschaftsinstrument beeinflusste auch Lenins Verständnis von Weltmarkt und Staatenkonkurrenz, wovon sein Text *Der Imperialismus als höchstes Stadium des Kapitalismus* zeugt.

Dem instrumentellen Staatsbegriff Lenins widmet sich das dritte Kapitel.

Das vierte Kapitel präsentiert die Hegemonietheorien des Westlichen Marxismus. Deren staatstheoretische Überlegungen gingen über die Lenin'sche Reduzierung des Staates auf Repression hinaus und thematisierten die ideologische Legitimierung von Herrschaft sowie ihre Akzeptanz durch die Beherrschten. Dabei untersuchten Antonio Gramsci (1891–1937), Louis Althusser (1918–1990) und Nicos Poulantzas (1936–1979) stets auch den Wandel staatlicher Herrschaft und fragten nach Potenzialen und Grenzen politischer Bewegungen und Kämpfe, was die Attraktivität ihrer Texte auch für Aktivistinnen und Aktivisten heutiger linker Bewegungen und Parteien erklärt. Konzentrierte sich Lenin auf das repressive Moment des Staates und der Westliche Marxismus auf Aspekte der Legitimation, der Reproduktion und des Wandels von Herrschaftsverhältnissen, so richtete Eugen Paschukanis (1891–1937) den Fokus auf den besonderen Charakter von Herrschaft in kapitalistischen Verhältnissen. In seiner Formanalyse des Staates beschäftigte sich er sich vor allem mit dem Zusammenhang von Ware, Recht und Staat.

Im fünften Kapitel werden die zentralen Thesen von Paschukanis vorgestellt und die daran anknüpfenden Bemühungen der Neuen Linken seit Ende der 1960er-Jahre dargestellt, die Ökonomiekritik um eine Kritik der Politik zu ergänzen. Neben der westdeutschen Staatsableitungsdebatte der 1970er-Jahre werden dabei exemplarisch folgende Aspekte thematisiert: die Parlamentarismuskritik in Johannes Agnolis *Die Transformation der Demokratie,* die Analyse der historischen Entstehung des bürgerlichen Staates bei Heide Gerstenberger, der Begriff vom nationalen Wettbewerbsstaat in Joachim Hirschs Auseinandersetzung mit Globalisierung und schließlich John Holloways Staatskritik als Plädoyer für Selbstorganisation in seinem Werk *Die Welt verändern, ohne die Macht zu ergreifen*. Kritische Analyse und praktische Kritik des Staates war nie allein ein Monopol der Linken. Neben emanzipatorisch intendierter Herrschaftskritik gab es historisch stets auch reaktionäre bis faschistische Kritiken des bürgerlichen Staates, die aktuell angesichts der Krise und des massenhaften Bedürfnisses nach autoritärer Krisenlösung wieder an Popularität gewinnen.

Das sechste Kapitel beschäftigt sich daher mit dem Verhältnis von Staat und Faschismus und präsentiert linke Analysen faschistischer Herrschaft. Dabei werden die Thesen von Georgi Dimitroff (1892–1949), Otto Bauer (1881–1938), August Thalheimer (1884–1948) und Ernst Fraenkel (1898–1975) sowie die Analysen des exilierten Frankfurter Instituts für Sozialforschung vorgestellt.

Im siebten Kapitel wird eine Einführung in anarchistische Staatskritik gegeben. Exemplarisch werden dabei die Thesen des russischen Anarchisten Michail Bakunin (1814–1876) und des deutschen Anarchisten Gustav Landauer (1870–1919) skizziert.

Abschließend unternimmt das achte Kapitel einen Ausblick auf aktuelle Herausforderungen für eine materialistische Staatskritik.

Zum Schluss noch einige Anmerkungen zu Schreib- und Zitierweise. Die deutsche Sprache ist keine geschlechtersensible Sprache. Die männlichen Formen wurden und werden häufig für Menschen verschiedenen Geschlechts verwendet. Aus Kritik an dieser Ignoranz einer männlich geprägten Schreibweise wurden verschiedene neue Schreibweisen eingeführt, zuerst mit dem großen I, später mit dem Unterstrich _ oder dem Sternchen* zur Kritik an einer Reduktion auf Zweigeschlechtlichkeit welche andere Geschlechtsidentitäten ignoriert. Ich verwende im Text keine dieser Varianten ausschließlich, sondern wechsle verschiedene Schreibweisen ab. Zum einen aufgrund größerer Abwechslung, zum anderen aus inhaltlichen Gründen, waren doch beispielsweise die Eigentümer von Unternehmen im 19. Jahrhundert meist Kapitalisten und eher selten Kapitalistinnen bzw. queere Kapitalist_innen.

Die Werke von Marx und Engels werden nach den Marx-Engels-Werken (MEW), Berlin 1956 ff. zitiert, die Schriften Lenins nach dessen gesammelten Werken (LW), Berlin 1956 ff. und die Texte von Gramsci nach den Gefängnisheften (GH), Berlin 1991 ff.

Dieses Buch hätte ohne vielfältige Hilfe nicht entstehen können. Für ihre Anmerkungen, Korrekturen und Kritiken danke ich Peter Bierl, Ingo Elbe, Clara Hoppe, Olaf Kistenmacher, Tobias Schweiger, Jan Sparsam und Jonas Wloka. Auch für das geduldige und sorgfältige Lektorat durch Jörg Exner möchte ich mich herzlich bedanken. Ebenso möchte ich mich bei allen Genossinnen und Genossen von *associazione delle talpe* bedanken. Die gemeinsame Lektüre und Diskussion, die Organisation diverser Veranstaltungen in Bremen zu Fragen materialistischer Staatstheorie und die gemeinsame Herausgabe der Textsammlung *Staatsfragen. Einführungen in die materialistische Staatskritik* waren eine wichtige Inspiration. Zuletzt gilt ein großes Dankeschön den vielen Gruppen und Initiativen, die mich in den letzten Jahren zu Vorträgen und Seminaren eingeladen haben. Die anschließenden interessanten Diskussionen und Kritiken waren mir eine sehr wichtige Anregung. Merci!

2 Das fehlende Buch zum Staat bei Marx

Marx plante im Rahmen seiner Kritik der politischen Ökonomie auch ein Buch zum Staat. Er starb jedoch, bevor er dieses Vorhaben realisieren konnte. Dennoch finden sich in seinem Werk an verschiedenen Stellen Überlegungen zu Staat und Politik.[8] Sie bilden einen umfangreichen Zitatenschatz für unterschiedliche Strömungen der marxistischen Linken. Diese werden vor allem im dritten und fünften Kapitel detailliert behandelt. Im 19. Jahrhundert waren es jedoch eher Beiträge von Friedrich Engels, die das Staatsverständnis der sozialdemokratischen Linken beeinflussten. Im ersten Abschnitt dieses Kapitels wird ein Überblick über das Marx'sche Werk und die jeweiligen Passagen zum Staat gegeben. Der zweite Abschnitt widmet sich Engels, dem Freund und Genossen von Marx. Exemplarisch für dessen Überlegungen zum Staat wird sein Buch *Der Ursprung der Familie, des Privateigentums und des Staats* vorgestellt – eine sowohl für die Sozialdemokratie des 19. Jahrhunderts als auch den Marxismus-Leninismus des 20. Jahrhunderts bedeutsame Schrift. Der dritte Abschnitt schließlich skizziert das Staatsverständnis der Sozialdemokratie zur Zeit des deutschen Kaiserreichs, das von Marx und Engels, aber auch von Ferdinand Lassalles Vorstellung eines «freien Volksstaats» geprägt war.

2.1 Fragmentarische Überlegungen zum Staat im Marx'schen Werk

Marx und Engels haben sehr umfangreiche Schriften hinterlassen. Marx hat sowohl individuelle Arbeiten wie *Das Kapital. Kritik der politischen Ökonomie* veröffentlicht, als auch mit seinem Freund Engels gemeinsam Texte wie beispielsweise *Das kommunistische Manifest* oder *Die deutsche Ideologie* verfasst. Die

8 Eine Zusammenstellung der Fragmente zu Staat im Marx'schen Werk geben Henning/Hirsch/Reichelt/Schäfer 1974. Einen Überblick über die Auseinandersetzung mit dem Staat bei Marx bieten Hirsch/Kannankulam/Wissel 2008.

Marx-Engels-Werke (MEW) mit den gesammelten Schriften der beiden Autoren umfassen 43 Bände. Daneben werden seit den 1970ern mit der Marx-Engels-Gesamtausgabe (MEGA) alle bislang veröffentlichten Texte sowie zusätzliche bislang unveröffentlichte Briefwechsel, Entwürfe und Exzerpte und Manuskripte herausgegeben. Die vier Abteilungen der MEGA beinhalten insgesamt etwa 100 Bände, die bis circa 2025 komplett herausgegeben sein sollen. Allein die zweite Abteilung der MEGA besteht aus 15 Bänden zum Marx'schen *Kapital*, inklusive Vorarbeiten und Übersetzungen. Marx hat mit seinem Hauptwerk nicht allein eine beeindruckende kritische Analyse der kapitalistischen Verhältnisse geschrieben. Für Michael Heinrich – einen der gegenwärtig besten Kenner des Marx'schen Werkes – hat er auch ein enormes Forschungsprogramm skizziert: «Was Marx hier hinterlassen hat, ist weniger ein *Werk*, als ein *Forschungsprogramm,* dessen riesige Umrisse erst jetzt durch die MEGA sichtbar werden. Angesichts der auch im 21. Jahrhundert beständig weiter ausgreifenden kapitalistischen Verhältnisse, die sowohl neue geographische Räume als auch immer weitere Lebensbereiche durchdringen und dem krisenhaften Verlauf kapitalistischer Entwicklung unterwerfen, hat dieses Forschungsprogramm seine größte Zukunft allerdings erst noch vor sich.»[9]

Für die marxistische Linke bedeutet diese Hinterlassenschaft daher die Notwendigkeit der Rekonstruktion des Marx'schen Werkes und seine Weiterentwicklung. Dieses Werk ist aber nicht nur unvollendet, sondern auch von Entwicklung und Wandel gekennzeichnet. So gibt es erstens Differenzen zwischen Marx' Analysen in seinem Frühwerk und in seinem Spätwerk. Zweitens gibt es auch Widersprüche innerhalb seiner späten Schriften zur Kritik der politischen Ökonomie. Und drittens bestehen Unterschiede zwischen dem Original von Marx und der marxistischen Rezeption.[10] Was für das Marx'sche Werk im Allgemeinen gilt, gilt auch für die fragmentarischen Passagen zum Staat, mit dem sich Marx in verschiedenen Texten beschäftigt. Der Fokus des Frühwerks liegt stärker auf politischen Fragen, während das Spätwerk verstärkt den Zusammenhang von Politik und Ökonomie behandelt.

«Die im engeren Sinn staatstheoretischen Äußerungen von Marx gehören darüber hinaus in die Frühphase seiner theoreti-

9 Heinrich 2011, S. 191. Hervorhebungen im Original.

10 Siehe Heinrich 2003 und Elbe 2008.

schen Entwicklung, die vor allem durch die Auseinandersetzung mit der Hegelschen Rechtsphilosophie geprägt ist. Die Theorie des historischen Materialismus war zu dieser Zeit noch gar nicht ausformuliert und die eingehende Beschäftigung mit der Kritik der politischen Ökonomie folgte erst einige Jahre später. Das heißt, dass Marx bei seinen frühen Äußerungen über den Staat über das Gerüst einer ‹Anatomie der bürgerlichen Gesellschaft› noch gar nicht verfügte. Dieses stellt aber die entscheidende Grundlage für eine materialistische Staatstheorie dar.»[11]

Exemplarisch für die Marx'sche Auseinandersetzung mit der idealistischen Philosophie von Friedrich Hegel (1770–1831) sind in diesem Zusammenhang zwei Texte: *Zur Kritik der Hegelschen Rechtsphilosophie. Einleitung,* veröffentlicht 1844 in den Deutsch-Französischen Jahrbüchern und *Kritik des Hegelschen Staatsrechts,* der erst nach Marx' Tod veröffentlicht wurde. Zu weiteren frühen Schriften, die sich auch mit dem Staat auseinandersetzen, zählt als prominentes Beispiel das zusammen mit Engels im Auftrag des Bundes der Kommunisten verfasste *Kommunistische Manifest* von 1848. *Der achtzehnte Brumaire des Louis Bonaparte* von 1851 ist eine weitere wichtige frühe Schrift. Sie befasst sich mit der gescheiterten Revolution in Frankreich und dem anschließenden Staatsstreich Napoléon III (1808–1873). Dieser Text sollte im 20. Jahrhundert für die Analyse faschistischer Bewegungen eine bedeutende Rolle spielen und wird im sechsten Kapitel näher behandelt. Marx setzte sich zeit seines Lebens mit dem aktuellen politischen Geschehen publizistisch auseinander. Dabei veröffentlichte er nicht nur zahlreiche Zeitungsartikel und politische Analysen, sondern beteiligte sich mit Engels auch an der politischen Organisation der Arbeiter_innenklasse. Als Zusammenschluss von anarchistischen, sozialistischen und kommunistischen Organisationen aus verschiedenen Ländern wurde 1864 die Internationale Arbeiterassoziation gegründet. Zwischen den verschiedenen politischen Strömungen gab es in dieser Ersten Internationale wiederholt Kontroversen. Besonders zwischen Marx und Bakunin, dem prominenten Vertreter der anarchistischen Strömung, gab es massive Konflikte. Dies ist Thema des siebten Kapitels. Aufgrund der zahlreichen Konflikte wurde die Erste Internationale 1876 schließlich aufgelöst. 1889 – Marx war bereits 1883

11 Hirsch/Kannankulam/Wissel 2008, S. 10.

verstorben – wurde die Zweite beziehungsweise «Sozialistische Internationale» gegründet, die wiederum zu Beginn des Ersten Weltkriegs aufgelöst wurde. 1919 wurde in Moskau die Dritte beziehungsweise Kommunistische Internationale (Komintern) gegründet, die sich an der Politik der Sowjetunion orientierte. Doch es kam zu Konflikten innerhalb der kommunistischen Bewegung bezüglich der Entwicklung der Sowjetunion. Aus Kritik am Stalinismus und dessen Dominanz in der Kommunistischen Internationale wurde 1938 schließlich von Leo Trotzki (1879–1940) die Vierte Internationale gegründet. Die Geschichte der verschiedenen Internationalen ist auch eine Geschichte unterschiedlicher Marxrezeptionen und Staatsverständnisse. Neben den Diskussionen der internationalen Arbeiter_innenbewegung interessierte Marx sich im britischen Exil auch für die politischen Debatten der deutschen Linken. Beispielsweise widmete er dem Programmentwurf des Gothaer Parteitages der Sozialdemokratischen Arbeiterpartei Deutschland (SDAP) im Jahre 1875 eine kritische Antwort. Darauf wird am Ende dieses Kapitels noch näher eingegangen.

Der Fokus des Marx'schen Spätwerks ist die Ökonomiekritik. Auch dort finden sich an verschiedenen Stellen Passagen zu Staat und Politik. Michael Heinrich zufolge befinden sich in den Marx'schen «ökonomischen» Spätschriften gegenüber den frühen Schriften «alle Überlegungen in einem anderen theoretischen Koordinatensystem»[12]. Wie das Marx'sche Werk insgesamt ist auch seine Ökonomiekritik von deutlichen Veränderungen gekennzeichnet. Bereits in den 1840er-Jahren begann Marx seine Beschäftigung mit ökonomischen Fragen. Zeugnisse dieser frühen Auseinandersetzung sind beispielsweise die *Ökonomisch-philosophischen Manuskripte* von 1844 sowie die 1843 verfasste aber ebenfalls erst nach seinem Tode komplett veröffentlichte *Kritik der Hegelschen Rechtsphilosophie*. Aus diesen Untersuchungen gewinnt er die Einsicht, «daß Rechtsverhältnisse wie Staatsformen weder aus sich selbst zu begreifen sind noch aus der sogenannten allgemeinen Entwicklung des menschlichen Geistes, sondern vielmehr in den materiellen Lebensverhältnissen wurzeln, deren Gesamtheit Hegel, nach dem Vorgang der Engländer und Franzosen des 18. Jahrhunderts, unter dem Namen ‹bürgerliche Gesellschaft› zusammen-

12 Heinrich 2011, S. 158.

faßt, daß aber die Anatomie der bürgerlichen Gesellschaft in der politischen Ökonomie zu suchen sei.»[13]

Marx war in den 1840ern vor der preußischen Zensur ins französische Exil nach Paris geflohen. Nach dem Scheitern der Revolution von 1848 floh Marx weiter nach Großbritannien. In seinem Londoner Exil intensivierte er seine ökonomischen Studien. In der British Museum Library – einer der damals größten Bibliotheken der Welt – stand ihm die relevante ökonomische Literatur seiner Zeit zur Verfügung, die er ausgiebig studierte. In den 1850er-Jahren verfasste er mit den *Grundrissen* und anderen Schriften wichtige Vorarbeiten zum *Kapital* und entwarf einen Plan für sechs Bücher zur Kritik der politischen Ökonomie.[14] Den folgenden Themen sollte jeweils ein Buch gewidmet werden: «Kapital, Grundeigentum, Lohnarbeit; Staat, auswärtiger Handel, Weltmarkt».[15] Dieser ursprüngliche Plan konnte jedoch nie realisiert werden. Als Marx 1867 den ersten Band des *Kapital* veröffentlichte, entwarf er im Vorwort einen neuen Plan, der vier Bücher umfasste: Band 1 zum Produktionsprozess, Band 2 zum Zirkulationsprozess, Band 3 zum Gesamtprozess und Band 4 zur Geschichte der Theorie.[16] Thematisch entsprechen die Bände 1 bis 3 den drei ersten Büchern des früheren 6-Bücher-Plans, Struktur und Konzeption sind allerdings gegenüber den früheren Entwürfen deutlich verändert.[17] Band 2 und 3 wurden jedoch erst nach dem Tod von Marx nach Überarbeitung von Engels herausgegeben. Als vierten Band des *Kapitals* veröffentlichte schließlich Kautsky die *Theorien über den Mehrwert* – diese entsprechen jedoch nicht dem von Marx geplanten Buch über die Geschichte der Theorie.[18]

Das ursprünglich zum Staat geplante Buch konnte Marx also nicht mehr realisieren. Es fehlt daher an einem Werk das analog zum *Kapital* die zentralen Überlegungen von Marx zur Staatskritik umfasst. Dennoch finden sich auch in seiner Ökonomiekritik immer wieder Passagen, die sich mit dem Staat beschäftigen. Paschukanis versuchte in den 1920er-Jahren in

---

13 MEW 13, S. 8.

14 Zu den *Grundrissen* siehe Musto 2008 und 2011, zur Entstehungsgeschichte des *Kapital* Heinrich 2011.

15 MEW 13, S. 7.

16 MEW 23, S. 17.

17 Vgl. Heinrich 2011, S. 178.

18 Vgl. Heinrich 2011, S. 166 f.

Allgemeine Rechtslehre und Marxismus als Erster, auf Basis einer erneuten Lektüre des *Kapitals* einen Zusammenhang zwischen Warenform, Rechtsform und Staatsform zu formulieren. Doch Stalinismus und Nationalsozialismus beendeten diese Debatten um die Formanalyse des Staates brutal. Sie wurden erst Ende der 1960er-Jahre, Anfang der 1970er-Jahre wieder von der Neuen Linken aufgegriffen. Das fünfte Kapitel widmet sich diesem Thema. Die traditionelle marxistische Linke des 19. und 20. Jahrhunderts beschäftigte sich freilich mit anderen Debatten und Texten. Ingo Elbe zufolge bezieht sich der traditionelle Marxismus weniger auf Marx als vielmehr auf Engels und dessen Interpretation von Marx. Ein so verstandener Marxismus sei weniger eine spezielle Marxinterpretation als vielmehr ein «Gerücht über die marxsche Theorie, ein Gerücht das von den meisten ‹Marx›-Kritikern dankbar aufgenommen und nur mit einem negativen Vorzeichen ausgestattet worden ist».[19]

2.2 Friedrich Engels: Der Ursprung der Familie, des Privateigentums und des Staats

Engels Rolle für die Marxrezeption der Linken ist umstritten. Als Freund und Genosse hat er mit Marx zusammen zahlreiche Texte gemeinsam verfasst. Nach dem Tode von Marx war Engels für die Veröffentlichung des zweiten und dritten Bandes des *Kapitals* verantwortlich, die er redaktionell bearbeitete. In einem Brief formulierte Engels sein Verhältnis zu Marx folgendermaßen: «Ich habe mein Leben lang das getan, wozu ich gemacht war, nämlich zweite Violine spielen, und glaube auch, meine Sache ganz passabel gemacht zu haben. Und ich war froh, so eine famose erste Violine zu haben wie Marx. Wenn ich nun aber plötzlich in Sachen Theorie Marx' Stelle vertreten und erste Violine spielen soll, so kann das nicht ohne Böcke abgehn, und niemand spürt das mehr als ich.»[20]

Wie bereits geschrieben, waren die Veröffentlichungen von Engels für das Staatsverständnis der zeitgenössischen Linken von nicht unerheblicher Bedeutung. Zu seinen wichtigsten Wer-

19 Elbe 2015, S. 102.

20 MEW 36, S. 218.

ken zählen dabei vor allem *Herrn Eugen Dührings Umwälzung der Wissenschaft (Anti-Dühring)* von 1877, *Die Entwicklung des Sozialismus von der Utopie zur Wissenschaft* von 1880 und *Der Ursprung der Familie, des Privateigentums und des Staats* von 1884.[21]

Das letztgenannte Werk soll nun ausführlicher vorgestellt werden. Es zählt im 19. Jahrhundert in der sozialdemokratischen Linken zu den einflussreichsten Schriften über den Staat. Auch bei Lenin finden sich in *Staat und Revolution* viele Verweise auf diesen Text. Engels schreibt mit diesem Werk eine Interpretation der Vorgeschichte der kapitalistischen Ökonomie und des modernen bürgerlichen Staates. Dabei bezieht er sich vor allem auf das Buch *Ancient Society* von Lewis Morgan. Engels formuliert für die historische Entwicklung folgende These: «Nach der materialistischen Auffassung ist das in letzter Instanz bestimmende Moment in der Geschichte: die Produktion und Reproduktion des unmittelbaren Lebens. Diese ist aber selbst wieder doppelter Art. Einerseits die Erzeugung von Lebensmitteln, von Gegenständen und Nahrung, Kleidung, Wohnung und den dazu erforderlichen Werkzeugen; andrerseits die Erzeugung von Menschen selbst, die Fortpflanzung der Gattung. Die gesellschaftlichen Einrichtungen, unter denen die Menschen einer bestimmten Geschichtsepoche und eines bestimmten Landes leben, werden bedingt durch beide Arten der Produktion: durch die Entwicklungsstufe einerseits der Arbeit, andrerseits der Familie.»[22]

Wie Morgan unterteilt Engels die Entwicklung der Menschheitsgeschichte in drei Kulturstufen: Wildheit, Barbarei und Zivilisation. Die historische Entwicklung beginnt mit der Wildheit. In deren erster Stufe, der Unterstufe, leben die Menschen vor allem in tropischen und subtropischen Wäldern und ernähren sich von Früchten, Nüssen und Wurzeln. In dieser Epoche entwickelt sich artikulierte Sprache. In der anschließenden Mittelstufe emanzipieren sich die Menschen von «Klima und Lokalität». Durch die Entdeckung der Nutzung des Feuers und die Entwicklung einfacher Steinwerkzeuge wird eine Ausbreitung über den größten Teil des Globus ermöglicht. Die Oberstufe der Wildheit beginnt mit der Erfindung von Pfeil und Bogen.

---

21 Einen Überblick zur Staatstheorie bei Engels gibt Salzborn 2012; zur Rezeptionsgeschichte siehe Elbe 2012.

22 MEW 21, S. 27 f.

Erste Dörfer werden gegründet und einfache Web- und Flechtarbeiten entstehen. Die zweite Kulturstufe bildet nach Engels die Barbarei. Sie lässt sich ebenfalls in drei Stufen unterteilen: Die Unterstufe beginnt mit der Einführung der Töpferei, die Mittelstufe ist charakterisiert durch die Zähmung und Züchtung von Tieren sowie die Kultivierung von Nährpflanzen und in der Oberstufe beginnt das Schmelzen von Eisenerz und die Buchstabenschrift wird erfunden. Es kommt zur «Ausrodung des Waldes und seine Verwandlung in Ackerland und Wiese». Die Erfindung der Pflugschar ermöglicht daraufhin Ackerbau in großem Maßstab.[23] Engels fasst diese Periodisierung folgendermaßen zusammen: «Wildheit – Zeitraum der vorwiegenden Aneignung fertiger Naturprodukte; die Kunstprodukte des Menschen sind vorwiegend Hilfswerkzeuge dieser Aneignung. Barbarei – Zeitraum der Erwerbung von Viehzucht und Ackerbau, der Erlernung von Methoden zur gesteigerten Produktion von Naturerzeugnissen durch menschliche Tätigkeit. Zivilisation – Zeitraum der Erlernung der weiteren Verarbeitung von Naturerzeugnissen, der eigentlichen Industrie und der Kunst.»[24]

Im folgenden Abschnitt beschäftigt sich Engels mit der Entwicklung von Reproduktion und Sexualität und dem Wandel von Familienstrukturen. In der Phase der Wildheit herrscht anfangs regelloser Geschlechtsverkehr, das heißt Geschlechtsverkehr unter Geschwistern und zwischen Eltern und Kindern sind allgemein akzeptiert und noch nicht gesellschaftlichen Schranken wie Eifersucht und Moral unterworfen. Mit der Entwicklung der Kulturstufen entwickeln sich entsprechend auch neue Formen von Familie. Engels resümiert:

«Wir haben demnach drei Hauptformen der Ehe, die im ganzen und großen den drei Hauptstadien der menschlichen Entwicklung entsprechen. Für die Wildheit die Gruppenehe, für die Barbarei die Paarungsehe, für die Zivilisation die Monogamie, ergänzt durch Ehebruch und Prostitution. Zwischen die Paarungsehe und Monogamie schiebt sich ein, auf der Oberstufe der Barbarei, das Kommando der Männer über Sklavinnen und die Vielweiberei.»[25]

Die Paarungsfamilie markiert nach Engels den Übergang von Wildheit zur Barbarei. Tierzucht und Herdenhaltung werden

23 Vgl. MEW 21, S. 30–34.

24 MEW 21, S. 35.

25 MEW 21, S. 76.

zur Quelle eines neuen gesellschaftlichen Reichtums, was zur Herausbildung von Privateigentum führt. Zähmung, Zucht und Betreuung der Herden ist vor allem die Aufgabe des Mannes und so beschert ihm das entstehende Privateigentum an Herden nicht nur einen in wenigen Händen konzentrierten Reichtum, sondern auch eine wachsende Bedeutung innerhalb der Familie. Daraus resultiert ein wachsendes Bedürfnis, das bisher geltende mütterliche Erbrecht durch ein väterliches Erbrecht zu ersetzen. Die Durchsetzung des Erbrechts ist für Engels von revolutionärer historischer Bedeutung:

«Der Umsturz des Mutterrechts war die *weltgeschichtliche Niederlage des weiblichen Geschlechts*. Der Mann ergriff das Steuer auch im Hause, die Frau wurde entwürdigt, geknechtet, Sklavin seiner Lust und bloßes Werkzeug der Kinderzeugung.»[26]

Aus der Paarungsfamilie entwickelt sich die monogame Familie, deren Durchsetzung die beginnende Phase der Zivilisation kennzeichnet. Die monogame Familie basiert auf der Herrschaft des Mannes und dessen Interesse an eindeutiger Vaterschaft zum Zwecke der Vererbung des väterlichen Vermögens an die leiblichen Kinder und nicht an die Kinder anderer Männer. Daher wird die Untreue der Frau auch drastisch bestraft, während die männliche Untreue akzeptiert wird.[27]

Nach dieser allgemeinen Beschreibung historischer Kulturstufen und der Entwicklung von Privateigentum und Familie untersucht Engels verschiedene konkrete Gemeinwesen. Im Einzelnen sind dies die irokesische Stammesordnung in Nordamerika, die Gentilordnung in der griechischen und römischen Antike sowie die keltische und deutsche Gentilordnung beziehungsweise Stammesordnung.

Mit der Entwicklung von Privateigentum spalten sich die Gemeinschaften in Klassen. Auch Menschen können zum Privateigentum anderer Menschen werden. Die Sklaverei bildet die Klassen der Sklavenbesitzer sowie die Klasse der Sklavinnen und Sklaven. Dadurch geraten die bisherigen Gentilordnungen in die Krise. Sie werden durch eine neue staatliche Ordnung ersetzt.

Im letzten Abschnitt *Barbarei und Zivilisation* fasst Engels seine Ausführungen zu Athen, Rom und der deutschen

26 MEW 21, S. 61.

27 Vgl. MEW 21, S. 64–66.

Barbarei zusammen. Vor allem diese Passage wird von Lenin zitiert. Während der Barbarei ist die Arbeit nach Engels naturwüchsig geteilt: Die Männer sind verantwortlich für Kriegsführung, Fischerei und Jagd, die Frauen für den Haushalt, die Küche und die Kleidungsproduktion. Statt Privateigentum existiert gemeinsames Eigentum, die «Haushaltung ist kommunistisch für mehrere, oft viele Familien».[28] Das Zähmen und Züchten von Tieren als der zentralen Arbeit bei den Hirtenstämmen separiert diese von den Sammlern und Jägern und etabliert die «*erste große gesellschaftliche Teilung der Arbeit*».[29] Der «sanfte Hirt» verdrängt nicht nur den «wilden Krieger und Jäger» in der Gemeinschaft, sondern auch die Frau in der Familie von der ersten an die zweite Stelle.[30] Sesshaftigkeit mit Tierzucht und Ackerbau sowie Handwerk führen zu steigender Produktivität. Überschüsse werden als Waren getauscht.

«Die Steigerung der Produktion in allen Zweigen – Viehzucht, Ackerbau, häusliches Handwerk – gab der menschlichen Arbeitskraft die Fähigkeit, ein größeres Produkt zu erzeugen, als zu ihrem Unterhalt erforderlich war. Sie steigerte gleichzeitig die tägliche Arbeitsmenge, die jedem Mitglied der Gens, der Hausgemeinde oder der Einzelfamilie zufiel. Die Einschaltung neuer Arbeitskräfte wurde wünschenswert. Der Krieg lieferte sie: Die Kriegsgefangenen wurden in Sklaven verwandelt. Die erste große gesellschaftliche Teilung der Arbeit zog mit ihrer Steigerung der Produktivität der Arbeit, also des Reichtums, und mit ihrer Erweiterung des Produktionsfeldes, unter den gegebenen geschichtlichen Gesamtbedingungen, die Sklaverei mit Notwendigkeit nach sich. Aus der ersten großen gesellschaftlichen Arbeitsteilung entsprang die erste große Spaltung der Gesellschaft in zwei Klassen: Herren und Sklaven, Ausbeuter und Ausgebeutete.»[31]

Als «zweite große Teilung der Arbeit» bezeichnet Engels die Trennung von Handwerk und Ackerbau. Die Ausbreitung von Siedlungen produziert einen wachsenden Kontrast von Stadt und Land und bringt so mit dem Aufkommen der Kaufleute eine weitere Arbeitsteilung mit sich. Bis dahin gab es in der Produktion eine Trennung von Leitenden und Ausführenden. Nun

28 MEW 21, S. 155.

29 MEW 21, S. 155; Hervorhebung im Original.

30 MEW 21, S. 157.

31 MEW 21, S. 155.

entsteht eine neue Klasse, die nicht direkt an der Produktion beteiligt ist, sich diese aber unterwirft. Auch der Krieg erfährt einen Wandel: Anstelle der Rache für Angriffe oder der Expansion des Stammesterritoriums wird zunehmend Raub zum Motiv des Krieges. Reichtum drückt sich nun aus in Waren und Sklaven, aber auch in Geld und Grundeigentum.[32]

«So ging mit Handelsausdehnung, Geld und Wucher, Grundeigentum und Hypothek die Konzentration und Zentralisation des Reichtums in den Händen einer wenig zahlreichen Klasse rasch voran, daneben die steigende Verarmung der Massen und die steigende Masse der Armen. Die neue Reichtumsaristokratie, soweit sie nicht schon von vornherein mit dem alten Stammesadel zusammengefallen war, drängte ihn endgültig in den Hintergrund (in Athen, in Rom, bei den Deutschen). Und neben dieser Scheidung der Freien in Klassen nach dem Reichtum ging besonders in Griechenland eine ungeheure Vermehrung der Zahl der Sklaven, deren erzwungne Arbeit die Grundlage bildete, auf der sich der Überbau der ganzen Gesellschaft erhob.»[33]

Konflikte gab es in der Phase der Barbarei anfangs vor allem zwischen verschiedenen Gens, nun entwickeln sich auch gegensätzliche Interessen innerhalb von Gemeinschaften. Aus der stetig zunehmenden Arbeitsteilung und Klassenbildung entwickeln sich unterschiedliche Interessen und entstehen Konflikte zwischen den Klassen. Dadurch gerät die bisherige Ordnung in die Krise und der Staat löst die Gentilverfassung ab:

«Schließlich war die Gentilversammlung herausgewachsen aus einer Gesellschaft, die keine inneren Gegensätze kannte, und war auch nur einer solchen angepasst. Sie hatte kein Zwangsmittel außer der öffentlichen Meinung. Hier aber war eine Gesellschaft entstanden, die kraft ihrer sämtlicher ökonomischer Lebensbedingungen sich in Freie und Sklaven, in ausbeutende Reiche und ausgebeutete Arme hatte spalten müssen, eine Gesellschaft, die diese Gegensätze nicht nur nicht wieder versöhnen konnte, sondern sie immer mehr auf die Spitze treiben musste. Eine solche Gesellschaft konnte nur bestehn entweder im fortwährenden offnen Kampf dieser Klassen gegeneinander, oder aber unter der Herrschaft einer dritten Macht, die, scheinbar über den widerstreitenden Klassen stehend, ihren

32 Vgl. MEW 21, S. 159–162.

33 MEW 21, S. 162 f.

offnen Konflikt niederdrückte und den Klassenkampf höchstens auf ökonomischem Gebiet, in sogenannter gesetzlicher Form, sich ausfechten ließ. Die Gentilverfassung hatte ausgelebt. Sie war gesprengt durch die Teilung der Arbeit, und ihr Ergebnis, die Spaltung der Gesellschaft in Klassen. Sie wurde ersetzt durch den *Staat.*»[34]

Der Staat unterscheidet sich von der vorherigen Gentilordnung nach Engels vor allem in folgenden Punkten: Anstelle der bisherigen Stammeszugehörigkeit durch die Abstammung in der Gentilordnung ist die Staatsangehörigkeit durch das staatliche Territorium definiert. Es kommt zur Einrichtung einer »*öffentlichen Gewalt*, welche nichtmehr unmittelbar zusammenfällt mit der sich selbst als bewaffnete Macht organisierenden Bevölkerung».[35] Diese öffentliche Gewalt von Militär und Polizei wird finanziert durch Abgaben der Staatsbürger. Steuern werden erhoben und es entwickelt sich der Steuerstaat.

«Da der Staat entstanden ist aus dem Bedürfnis, Klassengegensätze im Zaum zu halten, da er aber gleichzeitig mitten im Konflikt dieser Klassen entstanden ist, so ist er in der Regel Staat der mächtigsten, ökonomisch herrschenden Klasse, die vermittelst seiner auch politisch herrschende Klasse wird und so neue Mittel erwirbt zur Niederhaltung und Ausbeutung der unterdrückten Klasse. So war der antike Staat vor allem Staat der Sklavenbesitzer zur Niederhaltung der Sklaven, wie der Feudalstaat Organ des Adels zur Niederhaltung der leibeignen und hörigen Bauern und der moderne Repräsentativstaat Werkzeug der Ausbeutung der Lohnarbeit durch das Kapital.»[36]

Von der Betrachtung der Entstehung des Staates im Übergang von Barbarei zur Zivilisation kommt Engels schließlich zur Entwicklung des Staates als bürgerliche Klassenherrschaft im Kapitalismus. So wie die bisherige politische Entwicklung notwendiges Resultat der ökonomischen Entwicklung war, so resultiert ebenso notwendig aus den Klassengegensätzen im Kapitalismus die Überwindung des Staates:

«Und endlich herrscht die besitzende Klasse mittelst des allgemeinen Stimmrechts. Solange die unterdrückte Klasse, also in unserem Fall das Proletariat, noch nicht reif ist zu seiner Selbstbefreiung, solange wird sie, der Mehrheit nach, die beste-

34 MEW 21, S. 164; Hervorhebung im Original.

35 MEW 21, S. 165; Hervorhebung im Original.

36 MEW 21, S. 166 f.

hende Gesellschaftsordnung als die einzig mögliche erkennen und politisch der Schwanz der Kapitalistenklasse, ihr äußerster linker Flügel sein. In dem Maß aber, worin sie ihrer Selbstemanzipation entgegenreift, in dem Maß konstituiert sie sich als eigne Partei, wählt ihre eignen Vertreter, nicht die der Kapitalisten. Das allgemeine Stimmrecht ist der Gradmesser der Reife der Arbeiterklasse. Mehr kann und wird nie sein im heutigen Staat; aber das genügt auch. An dem Tage, wo das Thermometer des allgemeinen Stimmrechts den Siedepunkt bei den Arbeitern anzeigt, wissen sie sowohl wie die Kapitalisten, woran sie sind. Der Staat ist also nicht von Ewigkeit her. Es hat Gesellschaften gegeben, die ohne ihn fertig wurden, die von Staat und Staatsgewalt keine Ahnung hatten. Auf einer bestimmten Stufe der ökonomischen Entwicklung, die mit Spaltung der Gesellschaft in Klassen notwendig verbunden war, wurde durch diese Spaltung der Staat eine Notwendigkeit. Wir nähern uns jetzt mit raschen Schritten einer Entwicklungsstufe der Produktion, auf der das Dasein dieser Klassen nicht nur aufgehört hat, eine Notwendigkeit zu sein, sondern ein positives Hindernis der Produktion wird. Sie werden fallen, ebenso unvermeidlich, wie sie früher entstanden sind. Mit ihnen fällt unvermeidlich der Staat. Die Gesellschaft, die die Produktion auf Grundlage freier und gleicher Assoziation der Produzenten neu organisiert, versetzt die ganze Staatsmaschine dahin, wohin sie dann gehören wird: ins Museum der Altertümer, neben das Spinnrad und die bronzene Axt.»[37]

Diese These vom unvermeidlichen Fall des Staates genoss in der damaligen sozialdemokratischen Linken eine große Attraktivität. Das Verständnis von Geschichte als einer bestimmten Abfolge von Epochen und einer daraus abgeleiteten Prognose über die kommende gesellschaftliche Entwicklung legitimierte die sozialdemokratische Politik. Vor allem stiftete ein derartiger Geschichtsdeterminismus angesichts der Entbehrungen und des Leidens der Gegenwart unter linken Arbeiterinnen und Arbeitern Hoffnung auf eine bessere Zukunft. Aus einer Kritik der bisherigen Weltanschauungen entstand damit aber auch eine neue Weltanschauung – Heinrich bezeichnet dies mit dem Begriff des «Weltanschauungsmarxismus».[38] Als Resultat einer erwarteten erfolgreichen Revolution sollte der Staat im «Museum

37 MEW 21, S. 168.

38 Heinrich 2004, S. 23.

der Altertümer» als Relikt von einer vergangenen Epoche zeugen. Darin sah Engels wie viele andere Linke seiner Zeit die «historische Mission der Arbeiterklasse»[39] und versuchte die Politik der deutschen Sozialdemokratie entsprechend zu beeinflussen.

2.3 Sozialdemokratische Staatsvorstellungen

Der Parteitag 1875 in Gotha markiert ein wichtiges Datum in der Geschichte der deutschen Sozialdemokratie. Damals vereinigten sich der von Ferdinand Lassalle (1825–1864) gegründete Allgemeine Deutsche Arbeiterverein (ADAV) und die Sozialdemokratische Arbeiterpartei Deutschlands (SDAP), die von August Bebel (1840–1913) und Wilhelm Liebknecht (1826–1900) gegründet wurde, zur Sozialistischen Arbeiterpartei Deutschlands (SAPD). 1890 wurde diese in Sozialdemokratische Partei Deutschlands (SPD) umbenannt. Marx und Engels bemühten sich stets um Einflussnahme auf die deutsche Sozialdemokratie. Allerdings war die Kenntnis der Marx'schen Theorie im sozialdemokratischen Milieu eher bescheiden, das *Kapital* beispielsweise wurde selbst unter sich als marxistisch verstehenden Parteifunktionären kaum rezipiert. Verbreitet waren eher Schriften von Engels wie der *Anti-Dühring*.[40] Marx formulierte in seiner *Kritik des Gothaer Programms* eine scharfe Polemik gegen den von Lassalle vorgelegten Programmentwurf, der vom Parteitag angenommen wurde. Die Kritik bezieht sich vor allem auf Forderungen nach «gerechter Verteilung» und «gleichen Rechten», die Marx zufolge «bürgerlichen Schranken verhaftet» seien.[41] Lassalle falle mit seinem Programmentwurf sogar noch hinter das Niveau der «vulgären Demokratie» zurück und bewege sich «innerhalb der Grenzen des polizeilich Erlaubten und logisch Unerlaubten».[42] Generell sei «das ganze Programm [...] vom Untertanenglauben der Lassalleschen Sekte an den Staat verpestet».[43] Speziell der Begriff des «freien Staates» und die

39 Siehe Hoff 2016, S. 141.

40 Vgl. Gehrig 2008, S. 74.

41 MEW 19, S. 20.

42 MEW 19, S. 29.

43 MEW 19, S. 31.

Forderung nach der «Errichtung von Produktivgenossenschaften mit *Staatshilfe unter der demokratischen Kontrolle des arbeitenden Volkes*»[44] provozierten Widerspruch. Anstelle des «freien Staates» als Ziel sozialdemokratischer Politik plädiert Marx für die Diktatur des Proletariats:

«Zwischen der kapitalistischen und der kommunistischen Gesellschaft liegt die Periode der revolutionären Umwandlung der einen in die andre. Der entspricht auch eine politische Übergangsperiode, deren Staat nichts andres sein kann als *die revolutionäre Diktatur des Proletariats.*»[45]

Der Begriff der Diktatur des Proletariats scheint erstmals von Louis-Auguste Blanqui (1805–1881), einem französischen Frühsozialisten und Aktiven der Pariser Kommune, gebraucht worden zu sein. Marx verwendet den Begriff nur zweimal in seinem Werk – in den zitierten Randglossen zum Programm der deutschen Arbeiterpartei und in einem Brief an Wedemeyer.[46] Der Begriff erlangte in der Geschichte des Marxismus dennoch große Bedeutung. Vor allem Lenin verwendet ihn in *Staat und Revolution* ausgiebig und verhalf ihm als einem zentralen Terminus des Marxismus-Leninismus zu enormer Popularität.

In der deutschen Sozialdemokratie koexistierten während des Kaiserreichs eine revolutionäre Strömung, die sich an Marx und Engels orientierte, und eine reformistische Strömung. Die SPD war in dieser Zeit sowohl mit staatlicher Repression als auch Befriedung konfrontiert. Reichskanzler Otto von Bismarck (1815–1898) hatte mit dem *Gesetz gegen die gemeingefährlichen Bestrebungen der Sozialdemokratie* – dem sogenannten Sozialistengesetz – von 1878 bis 1890 sozialistische und sozialdemokratische Organisationen verboten. Trotz dieser staatlichen Repressalien konnte die SPD nach der Aufhebung des Verbots ihren Stimmenanteil bei den Reichstagswahlen 1890 von 10 auf fast 20 Prozent steigern. Bei den Wahlen 1912 wurde sie mit circa 35 Prozent gar zur stärksten Partei. Unter der Kanzlerschaft von Bismarck wurde in den 1880er-Jahren auch die staatliche Sozialversicherung eingeführt. Maßnahmen wie die gesetzliche Kranken-, Unfall- und Rentenversicherung verstand Bismarck als Ausdruck einer Politik des «Staatssozialismus», welche die Lage der arbeitenden Bevölkerung verbessern

44 MEW 19, S. 26; Hervorhebung im Original.
45 MEW 19, S. 28; Hervorhebung im Original.
46 Vgl. Gehrig 2008, S. 69 f.

und soziale Unruhen verhindern sowie den Einfluss der Gewerkschaften und der sozialdemokratischen Partei schwächen sollte.

Solche politischen Zugeständnisse, das Ende der Verbote und die zunehmenden Wahlerfolge der SPD ab 1890 – aber auch positive politische Entwicklungen in anderen Ländern wie Streiks in den USA oder die wachsende sozialistische Bewegung in Großbritannien und Russland – veranlassten Engels, das allgemeinen Wahlrecht «unser bestes Propagandamittel» zu nennen. Er verabschiedete sich Ende des 19. Jahrhunderts zwar nicht von der Idee der Revolution, hoffte jedoch auf eine friedliche Erringung der politischen Macht durch die deutsche Sozialdemokratie – und stellte gar mathematische Berechnungen an, um die linke Herrschaftsübernahme in Deutschland zu prognostizieren.[47]

Die Hoffnungen auf einen friedlichen Übergang zum Sozialismus sollten sich nicht erfüllen. Die Wahlerfolge der SPD setzten sich jedoch auch im 20. Jahrhundert fort und nach dem Ersten Weltkrieg beteiligte sich die SPD in der Weimarer Republik an verschiedenen Regierungskoalitionen mit bürgerlichen Parteien. Mit Friedrich Ebert (1871–1925) stellte sie von 1919 bis 1925 den ersten Reichspräsidenten der Weimarer Republik und mit Philipp Scheidemann, Gustav Bauer und Hermann Müller mehrmals den Reichskanzler. Der reformistische Flügel hatte sich in der Sozialdemokratie durchgesetzt. Die Überwindung des Staates stand nicht länger auf der sozialdemokratischen Agenda, stattdessen sollte der Staat durch die Regierungsbeteiligung zur Verbesserung der Arbeits- und Lebensbedingungen der arbeitenden Bevölkerung genutzt werden. Der Marxist Willy Huhn bezeichnete daher die Politik der Sozialdemokratie als Staatssozialismus, der «höchstens ein Gegner des *konkreten* Staates, den er vorfindet, aber nicht des *abstrakten* Staates» sei, denn «er kann sich ohne den Staat nicht verwirklichen.»[48] Die Kritik des bürgerlichen Staates und das Ziel seiner revolutionären Abschaffung wurde so zum alleinigen politischen Projekt der radikalen Linken – der kommunistischen Partei, sowie rätekommunistischer und anarchistischer Gruppen.

47 Vgl. Merkel-Melis 2012, S. 72–75.

48 Huhn 2003, S. 144; Hervorhebungen im Original.

3 Lenin – der Staat als Instrument von Klassenherrschaft

3.1 Die Russische Revolution – Premiere einer sozialistischen Machtübernahme

Im Oktober 1917 eroberten Arbeiter_innen, Bäuer_innen und Soldaten unter der Parole «Brot, Land und Frieden» den Winterpalais, den russischen Regierungssitz in St. Petersburg. Lenin und die Bolschewiki profitierten durch politisches Geschick von den massenhaften Protesten gegen die zaristische Kriegspolitik. Sie feierten mit ihrem Staatsstreich die weltweite Premiere einer sozialistischen Revolution, auf die ihre Genossinnen und Genossen im Westen weiter sehnsüchtig warteten. Kurz zuvor, im August und September 1917, hatte Lenin seine Schrift *Staat und Revolution* verfasst, die schließlich ein Jahr später veröffentlicht wurde. Der Erfolg der Russischen Revolution schien Lenins Revolutionskonzept zunächst zu bestätigen und bescherte *Staat und Revolution* eine enorme Popularität. Die Thesen der dünnen Broschüre mit dem Untertitel «Die Lehre des Marxismus vom Staat und die Aufgaben des Proletariats in der Revolution» wurden unter Stalin zum Marxismus-Leninismus kanonisiert und zur Staatsdoktrin erhoben. Aber auch über die Grenzen der Sowjetunion hinaus genoss Lenins Staatsverständnis große Attraktivität. Der Text ist in zahlreiche Sprachen übersetzt und in millionenfacher Auflage publiziert worden.

Die Russische Revolution avancierte rasch zum Modell für die revolutionären Bemühungen kommunistischer Parteien weltweit. Auch diverse antikoloniale Bewegungen sahen in der Sowjetunion später ein Vorbild für die unabhängige Entwicklung und nachholende Industrialisierung eines nichtwestlichen Landes. Innerhalb der Neuen Linken, die sich nach den weltweiten Protesten von 1968 konstituierte, erlangten Lenins Vorstellungen eine Renaissance. In der Bundesrepublik stritten sich vor allem die unterschiedlichen K-Gruppen in ihren Versuchen des

Aufbaus kommunistischer Parteien um das Erbe des russischen Revolutionsführers.[49] Und auch heute, fast 100 Jahre nach ihrem Erscheinen, erfreut sich Lenins Schrift in Teilen der Linken andauernder Beliebtheit: Infolge der Globalisierungskritik seit Ende der 1990er-Jahre und der Krisenproteste der letzten Jahre plädieren so unterschiedlichen Autoren wie der Philosoph Slavoj Zizek oder der Romancier Dietmar Dath vermehrt für eine Wiederaneignung und Weiterentwicklung der Leninschen Überlegungen.[50]

3.2 Wladimir I. Lenin: Staat und Revolution

Wladimir Iljitsch Uljanow, genannt Lenin, (1870–1924) war ein führender Kader und Intellektueller der Bolschewiki, der Mehrheitsfraktion der russischen Sozialdemokratie. Die Bolschewiki trennten sich Anfang des 20. Jahrhunderts von der Minderheitenfraktion der Menschewiki. 1918 wurde die Sozialdemokratische Arbeiterpartei Russlands (Bolschewiki) schließlich in Kommunistische Partei umbenannt. Lenin war vor der zaristischen Repression ins Ausland geflohen und kehrte 1917 nach Russland zurück. Bis zu seinem Tode hatte er führende Ämter in Partei und Regierung inne. Zu seinen bedeutendsten Schriften zählen neben *Staat und Revolution* unter anderem *Was tun?* und *Der Imperialismus als höchstes Stadium des Kapitalismus.*

Im Folgenden sollen nun skizzenartig die zentralen Überlegungen aus *Staat und Revolution* vorgestellt werden.[51] Lenins Broschüre ist vor allem eine Sammlung von Zitaten von Friedrich Engels und Karl Marx, hauptsächlich aus Marx' *Kritik des Gothaer Programms*, *Der Bürgerkrieg in Frankreich* und *Der achtzehnte Brumaire des Louis Bonaparte* sowie aus Engels' *Der Ursprung der Familie, des Privateigentums und des Staates* und *Herrn Eugen Dührings Umwälzung der Wissenschaft (Anti-Dühring).* Auf das zentrale Marx'sche Werk *Das Kapital. Kritik der politischen Ökonomie* geht Lenin jedoch so gut wie

49 Siehe zur Geschichte der K-Gruppen exemplarisch Koenen 2001, Steffen 2002, Benicke 2010 und Arps 2011.

50 Dath 2012, Zizek 2002.

51 Siehe auch Koltan 2010.

gar nicht ein. Seine Intention war vor allem eine Kritik sozialdemokratischer Staatsvorstellungen und des daraus resultierenden Reformismus, aber auch anarchistische Positionen werden kritisiert.

Lenin versteht die bisherigen Gesellschaften in der Menschheitsgeschichte stets als Klassengesellschaften. Im Kapitalismus stehen sich die bürgerliche Klasse (die Bourgeoisie), die über das Eigentum an den Produktionsmitteln verfügt und die arbeitende Klasse (das Proletariat), welche nichts weiter besitzt als ihre Arbeitskraft, gegenüber. Um ihrer Reproduktion willen sind die Arbeiter_innen mangels Alternativen gezwungen, ihre Arbeitskraft in Form von Lohnarbeit, beispielsweise in der Fabrik oder im Büro, an kapitalistische Unternehmen zu verkaufen. Miserable Arbeitsverhältnisse und Löhne, die kaum zum Überleben reichen, führen immer wieder zu Arbeitskämpfen und Revolten. Nach Lenin dient der Staat der herrschenden bürgerlichen Klasse als ein repressives Instrument zur Niederschlagung von Protesten und der Aufrechterhaltung von Ausbeutung und Unterdrückung.[52] Staatliche Repression kann auf Dauer Revolten und Revolution aber nicht verhindern. Die arbeitenden Massen – so Lenin bereits 1902 in *Was tun?* – entwickelten allein jedoch nur ein «tradeunionistisches» (gewerkschaftliches) Bewusstsein[53] und forderten daher vor allem höhere Löhne und bessere Arbeitsbedingungen. Marxistische Intellektuelle – wie Lenin selbst – hingegen würden revolutionäres Bewusstsein und damit verbunden die Einsicht entwickeln, dass nicht Reformen, sondern nur eine revolutionäre Überwindung des Kapitalismus eine emanzipatorische Gesellschaft schaffen könnten.

In *Staat und Revolution* spricht Lenin kaum von der Partei, die in seinen sonstigen Schriften eine zentrale Bedeutung in puncto Organisation von Opposition und Revolution spielt. Lediglich an einer Stelle schreibt er darüber, welche gesellschaftlichen Akteure die Diktatur des Proletariats erkämpfen sollen: «Durch die Erziehung der Arbeiterpartei erzieht der Marxismus die Avantgarde des Proletariats, die fähig ist, die Macht zu ergreifen und das ganze Volk zum Sozialismus zu führen.»[54] «Marxismus» meint hier marxistische Intellektuelle wie Lenin, Trotzki und Stalin, die die Partei erziehen, welche die organi-

52 Vgl. LW 25, S. 415.

53 Vgl. LW 5, S. 385 f.

54 LW 25, S. 416.

sierten Arbeiter_innen erzieht, die wiederum die übrigen Arbeiter_innen, Bäuer_innen etc. erziehen und «führen».

Geschichtliche Entwicklung ist nach Lenins schematischer Vorstellung eine Abfolge verschiedener Phasen: Die bürgerliche Klassenherrschaft wird durch eine sozialistische Revolution gestürzt und von der Diktatur des Proletariats als Übergangsphase abgelöst. Diese münde schließlich in die finale Phase, den Kommunismus als staaten- und klassenlose Gesellschaft. Mit der Diktatur des Proletariats wird der bürgerlichen Klasse die Staatsgewalt entrissen und die Produktionsmittel werden von Privateigentum in Staatseigentum umgewandelt. Dadurch verändere sich die Qualität staatlicher Herrschaft, wie Lenin Engels zustimmend zitiert: «Das Proletariat ergreift die Staatsgewalt und verwandelt die Produktionsmittel zunächst in Staatseigentum. Aber damit hebt es sich selbst als Proletariat, damit hebt es alle Klassenunterschiede und Gegensätze auf, und damit auch den Staat als Staat. [...] An die Stelle der Regierung über Personen tritt die Verwaltung von Sachen und die Leitung von Produktionsprozessen. Der Staat wird nicht ‹abgeschafft›, *er stirbt ab.*»[55]

Die These vom «Absterben des Staates» formuliert Kritik an der «revolutionären Ungeduld» und dem mangelnden Realitätssinn anarchistischer Staatskritik mit ihrem Plädoyer für die «Abschaffung des Staates». Zudem drückt sie die vorübergehende Notwendigkeit einer Weiterexistenz staatlicher Strukturen nach der Revolution aus. Revolution wird eher als länger andauernder Prozess und weniger als plötzlicher Bruch verstanden. Durch die Schaffung eines einheitlichen Arbeitslohns sollten die bisherigen Privilegien und Lohndifferenzen der vorherigen Klassenherrschaft beseitigt werden. Während der Übergangsphase wäre der Staatsapparat aber noch notwendig, beispielsweise zur Kontrolle bürgerlicher Expert_innen (wie beispielsweise Ingenieur_innen oder Verwaltungsbeamt_innen) durch proletarische Kommissarinnen und Kommissare. Die Diktatur des Proletariats ist nach Lenin von völlig anderer Qualität als alle bisherigen Diktaturen: Erstens sei sie nicht die Herrschaft einer Minderheit über die Mehrheit, sondern die Herrschaft der Mehrheit der bislang Ausgebeuteten über ihre ehemaligen Ausbeuter_innen. Zweitens sei sie nur eine temporäre Diktatur, da

55 Engels zitiert nach LW 25, S. 407 f.; Hervorhebung im Original.

nach einer Übergangsperiode der Staat als Repressionsinstrument von Klassenherrschaft überflüssig werde.

«Beim Übergang vom Kapitalismus zum Kommunismus ist die Unterdrückung *noch* notwendig, aber es ist das bereits eine Unterdrückung der Minderheit der Ausbeuter durch die Mehrheit der Ausgebeuteten. Ein besonderer Apparat, eine besondere Maschine zur Unterdrückung, ein ‹Staat› ist *noch* notwendig, aber es ist das bereits ein Übergangsstaat, kein Staat im eigentlichen Sinne mehr, denn die Niederhaltung der Minderheit der Ausbeuter durch die Mehrheit der Lohnsklaven *von gestern* ist eine so verhältnismäßig leichte, einfache und natürliche Sache, dass sie viel weniger Blut kosten wird als die Unterdrückung von Aufständen der Sklaven, Leibeigenen und Lohnarbeiter, dass sie der Menschheit weit billiger zu stehen kommen wird. [...] Schließlich macht allein der Kommunismus den Staat völlig überflüssig, denn es ist niemand niederzuhalten, ‹niemand› im Sinne einer *Klasse*, im Sinne des systematischen Kampfes gegen einen bestimmten Teil der Bevölkerung. Wir sind keine Utopisten und leugnen durchaus nicht die Möglichkeit und Unvermeidlichkeit von Ausschreitungen *einzelner Personen* und ebensowenig die Notwendigkeit, solche Ausschreitungen zu unterdrücken. Aber erstens bedarf es dazu keiner besonderen Maschine, keines besonderen Unterdrückungsapparates; das wird das bewaffnete Volk selbst mit der gleichen Selbstverständlichkeit und Leichtigkeit bewerkstelligen, mit der eine beliebige Gruppe zivilisierter Menschen sogar in der heutigen Gesellschaft Raufende auseinander bringt oder eine Frau vor Gewalt schützt.»[56]

Lenin zufolge verwandeln sich während der Diktatur des Proletariats alle Staatsbürgerinnen und Staatsbürger in «entlohnte Angestellte des Staates». Die postkapitalistischen Verhältnisse stellte sich Lenin entsprechend folgendermaßen vor: «Die gesamte Gesellschaft wird ein Büro und eine Fabrik mit gleicher Arbeit und gleichem Lohn sein.»[57] Nach Lenin seien «Rechnungsführung und Kontrolle» bereits im Kapitalismus so simpel, dass dazu jeder «des Lesens und Schreibens Kundige imstande ist, er braucht nur zu beaufsichtigen und zu notieren, es genügt, dass er die vier Grundrechnungsarten beherrscht

56 LW 25, S. 477 f.; Hervorhebung im Original.

57 LW 25, S. 488.

und Quittungen ausstellen kann».[58] Doch in kapitalistischen Verhältnissen war dies bislang die exklusive Aufgabe der Bourgeoisie. Mit der Überwindung der kapitalistischen Eigentumsverhältnisse wird nun aus der theoretischen Möglichkeit eine praktische Notwendigkeit und Gewohnheit:

«Denn wenn alle gelernt haben werden, selbständig die gesellschaftliche Produktion zu leiten, und sie in der Tat leiten werden, wenn sie selbständig die Rechnungsführung und die Kontrolle über Müßiggänger, Herrensöhnchen, Gauner und ähnliche ‹Hüter der Traditionen des Kapitalismus› verwirklichen, dann wird das Umgehen dieser vom ganzen Volk durchgeführten Rechnungsführung und Kontrolle unvermeidlich so ungeheuer schwierig werden, eine so höchst seltene Ausnahme bilden und wahrscheinlich eine so rasche und ernsthafte Bestrafung nach sich ziehen (denn die bewaffneten Arbeiter sind Menschen des praktischen Lebens, keine sentimentalen Intelligenzler und werden kaum mit sich spaßen lassen), daß die *Notwendigkeit* zur Einhaltung der unkomplizierten Grundregeln für jedes Zusammenleben von Menschen sehr bald zur *Gewohnheit* werden wird.»[59]

Wenn schließlich die gesellschaftliche Produktion gemeinsam geleitet werde und alle Menschen nach der Marx'schen Parole «Jeder nach seinen Fähigkeiten, jedem nach seinen Bedürfnissen» leben könnten, würde der Staat komplett absterben.[60]

58 LW 25, S. 488.

59 LW 25, S. 489; Hervorhebung im Original.

60 LW 25, S. 483.

3.3 Wladimir I. Lenin: Der Imperialismus als höchstes Stadium des Kapitalismus

«Der Imperialismus ist der Vorabend der sozialen Revolution des Proletariats.»[61]

Neben *Staat und Revolution* hatte Lenins *Der Imperialismus als höchstes Stadium des Kapitalismus* mit die größte politische Bedeutung für die kommunistische Linke im 20. Jahrhundert. Der Begriff des Imperialismus bezeichnet im politischen Sinne eine staatliche Politik, die auf Expansion und Einflusserweiterung jenseits der eigenen Staatsgrenzen zielt. Dies kann durch militärische Eroberung und Besatzung (direkte Herrschaft) oder durch militärische, ökonomische und politische Dominanz der imperialen Macht gegenüber der nationalen Regierung (indirekte Herrschaft) erfolgen. Im historischen Sinne bezeichnet Imperialismus die Periode von der Ausweitung der Kolonialherrschaft Ende des 19. Jahrhunderts bis zur Entkolonialisierung in der zweiten Hälfte des 20. Jahrhunderts. Imperialismustheorien wurden von Vertreter_innen verschiedener politischer Spektren verfasst. Eine der ersten bedeutenden theoretischen Schriften, *Der Imperialismus,* wurde 1902 von dem englischen Liberalen John Hobson (1858–1940) veröffentlicht.[62] Zu den prominentesten Beiträgen aus linker Perspektive zählen neben Lenin die Arbeiten von Rudolf Hilferding (1877–1941) und Rosa Luxemburg (1871–1919).[63] Lenin bezog sich in seiner Kritik des Imperialismus vor allem auf die Arbeiten von Hobson und Hilferding. Wie schon bei seiner Staatstheorie verband er mit seiner Imperialismustheorie einerseits eine Kritik an reformistischen Positionen der Sozialdemokratie und andererseits eine Formulierung einer revolutionären Position. Lenin definierte Imperialismus folgendermaßen: «1. Konzentration der Produktion und des Kapitals, die eine so hohe Entwicklungsstufe erreicht hat, daß sie Monopole schafft, die im Wirtschaftsleben die entscheidende

61 LW 22, S. 198.

62 Siehe Hobson 1968.

63 Siehe Hilferding 1910 und Luxemburg 1913. Zu neueren Beiträgen zum Verhältnis von Staat und Weltmarkt siehe beispielsweise Hardt/Negri 2002, Harvey 2005, Ten Brink 2008. Einen guten Überblick über Imperialismustheorien gibt Heinrich 2006.

Rolle spielen; 2. Verschmelzung des Bankkapitals mit dem Industriekapital und Entstehung einer Finanzoligarchie auf der Basis dieses ‹Finanzkapitals›; 3. Kapitalexport zum Unterschied vom Warenexport, gewinnt besonders wichtige Bedeutung; 4. es bilden sich internationale monopolistische Kapitalistenverbände, die die Welt unter sich teilen, und 5. die territoriale Aufteilung der Erde unter die kapitalistischen Großmächte ist beendet.»[64]

Für Lenin bedeutete der Imperialismus eine neue historische Periode, die den Konkurrenzkapitalismus des 19. Jahrhunderts ablöse: «Der Kapitalismus ist zum Imperialismus geworden.»[65] Ökonomisch sei diese Transformation vor allem folgendermaßen gekennzeichnet: »Die Konkurrenz wandelt sich zum Monopol.»[66] In den einzelnen Branchen konzentrierten sich die bisher zahlreichen kleinen und mittleren Unternehmen zunehmend, es gebe eine allgemeine ökonomische Tendenz zur Monopolbildung. Da sich Lenin zwar viel auf die Marx'sche Ökonomiekritik bezieht, sie aber kaum zitiert, sei zur Erläuterung dieser Entwicklung von Konzentration und Zentralisation auf den ersten Band des Marx'schen *Kapital* und darin das 23. Kapitel über *Das allgemeine Gesetz der kapitalistischen Akkumulation* verwiesen: «Es ist Konzentration bereits gebildeter Kapitale, Aufhebung ihrer individuellen Selbstständigkeit, Expropriation von Kapitalist durch Kapitalist, Verwandlung vieler kleineren in weniger größere Kapitale.»[67]

Krisen, so Lenin, würden diese Entwicklung zusätzlich verstärken. Als Resultat der zunehmenden Konzentration entstanden wenige mächtige Trusts in den USA und Kartelle wie beispielsweise AEG (Allgemeine Elektricitäts-Gesellschaft) in Deutschland. Eine besondere Rolle bei der Monopolbildung und der Durchsetzung des Imperialismus spielt Lenin zufolge das Bankwesen und er beschreibt diese Entwicklungen mit dem Begriff des Finanzkapitals: «Konzentration der Produktion, daraus erwachsende Monopole, Verschmelzung oder Verwachsen der Banken mit der Industrie – das ist die Entstehungsgeschichte des Finanzkapitals und der Inhalt dieses Begriffs.»[68]

---

64 LW 22, S. 270 f.

65 LW 22, S.206.

66 LW 22, S. 209.

67 MEW 23, S. 654.

68 LW 22, S. 230.

Die Macht des Finanzkapitals in Gestalt der großen Banken drücke sich besonders darin aus, dass anstelle von Industriellen vermehrt Banken die Verfügung über Kapital erlangten. Das Finanzkapital konzentriere sich «in wenigen Händen» einiger «Finanzkönige» und «Kuponschneider».[69] Die politische Herrschaft in der Epoche des Imperialismus wandele sich damit zu einem «Wucherstaat» bzw. «Rentnerstaat», der vom «Parasitismus» der Ausbeutung der Arbeit und Ressourcen der Kolonien lebe.[70] Die Konzentration der Produktion und der wachsende Einfluss des Finanzkapitals basiere auf einer enormen Akkumulation von Kapital, das in den jeweiligen Ländern auf Dauer nicht wieder profitabel investiert werden könne. Daher komme es zu einer Zunahme des Kapitalexports. «Für den alten Kapitalismus, mit der vollen Herrschaft der freien Konkurrenz, war der Export von *Waren* kennzeichnend. Für den neuesten Kapitalismus, mit der Herrschaft der Monopole, ist der Export von *Kapital* kennzeichnend geworden.»[71]

Im Imperialismus würden Monopole die Welt ökonomisch in Einflusssphären unter sich aufteilen und entsprechend würden die führenden Kolonialmächte die territoriale Aufteilung des Globus durch den Ausbau ihrer Kolonien abschließen. Kapitalistische Konkurrenz führe zunehmend zu Monopolbildung und imperialistische Expansion zu kriegerischen Konflikten. Diese Konflikte markierten Lenin zufolge jedoch auch die letzte Phase des Kapitalismus, die durch proletarische Revolutionen überwunden wird. Dafür bedürfe es aber auch einer kommunistischen Kritik am Opportunismus innerhalb der sozialdemokratischen Arbeiter_innenbewegung, die mit der der Bourgeoisie und der Regierung paktieren und von der imperialistischen Ausbeutung profitiere.[72]

Die von Lenin propagierte Parole vom «Selbstbestimmungsrecht der Völker» übte besonders auf antikoloniale Bewegungen eine große Anziehungskraft aus. Bereits 1916 hatte Lenin dazu *Die sozialistische Weltrevolution und das Selbstbestimmungsrecht der Nationen* verfasst, 1920 die *Thesen zur nationalen und kolonialen Frage*.[73] Eine linke Kritik der Kolonialherr-

69 LW 22, S. 236, S. 225, S. 281.

70 LW 22, S. 281 f.

71 LW 22, S. 244.

72 LW 22, S. 306 f.

73 Siehe LW 22 und LW 31.

schaft war in vielen Ländern mit Kolonien wie Großbritannien, Frankreich oder Deutschland keine Selbstverständlichkeit und die Sozialdemokratie unterstützte im Kaiserreich sogar teilweise die herrschende Kolonialpolitik. Daher war Lenins Antiimperialismus sowohl durch die theoretischen Stichworte als auch später in der Sowjetunion durch die praktische Unterstützung im Kampf gegen imperialistische Kolonialherrschaft bedeutsam.

Problematisch sind an Lenins Imperialismustheorie verschiedene Punkte. Wie schon in seiner Staatstheorie ist auch seine Imperialismustheorie Audruck von Geschichtsdeterminismus: Die geschichtliche Entwicklung folgt bestimmbaren Gesetzmäßigkeiten, die auch Prognosen über die künftige Entwicklung erlauben. Der Imperialismus ist demnach das letzte Stadium des Kapitalismus und auf die Klassenherrschaft im Kapitalismus folgen zwangsläufig die proletarische Revolution und der Sozialismus. Das politische Handeln der Revolutionärinnen und Revolutionäre soll diese Entwicklung beschleunigen, wohingegen konservative und sozialdemokratische Politik diese Entwicklung verzögern.

Ein solches Geschichtsverständnis basiert auf einem großen Fortschrittsoptimismus und Idealismus. Die Vorstellung, im Einklang mit historischen Gesetzen zu handeln, reduziert allerdings auch die Bereitschaft zu Reflexion und Selbstkritik, sollten sich die erwarteten Prognosen nicht realisieren. Wenn Geschichte nicht als ein offener Prozess verstanden wird, lässt sich das Ausbleiben von Revolutionen oder gar das Aufkommen autoritärer anstelle emanzipatorischer Tendenzen schwer anders erklären als durch Manipulation der Massen und Verschwörung der herrschenden Eliten, mangelndes revolutionäres Engagement oder Verrat. Ebenso ist Politik für Lenin stets Resultat ökonomischer Entwicklungen (Ökonomismus) und der Staat das Instrument einer bestimmten gesellschaftlichen Gruppe und deren ökonomischer Interessen.

Mit seiner These des Epochenwechsels vom Konkurrenzkapitalismus zum Imperialismus sieht Lenin auch die von Marx mit dem Wertgesetz formulierte Analyse als überholt an, wonach in der kapitalistischen Produktionsweise eine strukturelle Dynamik fortwährender Kapitalakkumulation gelte und die Herrschaft subjektlos geworden sei. Anstelle des «stummen Zwang[s] der ökonomischen Verhältnisse»[74] gelte nun die willkürliche Herr-

74 MEW 23, S. 765.

schaft der Monopole.[75] Dabei sei der Imperialismus als die Herrschaft einer kleinen Clique von Monopolherren und «Finanzkönigen» noch elitärer als die Klassenherrschaft der Bourgeoisie über das Proletariat, die er in *Staat und Revolution* beschreibt.

Besonders die Beschreibung des «parasitären» Charakters der Herrschaft des Finanzkapitals mit der Personifizierung von politischer Herrschaft, dem Kontrast von «werktätigem Volk» und «parasitärer» Bourgeois sowie Elementen der Verschwörungstheorie, zeigt deutliche Überschneidungen mit antisemitischen Ressentiments. Auch wenn sich Lenin immer gegen antisemitische Propaganda engagierte und keine antijüdischen Einstellungen äußerte, finden sich in seinen Texten doch zahlreiche strukturelle Parallelen zu antisemitischen Argumentationsmustern.[76]

Die Kritik an der Imperialismustheorie Lenins lässt sich um die Kritik an der Praxis des Antiimperialismus ergänzen. Da der Imperialismus als höchstes Stadium des Kapitalismus galt, wurde Antiimperialismus meist mit Antikapitalismus gleichgesetzt. In der Realität war der Charakter antikolonialer Bewegungen jedoch nicht per se antikapitalistisch, sondern im Gegenteil oft eher prokapitalistisch. Die Hoffnungen vieler linker Antiimperialistinnen und -imperialisten sowohl in den westlichen Kolonialmächten als auch in der Kolonien wurden so enttäuscht. Zentral für den Antiimperialismus ist die Ersetzung der Kategorie «Klasse» durch «Nation» sowie des Kampfs um nationale statt um soziale Befreiung. Nationale Unabhängigkeit (und damit nationale Herrschaft und Ausbeutung) erschien vielen Linken erstrebenswerter als die bisherige Kolonialherrschaft und imperialistische Ausbeutung.[77] Die dafür geschlossenen Bündnisse mit nationalistischen Gruppen und bürgerlichen Parteien in antiimperialistischen Allianzen wurden stets mit der Aufgabe linker Positionen erkauft. Frantz Fanon (1925–1961), einer der bedeutendsten Intellektuellen der antikolonialen Bewegung, bezeichnete einen solchen simplen Austausch der Regierenden in *Die Verdammten dieser Erde,* seinem «kommunistischen

75 Vgl. Heinrich 2006, S. 318.

76 Siehe dazu Haury 2002, besonders S. 228–252. Zum Antisemitismus von links allgemein siehe exemplarisch Haury 1992, Poliakov 1992, Brosch et al 2007, Kistenmacher 2016.

77 Eine gute Einführung in die Geschichte des Antikolonialismus und der nationalen Befreiung gibt Mense 2016.

Manifest der antikolonialen Revolution», als «Farce der nationalen Befreiung».[78] Die Entkolonialisierung realisierte in den zwei Jahrzehnten nach Ende des Zweiten Weltkriegs 1945 die erfolgreiche nationale Befreiung von kolonialer Herrschaft in den verbliebenen Kolonien. 1947 erklärte Indien seine Unabhängigkeit, in den 1950er-Jahren und 1960er-Jahren folgten zahlreiche weitere asiatische und afrikanische Staaten. In Lateinamerika hatten die dortigen Kolonien bereits im 19. Jahrhundert ihre Unabhängigkeit erkämpft. Die Hoffnungen eines linken Antiimperialismus auf soziale Befreiung erfüllten sich allerdings in keinem dieser Länder. Stattdessen führte die nationale Unabhängigkeit zur Ablösung der alten Kolonialherrschaft durch neue Despotien von nationalistischen Bewegungen, islamistischen Gruppen und Warlords. Für die Solidaritätsbewegungen der westlichen Linken waren diese Resultate der Unabhängigkeitskämpfe bittere Enttäuschungen, für die Linke in den jeweiligen Ländern waren die Folgen jedoch weiter drastischer: Auch nach der nationalen Befreiung blieben sie bis auf Ausnahmen weiter in der Opposition und im Untergrund, wurden verfolgt, verhaftet, ermordet und ins Exil gezwungen. Der französische marxistische Philosoph Etienne Balibar zog angesichts dessen folgende treffende Bilanz: «Gemessen an ihren Idealen war die Entkolonialisierung ein Fehlschlag; sie war unvollständig und wurde pervertiert.»[79]

3.4 Kritik des Marxismus-Leninismus

Lenin und die Bolschewiki hatten gehofft, dass die Russische Revolution der Auftakt zu einem revolutionären Zyklus sei und weitere Revolutionen folgen würden, besonders durch die starken linken Bewegungen Westeuropas. Doch dort kam es nur zu kurzen aufständischen Episoden wie beispielsweise den Räterepubliken in Bayern und Ungarn oder den Fabrikbesetzungen in norditalienischen Industriemetropolen, die bald militärisch niedergeschlagen wurden. Dies hatte für die Linke im 20. Jahrhundert weitreichende Konsequenzen.

78 Fanon 2015, S. 56.

79 Balibar 1990, S. 56.

So entwickelte sich die Russische Revolution und die bolschewistische Politik aufgrund ihrer erfolgreichen Machtübernahme zum Fixpunkt der internationalen kommunistischen Linken. In der Kommunistischen Internationale (Komintern) organisierten sich zahlreiche kommunistische Parteien unter der Führung Moskaus. In den 1920er-Jahren kanonisierte Stalin ausgewählte Schriften von Marx, Engels und Lenin zum Marxismus-Leninismus, der sich zur Staatsdoktrin in der Sowjetunion und zugleich zum Orientierungspunkt für die weltweite kommunistische Bewegung entwickelte. Mit dem Ausbleiben weiterer sozialistischer Revolutionen verabschiedeten sich die Bolschewiki von der Hoffnung auf die Weltrevolution und begannen stattdessen mit dem Aufbau des «Sozialismus in einem Land» (Stalin). Während des Bürgerkriegs (1917–1921) musste die Revolution gegen Anhänger des Zaren, nationale Bewegungen und militärische Interventionen anderer Staaten wie beispielsweise Deutschland und Großbritannien verteidigt werden. Doch schon früh waren die Bolschewiki nicht nur wie im Bürgerkrieg mit dem Widerstand konterevolutionärer Gruppen konfrontiert. Auch unter bisherigen Sympathisantinnen und Sympathisanten der Revolution regten sich Proteste, etwa gegen die Zwangsrekrutierung zur Roten Armee, die Zwangsrequirierung von Getreide und anderen Lebensmitteln sowie die hohe Arbeitslosigkeit in industriellen Metropolen. Als prominentestes Beispiel gilt der Aufstand von Kronstadt 1921. In Petrograd rebellierten Matrosen und Arbeiter_innen, die 1917 zu großen Teilen aktiv die Revolution getragen hatten, gegen die bolschewistische Politik. Sie forderten unter anderem freie Wahlen zu den Räten und ein Ende der Repressionen gegen die bäuerliche Bevölkerung. Wie bei vorhergehenden Streiks bemühten sich die Bolschewiki weder um Verhandlungen noch um Kompromisse mit ihren linken Kritikerinnen und Kritikern sondern denunzierten diese als Konterrevolutionäre. Unter dem Befehl von Leo Trotzki (1879–1940) wurde die Kronstädter Rebellion gewaltsam niedergeschlagen. Wenig später wurde auf dem X. Parteitag ein Fraktionsverbot erlassen, das innerparteiliche Kritik wie etwa der Arbeiteropposition um die Feministin und Diplomatin Alexandra Kollontai (1872–1952) ein Ende setzte.

Da weitere Revolutionen in anderen Ländern ausblieben, hofften viele Kommunistinnen und Kommunisten innerhalb und außerhalb der Sowjetunion trotz solcher autoritärer

Entwicklungen weiterhin auf das «Absterben» des Staates und eine Realisierung des sozialistischen Programms. Aus Sorge, unbeabsichtigt dem Antikommunismus das Wort zu reden, hielten sich viele kommunistische Linke in anderen Ländern mit ihrer Kritik zurück. Als später das faschistische Regime Mussolinis in Italien und die nationalsozialistische Bewegung in Deutschland an die Macht kamen, war die Sowjetunion für viele auch kritisch eingestellte radikale und moderate Linke vorerst die einzig verbliebene Bündnispartnerin. Dies änderte sich teilweise mit Beginn des Zweiten Weltkrieges, als sich Antifaschistinnen und Antifaschisten im Exil dem militärischen Kampf Großbritanniens und der USA anschlossen und ein kritischer Intellektueller wie beispielsweise Herbert Marcuse (1898–1979) im Auftrag des amerikanischen Geheimdienstes «Feindanalysen» über das nationalsozialistische Deutschland verfasste.[80]

Allerdings artikulierte sich auch früh eine linke Kritik am Marxismus-Leninismus. Besonders die Verallgemeinerung von Lenins Thesen und sein Avantgardekonzept politischer Praxis standen dabei im Fokus. Da die Lenin'sche Staatstheorie zugleich Revolutionstheorie sein will, folgen aus ihr auch Konsequenzen für die politische Praxis. Lenin zufolge ist eine kritische Analyse der Verhältnisse nur einer intellektuellen Elite möglich, da die Arbeiter_innen von sich aus nur gewerkschaftliches Bewusstsein entwickeln würden. Herrschaftskritik und Emanzipation von Staat und Kapital sind für Lenin daher Praxis einer Avantgarde: Marxistische Intellektuelle führen die Partei und diese die arbeitenden Massen. Ein so autoritäres Praxisverständnis hatte wenig mit der Marx'schen Vorstellung von gesellschaftlicher Emanzipation als Selbstemanzipation gemein.[81] Vor allem rätekommunistische Autoren wie Anton Pannekoek (1873–1960) und Paul Mattick (1904–1981) argumentierten vehement gegen Verallgemeinerungen der Lenin'schen Theorie und der bolschewistischen Erfahrungen. Schon bei Lenin existiert das Problem der Übertragung der Erfahrungen der Pariser Kommune auf die Russische Revolution, also eines räumlich

80 Siehe Marcuse 2007, Neumann/Marcuse/Kirchheimer 2016.

81 Siehe dazu exemplarisch Agnoli 1998b, S. 238: «Die Organisationsform einer auf Emanzipation gerichteten Bewegung soll die Emanzipation vorwegnehmen. Eine revolutionäre Organisationsform, die stramm hierarchisch ist, wird eine stramm hierarchische Gesellschaft hervorbringen.»

begrenzten revolutionären Experiments in einer Stadt wie Paris auf das enorme russische Reich. Ebenso problematisch war die Übernahme und Nachahmung der Erfahrungen der Russischen Revolution auf vollkommen andere gesellschaftliche Verhältnisse – feudale und agrarische Verhältnisse in Russland auf der einen Seite und entwickelte Industriegesellschaften in Europa und den USA auf der anderen. Rätekommunistische Gruppen forderten Spontanität und Autonomie von Bewegungen anstelle von Avantgardekonzepten, basisdemokratische Diskussion statt autoritärer Parteihierarchie sowie Selbstverwaltung von Produktion und Verteilung statt staatlicher Planung, Arbeitszwang und Militarisierung der Arbeit.[82] Prominenten Ausdruck fand diese rätekommunistische Haltung in der Parole Otto Rühles: «Die Revolution ist keine Parteisache». Kritik an Lenins Staatsverständnis entzündete sich auch angesichts der krassen Differenz zwischen der Rede vom «Absterben des Staates» vor der Revolution und dem Aufbau einer gigantischen staatlichen Bürokratie, die nach der Russischen Revolution zunächst unter der Herrschaft Lenins und später Stalins in der Sowjetunion, aber auch in allen an der Sowjetunion orientierten realsozialistischen Staaten installiert wurde.[83] Ausführungen wie beispielsweise über die Bestrafung des Müßiggangs oder die Niederschlagung des Kronstädter Aufstands illustrieren ein bereits bei Lenin vorhandenes autoritäres Potenzial, das nach seinem Tode von Stalin voll entwickelt und radikalisiert wurde.

Neben der Kritik der Praxis des Leninismus wurden auch Lenins theoretischen Überlegungen kritisiert. Herrschaft ist für diesen immer Klassenherrschaft, die qualitativen Unterschiede zwischen etwa der antiken und der kapitalistischen Klassengesellschaft sind nicht von Belang: «Die Freiheit der kapitalistischen Gesellschaft bleibt immer ungefähr die gleiche, die sie in den antiken griechischen Republiken war: Freiheit der Sklavenhalter.»[84] Eine derartige Indifferenz gegenüber verschiedenen Formen von Klassenherrschaft hatte bei Lenin aufgrund

82 Vgl. zur linken Kritik an Lenin und Stalin unter anderem Bonefeld/Tischler 2003, Adamczak 2008, Pannekoek/Mattick 2008, Van der Linden 2007, Wallat 2012, Gruppe INEX 2012.

83 Einen Überblick zur Geschichte der Russischen Revolution und der Entwicklung der Sowjetunion geben u.a. Figes 1998 und Hildermeier 1998.

84 LW 25, S. 474.

der bescheidenen Bedeutung demokratischer Prinzipien im zaristischen Russland sicherlich eine gewisse historische Plausibilität. Allerdings ignorierte sie grundlegende Veränderungen der bürgerlichen Demokratie im 20. Jahrhundert, wo besonders nach dem Ersten Weltkrieg in zahlreichen Staaten das allgemeine, freie und gleiche Wahlrecht eingeführt wurde, die wie in der Weimarer Republik erstmals auch für Frauen galt. Eine pauschale Herrschaftskritik übersieht somit elementare Differenzen zwischen der personalen Herrschaft in vorkapitalistischen Verhältnissen und der «subjektlosen» Herrschaft im Kapitalismus.[85] Waren die meisten Menschen in feudalen Verhältnissen der direkten Herrschaft ihrer adeligen oder kirchlichen Lehnsherrn unterworfen, so unterliegen sie in kapitalistischen Verhältnissen als «doppelt freie Arbeiter_innen» – frei von direkter Abhängigkeit, aber auch frei vom Eigentum an Produktionsmitteln – der subjektlosen Gewalt des Rechts. Privilegien einzelner Personen oder kleiner Gruppen wandelten sich zumindest dem Prinzip nach in allgemein gültiges Zivilrecht, dem auch die herrschenden Eliten unterliegen. Auch in der Ökonomie gibt es tiefgreifende Veränderungen: Während in vorbürgerlichen Zeiten ein Großteil der Menschen für ihre Subsistenz und den Luxus der Herrschenden produzierte, ist im Kapitalismus Warenproduktion und Warenzirkulation die dominante Form der Ökonomie. Dabei ist die Produktion nicht durch die Bedürfnisse der ökonomisch oder politisch Mächtigen bestimmt (wie noch bei der Kriegs- und Luxusproduktion im Feudalismus und Absolutismus) und noch viel weniger durch gesellschaftliche Bedürfnisse allgemein, sondern durch den permanenten Zwang zur Kapitalakkumulation, der auch die Kapitalist_innen «bei Strafe ihres Untergangs» unterworfen sind, wie es bei Marx heißt.[86] Dieser Aspekt wird in diesem Buch im Kapitel zur Formanalyse (Kapitel 5) detaillierter ausgeführt.

85 Zur Thematik der subjektlosen Herrschaft siehe Gerstenberger 2006 sowie Heinrich 2012.

86 MEW 25, S. 255. Zur Kritik an den analytischen Mängeln eines instrumentellen Staatsbegriffs siehe Elbe 2002 und Heinrich 2004.

4 Hegemonietheorien des Westlichen Marxismus – der Staat als soziales Verhältnis und umkämpftes Terrain

Der Begriff Westlicher Marxismus definiert eine politische und theoretische Abgrenzung zum «östlichen» Marxismus der Sowjetunion. Unter ihm werden sehr unterschiedliche Theoretikerinnen und Theoretiker zusammengefasst: Vertreter der Kritischen Theorie der Frankfurter Schule wie Theodor W. Adorno, Max Horkheimer und Herbert Marcuse zählen ebenso dazu wie der italienische Marxist Antonio Gramsci, der französische Philosoph Louis Althusser und der griechisch-französische Theoretiker Nicos Poulantzas.[87] In diesem Kapitel werden die zentralen Begriffe und Thesen zu Staat und Politik von Gramsci, Althusser und Poulantzas vorgestellt. Außerdem werden Versuche präsentiert, an deren Arbeiten anzuknüpfen und diese weiterzuentwickeln. Dabei liegt der Fokus auf zwei Themen: erstens Globalisierung und internationale Beziehungen und zweitens feministische Diskussionen zum Verhältnis von Staat und Patriarchat.

4.1 Antonio Gramsci: Gefängnishefte

«Staat = politische Gesellschaft + Zivilgesellschaft, das heißt Hegemonie, gepanzert mit Zwang.»[88]

Mehr noch als die Schriften von Lenin erfahren momentan die staatstheoretischen Überlegungen des Westlichen Marxismus eine Renaissance. Klassische Texte wie die *Gefängnishefte* von Antonio Gramsci, *Ideologie und ideologische Staatsapparate* von Louis Althusser sowie *Staatstheorie* von Nicos Poulantzas

87 Zum Begriff des Westlichen Marxismus siehe grundlegend Anderson 1978; einen detaillierten Überblick geben Behrens/Hafner 2017; zu den staatstheoretischen Überlegungen der Kritischen Theorie von Adorno und Horkheimer siehe Ruschig/Schiller 2014.

88 GH 6, S. 783.

wurden in jüngster Zeit erneut aufgelegt und von einer Reihe von Diskussionsbänden begleitet.[89]

Der folgende Abschnitt stellt vor allem die zentralen Begriffe und Thesen von Gramsci vor. Während Lenins Schriften in der Linken durchaus kontrovers diskutiert werden, genießt Gramsci eine weitgehend ungebrochene Sympathie in unterschiedlichen Strömungen der Linken. Seine Attraktivität resultiert sicher zu einem großen Teil aus seiner Biografie. Gramsci wurde 1891 in Ales auf Sardinien geboren. Er studierte Literaturwissenschaften in Turin und begann als Journalist für verschiedene sozialistische Zeitungen und Zeitschriften zu schreiben. Er engagierte sich erst in der Sozialistischen Partei und war 1921 dann an der Gründung der Kommunistischen Partei Italiens beteiligt, zu deren führenden Funktionären und Parlamentsabgeordneten er zählte. Neben der Parteiarbeit widmete er sich als Redakteur der kommunistischen Wochen- und später Tageszeitung *Ordine Nuovo* (dt.: *Neue Ordnung*). 1926 wurde er trotz seiner parlamentarischen Immunität vom faschistischen Regime verhaftet. In den faschistischen Kerkern verfasste er sein Hauptwerk, die *Gefängnishefte*. 1937 starb er an den gesundheitlichen Folgen der Haft in Rom.[90]

Im Rückblick erscheint Gramsci als eine ideale Referenz für linke wie linksradikale Bewegungen, die ihn als einen stalinistischer Verbrechen und Dogmen unverdächtigen Leninisten betrachten. Der fragmentarische Charakter seiner Schriften und die der faschistischen Zensur geschuldete Codierung wiederum bieten einen «nahezu beliebig anwendbaren Zitatenschatz».[91] Der folgende Abschnitt skizziert nun sowohl die Kontinuität als auch Brüche von Gramscis Werk in Bezug auf die leninistische Staatsinterpretation, die zu seiner Zeit in der kommunistischen Linken dominant war. Zuletzt werden einige der zentralen Be-

---

89 Siehe zur erneuten Auflage klassischer Texte Gramsci 2012, Althusser 2010 und 2012, Poulantzas 2002; zur Diskussion um die Staatstheorie des Westlichen Marxismus siehe unter anderem Buckel/Fischer-Lescano 2007, Becker/Candeias/Niggemann/Steckner 2013, Bretthauer/Gallas/Kannankulam/Stützle 2006, Demirovic/Adolphs/Karakayali 2010; eine Einführung zur Rezeption Gramscis in den Theorien der internationalen Beziehungen geben Bieler/Morton 2006; zur Analyse aktueller Entwicklungen mit Hilfe von Poulantzas' Staatstheorie siehe unter anderem Kannankulam 2008 und Wissel 2007.

90 Zu Gramscis Biografie siehe Fiori 1979.

91 Berger 2007, S. 20.

griffe seiner Hegemonietheorie vorgestellt. Gramsci orientierte sich in den 1920er-Jahren zwar an der Tradition marxistisch-leninistischer Klassen- und Staatstheorie, formulierte mit seinem Hegemoniebegriff aber eine Ergänzung zur leninistischen Repressionsthese und entwarf damit einen präziseren Staatsbegriff als der traditionelle Marxismus-Leninismus. Gramsci gilt zwar als einer der ersten zentralen Theoretiker des Westlichen Marxismus in Abgrenzung zum traditionellen Marxismus der kommunistischen Parteien und Gewerkschaften. Trotz theoretischer Innovationen verbleibt er jedoch im leninistischen Kontext. Prinzipiell ist bei Gramsci die Nähe zum «östlichen» Marxismus der Sowjetunion in Theorie und Praxis größer als bei anderen Vertreter_innen des Westlichen Marxismus. Bei allen Differenzen im Detail denkt Gramsci wie Lenin gesellschaftliche Emanzipation immer im Zusammenhang mit der Eroberung des Staates. Der zentrale Ausgangspunkt von Gramscis staatstheoretischen Reflexionen ist das Scheitern revolutionärer Bewegungen in verschiedenen europäischen Staaten nach dem Ende des Ersten Weltkriegs – beispielsweise die Novemberrevolution 1918, die bayrische Räterepublik 1919 und kommunistische Aufstände 1921–1923 in Deutschland oder die Räteaufstände in den italienischen Industriestädten wie Mailand und Turin. Entgegen den deterministischen Prognosen des traditionellen Marxismus von einer stetigen Entwicklung der Produktivkräfte hin zur schlussendlichen Überwindung der kapitalistischen Vergesellschaftung und der Realisierung des Kommunismus gelingt die sozialistische Revolution nicht in den westlichen Industriestaaten, sondern in Russland, einem ökonomisch kaum entwickelten, von feudalistischen Verhältnissen geprägten Staat – der Theorie nach eine untypische Situation. Die Niederlagen der deutschen und italienischen Arbeiter_innenbewegungen offenbaren für Gramsci sowohl Defizite gängiger Staats- und Revolutionstheorien als auch die Nichtübertragbarkeit des sowjetischen Revolutionsmodells auf die industriell entwickelten Staaten Europas.

«Im Osten war der Staat alles, und die Zivilgesellschaft war in ihren Anfängen und gallerthaft; im Westen bestand zwischen Staat und Zivilgesellschaft ein richtiges Verhältnis, und beim Wanken des Staates gewahrte man sogleich eine robuste Struktur der Zivilgesellschaft. Der Staat war nur ein vorgeschobener Schützengraben, hinter welchem sich eine robuste Kette von Festungen und Kasematten befand; von Staat zu Staat mehr oder weniger, versteht sich, aber gerade dies verlangte eine genaue Erkundung nationaler Art.» [92]

Nach Gramsci ist die zaristische Herrschaft in Russland vor allem durch Zwang charakterisiert und mittels einer militärischen Eroberung der staatlichen Institutionen überwindbar. Dieses Konzept eines Bewegungskrieges lässt sich aber auf die parlamentarischen Demokratien im Westen nicht so einfach übertragen, da dort repressive Elemente des Staates durch integrative Elemente der Zivilgesellschaft ergänzt wurden. Die Differenzen zwischen dem bürgerlichen Staat und dem zaristischen, in feudalistischen Traditionen verhafteten Staat machen also eine Analyse des «erweiterten» beziehungsweise integralen Staates nötig, der ein Ensemble aus der «politischen Gesellschaft» und der «Zivilgesellschaft» bildet.»[93] Insofern kann Gramscis Hegemonietheorie auch als eine «Transformation des Leninismus als ‹Wissenschaft des Bewegungskrieges› in eine des ‹Stellungskrieges›» [94] interpretiert werden. Militärische Begriffe wie Bewegungs- und Stellungskrieg werden bei Gramsci auf die Analyse politischer Verhältnisse übertragen. Unter Hegemonie versteht er die Fähigkeit der herrschenden Klassen, ihre Herrschaft erfolgreich gegenüber den beherrschten subalternen Klassen zu legitimieren. Die Durchsetzung und Verallgemeinerung der Interessen der herrschenden Klassen durch einen «aktiven oder passiven Konsens»[95] benötigt neben repressiven Elementen immer auch politische Kompromisse und konkrete materielle Zugeständnisse. Somit ist der Staat «der gesamte Komplex praktischer und theoretischer Aktivitäten [...], womit die führende Klasse ihre Herrschaft nicht nur rechtfertigt und aufrechterhält, sondern es ihr auch gelingt, den aktiven Konsens der Regierten zu erlangen»[96]. Derartige Zugeständnisse können beispielsweise bessere Arbeitsbedingungen und höhere Löhne beinhalten, sie dürfen aber nicht die ökonomischen Grundlagen des Kapitalismus wie das Privateigentum an den Produktionsmitteln gefährden.[97] Gramscis Begriff der Zivilgesellschaft bezeichnet das

92 GH 7, S. 874.

93 Vgl. Stützle 2009, S. 60.

94 Berger 2007, S. 21.

95 GH 2, S. 411.

96 GH 15, S. 1725 f.

97 Vgl. GH 13 , S. 1567.

Terrain, auf dem kollektive Subjekte in sozialen Kämpfen um Hegemonie ringen. Die Zivilgesellschaft mit ihren Institutionen wie Familie, Schule und Kirche ist dabei kein neutrales Terrain, sondern stets herrschaftsförmig organisiert. Gramsci differenziert in seinem Staatsbegriff zwischen dem Staat als «politischer Gesellschaft» im engeren Sinn, also dem Regierungsapparat und rechtlichen und politischen Institutionen, und dem integralen Staat in erweitertem Sinne als Kombination von «politischer Gesellschaft» und «Zivilgesellschaft»:

«Vorläufig lassen sich zwei große superstrukturelle ‹Ebenen› festlegen – diejenige, die man die Ebene der ‹Zivilgesellschaft› nennen kann, d. h. des Ensembles der gemeinhin ‹privat› genannten Organismen, und diejenige der ‹politischen Gesellschaft oder des Staates› –, die der Funktion der ‹Hegemonie›, welche die herrschende Gruppe in der gesamten Gesellschaft ausübt, und der der ‹direkten Herrschaft› oder des Kommandos, die sich im Staat und in der ‹formellen› Regierung ausdrückt, entsprechen. Die Intellektuellen sind die ‹Gehilfen› der herrschenden Gruppe bei der Ausübung der subalternen Funktionen der gesellschaftlichen Hegemonie und der politischen Regierung, nämlich: 1. des ‹spontanen› Konsenses, den die großen Massen der Bevölkerung der von der herrschenden grundlegenden Gruppe geprägten Ausrichtung des gesellschaftlichen Lebens geben, eines Konsenses, der ‹historisch› aus dem Prestige (und folglich aus dem Vertrauen) hervorgeht, das der herrschenden Gruppe aus ihrer Stellung und ihrer Funktion in der Welt der Produktion erwächst; 2. des staatlichen Zwangsapparats, der ‹legal› die Disziplin derjenigen Gruppen gewährleistet, die weder aktiv noch passiv «zustimmen», der aber für die gesamte Gesellschaft in der Voraussicht von Krisenmomenten im Kommando und in der Führung, in denen der spontane Konsens schwindet, eingerichtet ist. Diese Problemstellung führt im Ergebnis zu einer erheblichen Erweiterung des Begriffs des Intellektuellen, doch nur so ist es möglich, zu einer konkreten Annäherung an die Wirklichkeit zu gelangen.»[98]

Mit der traditionellen Reduktion des Staates auf Repression verbunden ist die Strategie der Eroberung des Staates in Gestalt staatlicher Institutionen wie Militär, Verwaltung und Justiz durch die kommunistische Bewegung mittels eines Bewegungs-

98 GH 12, S. 1502.

krieges. Demgegenüber plädiert Gramsci für einen lang andauernden Stellungskrieg, um gesellschaftliche beziehungsweise kulturelle Hegemonie zu erlangen. Die revolutionäre Überwindung des Staates ist also weniger ein rascher Bewegungskrieg wie die Eroberung des russischen Winterpalais durch die Bolschewiki, sondern ein lang andauernder Stellungskrieg um die Erringung politischer und kultureller Hegemonie. Im Kontrast zum rein repressiven zaristischen Staat, der militärisch erobert werden konnte, ist für Gramsci der entwickelte bürgerliche Staat definiert als «Hegemonie, gepanzert mit Zwang».[99] Die prozesshafte Vorstellung von gesellschaftlicher Emanzipation bedarf der Aufklärung und der Transformation des «Alltagsverstands» der subalternen Klassen, die häufig religiösen Ideologien verhaftet sind. Eine wichtige Rolle spielen für Gramsci dabei die Intellektuellen. Für ihn sind alle Menschen Intellektuelle, aber nicht alle haben die gesellschaftliche Funktion von Intellektuellen.[100] Alle gesellschaftlichen Gruppen haben nach Gramsci ihre eigenen Intellektuellen: «Jede gesellschaftliche Gruppe schafft sich, während sie auf dem originären Boden einer Welt der ökonomischen Produktion entsteht, zugleich organisch eine oder mehrere Schichten von Intellektuellen, die ihr Homogenität und Bewusstsein der eigenen Funktion nicht nur im ökonomischen, sondern auch im gesellschaftlichen und politischen Bereich geben.»[101]

Intellektuelle dienen als Gehilfinnen und Gehilfen der herrschenden Gruppe bei der Legitimation von Herrschaft, sie können als «organische Intellektuelle» beherrschter Gruppen wie der Arbeiter_innenbewegung aber auch Kritik an Herrschaft formulieren. Intellektuelle stehen für Gramsci also weniger im Dienste der wissenschaftlichen Lehre und Forschung, sondern dienen speziellen Gruppeninteressen. Dabei lässt sich außerdem eine Hierarchie der Intellektuellen feststellen:

«Es gibt die großen und die kleinen Intellektuellen. Die großen Intellektuellen sind konzeptiv tätig, sie überschauen die großen Entwicklungen und Traditionen, sie prägen die Begriffe des Konsenses und arbeiten an der moralischen und intellektuellen Einheit der kollektiven Überzeugungen und Gewohnheiten. Die kleinen Intellektuellen haben auf den verschiedenen

99 GH 6, S. 783.

100 Vgl. GH 12, S. 1500.

101 GH 12, S. 1497.

Hierarchiestufen die Funktion der Vermittlung und der Reproduktion des Konsenses.»[102]

Der Kampf um Hegemonie wird von den kleinen und großen Intellektuellen an verschiedenen Stellen geführt. Politische Praxis ist so nicht nur das Ringen um die Staatsmacht, sondern auch der «Stellungskrieg» um Positionen in den verschiedensten Bereichen der Zivilgesellschaft, beispielsweise in Schulen und Universitäten, Medien sowie kulturellen Einrichtungen wie Kulturzentren und Theatern. Hegemonie ist jedoch nicht allein Resultat einer erfolgreichen Durchsetzung der Interessen einer einzelnen gesellschaftlichen Gruppe, sondern meist ein Kompromiss verschiedener Gruppierungen. So bildeten beispielsweise adelige Großgrundbesitzer auf dem Land und bürgerliche Fabrikherrn in den Städten als «Block an der Macht» in vielen Ländern Bündnisse gegen aufständische Land- und Fabrikarbeiter_innen. Trotz Differenzen im Habitus, unterschiedlichen kulturellen Interessen und auch ökonomischer Konkurrenz untereinander einte sie als Kapitalist_innen das gemeinsame Interesse an der Abwehr von Aufständen und Streiks und die Aufrechterhaltung der kapitalistischen Ordnung. Die Kirche, das Militär und die bürgerliche Presse sind häufig weitere Akteure solcher Herrschaftsbündnisse. Herrschende Allianzen können aber auch durch interne Konflikte zerbrechen. In solchen Krisensituationen besteht die Möglichkeit sowohl einer linken Regierungsübernahme oder Revolution, als auch der Zunahme reaktionärer Mobilisierungen und einer «passiven Revolution» als Abwehr linker Bewegungen und Parteien. Der Faschismus in Italien lässt sich so mit Gramscis Thesen als ein Krisenphänomen begreifen – als erfolgreiche Niederschlagung linker Fabrik- und Landbesetzungen und konterrevolutionäre Abwehr linker Revolutionsversuche.[103]

Politische Organisierung ist für Gramsci nicht nur die Organisierung der Arbeiter_innenbewegung, sondern zielt auch auf ein Bündnis der Arbeitenden mit weiteren subalternen Klassen wie Bäuerinnen und Bauern. Eine wichtige Rolle bei solchen Bündnisbemühungen spielen Nationalismus und Populismus. Gramsci plädiert dafür, diese beiden Themen nicht der politischen Rechten zu überlassen, sondern einen linken Nationalismus und Populismus zu formulieren. Daran knüpfen besonders

102 Demirovic 2007, S. 35.

103 GH 10, S. 1243 f.

Autor_innen wie Chantal Mouffe und Ernesto Laclau an.[104] Auch Pablo Iglesias, einer der führenden Funktionäre und Intellektuellen der linken Partei Podemos in Spanien, gilt als Befürworter eines linken Populismus im Sinne von Gramsci und Laclau/Mouffe. Derartige Positionen sind in der Linken allerdings sehr umstritten. Antinationale Kritiker_innen sehen darin eine Aufgabe linker Positionen, etwa dem Streben nach universeller Emanzipation, und eine Unterschätzung der ausgrenzenden Dynamik nationalistischer Ideologie. Wachsende politische Zustimmung und Wahlerfolge einer populistischen Linken resultierten meist aus einer Anpassung an die rechte politische Konkurrenz und der Aufgabe eines eigenen emanzipatorischen Profils.[105] Kritisch wurde zu Gramsci des Weiteren angemerkt, dass der Staat auch bei ihm als Klassenherrschaft interpretiert werde, er deren spezifische Qualität aber unzureichend analysiere. Die Aufhebung von Klassenherrschaft wird als Überwindung des Kapitalismus verstanden, der Staat existiert in der postkapitalistischen Gesellschaft aber weiter:

«Nicht mehr die Zugehörigkeit zu einer personalistisch verstandenen Kapitalistenklasse, sondern die technische Kompetenz soll den Führungsanspruch legitimieren, und dementsprechend erscheint die Aufhebung der ‹Herrschaft der Bourgeoisie› bereits als Aufhebung des Kapitalismus. Ausgeblendet bleibt dabei, was das historisch Neue am Kapitalismus ausmacht: die Verwandlung personaler Herrschaft in formale oder versachlichte, die Unterordnung aller Lebensbereiche unter die Rationalität des Wertverhältnisses. Bei der Exekution formaler Sachzwänge, die sich nicht auf den Willen und das bewusste Wirken von Klassensubjekten reduzieren lassen, können Phänomene wie ‹Willkür› nur störend sein. Die Wertförmigkeit der Verhältnisse materialisiert sich selbstredend auch in der kapitalistischen Maschinerie und den technischen Bedingungen, die den Menschen in Gestalt von ‹Sachzwängen› gegenübertreten, weshalb die Frage der Klassenzugehörigkeit eines Technikers, der einem Arbeiter Befehle gibt, eine sekundäre ist, die soziologisch an der Oberfläche des Kapitalverhältnisses bleibt.»[106]

---

104 Laclau/Mouffe 1991 und Laclau 2014.

105 Siehe zur Kritik an Gramsci exemplarisch Minu 2004 und Elbe 2006. Zur Kritik an Laclau siehe Elbe 2016

106 Bösch 1993.

Spätere staatstheoretische Autorinnen und Autoren knüpfen auf unterschiedliche Weise an Gramscis Hegemonietheorie an, unter anderem die Marxisten Louis Althusser und Nicos Poulantzas, deren Arbeiten in den folgenden Abschnitten vorgestellt werden. Auch feministische Autorinnen wie Raewyn Connell griffen Gramscis Überlegungen mit dem Begriff der hegemonialen Männlichkeit auf. Darauf wird im Folgenden noch näher eingegangen.

Neben einer linken Gramsci-Lektüre gibt es aber auch eine Lektüre seiner Werke von rechts. Besonders in der französischen Neuen Rechten um Alain de Benoist existiert seit den 1970er-Jahren eine rechte Aneignung von Gramscis Hegemoniekonzept. Die Neue Linke hatte in Frankreich 1968 zwar nicht ihre revolutionären Ambitionen realisiert, aber dennoch die gesellschaftlichen Verhältnisse in vielen Bereichen verändert. Besonders die linke Hegemonie im Bereich der Kultur, die zunehmende Bedeutung des Feminismus und die politischen Erfolge der antikolonialen Bewegungen (zum Beispiel die Unabhängigkeit der früheren französischen Kolonie Algerien 1962) war für rechte Intellektuelle wie de Benoist eine Provokation und zugleich Anregung, nach neuen politischen Konzepten zu suchen. Der Kampf um die Parlamente wurde so von der Neuen Rechten zunehmend durch den Kampf um kulturelle Hegemonie ersetzt. Eine prominente Rolle spielt dabei der intellektuelle Zirkel GRECE (Groupement de Recherche et d'Etude pour la Civilisation Européenne, dt: Recherche- und Studiengruppe für die europäische Zivilisation). Er lehnte die Errungenschaften der Französischen Revolution ab und stellte den demokratischen Werten Begriffe wie Differenz, Elite, Ehre, Hierarchie, Identität und Ungleichheit entgegen. 1981 veranstaltete GRECE sein nationales Kolloquium unter dem Titel: «Für einen Gramscianismus von rechts».[107] GRECE versteht sich selbst als eine Organisation von organischen Intellektuellen nicht der linken Arbeiter_innenbewegung, sondern einer wiederherzustellenden Volksgemeinschaft.[108] De Benoist ersetzte in seiner Praxis der «rechten Diskurspiraterie»[109] die Klassenkonflikte bei Gramsci durch Differenzen von Rassen und Kulturen.

---

107 Vgl. Kebir 2010, S. 71.

108 Vgl. Demirovic 1990, S. 355.

109 Woelk 2010, S. 102. Der Begriff der Diskurspiraterie wurde von Alfred Schobert geprägt.

Doch nicht nur linke Theoriefragmente wurden von rechts übernommen. Es kam auch zur Aneignung (vermeintlich) originär linker Aktionsformen (spontane Demonstrationen, spektakuläre Aktionen und Besetzungen) und eines antibürgerlichen, oppositionellen und revolutionären Habitus sowie zur Übernahme von Begriffen wie beispielsweise dem Antiimperialismus. Aktuell stehen in dieser Tradition die identitäre Bewegung in Frankreich und anderen europäischen Ländern, Casa Pound in Italien sowie kleinere Zirkel um einige rechtsintellektuelle Zeitschriften in Deutschland. Auch in der Partei Alternative für Deutschland (AfD) versucht diese Strömung Einfluss auszuüben. Derartige Aneignungsversuche linker Theorie von rechts sind zwar keine zwingenden Gründe für einen linken Abschied von Gramscis Hegemonietheorie, aber eine Demonstration dafür, dass die Kritik der herrschenden Verhältnisse kein linkes Monopol ist, sondern politischen Kämpfen um Deutungshoheit unterliegt.

4.2 Louis Althusser: Ideologie und ideologische Staatsapparate

«Wie wird die Reproduktion der Produktionsverhältnisse gewährleistet? [...] Sie erfolgt zu einem sehr großen Anteil durch den juristisch-politischen und den ideologischen Überbau. [...] Sie wird zu einem großen Teil durch die Ausübung der Staatsmacht in den Staatsapparaten gewährleistet, und zwar dem (repressiven) Staatsapparat einerseits und den Ideologischen Staatsapparaten andererseits.»[110]

Neben Gramsci gilt Louis Althusser als ein weiterer prominenter Vertreter des Westlichen Marxismus. Althusser wurde 1918 in der Nähe von Algier in Algerien geboren. Er war einer der einflussreichsten Philosophen und Marxisten in Frankreich. Zu seinen Schülerinnen und Schülern zählen unter anderem Nicos Poulantzas, Jacques Rancière, Michel Foucault und Étienne Balibar. Althusser litt unter schweren psychischen Problemen, nachdem er unter nicht vollständig aufgeklärten Umständen

110 Althusser 2010, S. 60.

1980 seine Frau getötet hatte, kam er für mehrere Jahre in psychiatrische Behandlung. 1990 starb er in Paris. Zu seinen wichtigsten Werken zählen *Für Marx, Das Kapital lesen* sowie *Ideologie und ideologische Staatsapparate*. Letzteres ist sein Beitrag zur marxistischen Debatte über den Staat. Althusser beschäftigt sich in diesem Werk mit der Frage, wie sich kapitalistische Verhältnisse ideologisch reproduzieren. Kapitalismus basiert auf der kapitalistischen Aneignung des von den Arbeitenden produzierten Mehrwerts, setzt also voraus, dass stets ausreichend Arbeitskräfte vorhanden sind. Prinzipiell gilt für Althusser im Sinne von Marx, dass die Reproduktion der Arbeitskraft der Lohnarbeiterin und des Lohnarbeiters durch deren notwendige Bedürfnisse nach Nahrung, Kleidung, Wohnung u. Ä. definiert ist. Diese sind a) historisch bestimmt, können sich also in verschiedenen Regionen und Epochen unterscheiden: «Marx hat darauf hingewiesen, dass die englischen Arbeiter Bier und die französischen Wein brauchen» und b) vom Klassenkampf um die Länge der Arbeitszeit und die Höhe der Löhne. Die Qualifikation der Arbeitskräfte erfolgt außerhalb der Produktionssphäre «durch das kapitalistische Schulsystem und durch andere Instanzen und Institutionen»[111]. In den Schulen wird nicht nur Technik und Wissen vermittelt, sondern auch die geltenden gesellschaftlichen Regeln, das heißt «Regeln der Moral, des staatsbürgerlichen und beruflichen Bewusstseins, was im Klartext heißt: Regeln der Beachtung der gesellschaftlich-technischen Arbeitsteilung und damit letztlich auch Regeln der durch die Klassenherrschaft etablierten Ordnung.»[112]

Die Reproduktion der Arbeitskraft erfordert also nicht nur die tägliche individuelle Reproduktion der Arbeitenden durch Nahrung, Kleidung, Wohnung und dergleichen, sondern zugleich auch die Reproduktion der Qualifikation und «Reproduktion der Unterwerfung unter die Regeln der etablierten Ordnung» beziehungsweise «Unterwerfung unter die herrschende Ideologie».[113] Klassenkampf im ökonomischen Sinne ist der Konflikt zwischen den kollektiven Interessen der Unternehmer_innen und Arbeitenden, der sich in der Auseinandersetzung um die Arbeitsbedingungen und -zeiten sowie die Höhe der Löhne äußert. Der «politische Klassenkampf» dreht sich «um den

111 Althusser 2010, S. 41 f.

112 Althusser 2010, S. 42 f.

113 Althusser, 2010, S. 43.

Besitz, d. h. die Ergreifung und die Bewahrung der Staatsmacht durch eine bestimmte Klasse oder ein Bündnis von Klassen oder Klassenfraktionen».[114]

Dem Staat kommt also bei der ideologischen Aufrechterhaltung der kapitalistischen Verhältnisse eine zentrale Rolle zu. Dabei greift Althusser Überlegungen von Gramsci auf und versteht den Staat nicht nur als Repression, sondern als Einheit von Repression und Ideologie. Der Staat ist für ihn das Ensemble verschiedener repressiver und ideologischer Staatsapparate. Zu den repressiven Staatsapparaten zählt er Regierung, Verwaltung, Polizei, Armee, Gerichte und Gefängnisse. Die ideologischen Staatsapparate unterteilt er in Religion (die verschiedenen Kirchen), Schule, Familie, politische Parteien, Interessenverbände, Information (Presse, Radio, Fernsehen u. Ä.) und Kultur (Literatur, schöne Künste, Sport u. Ä.).[115] Die repressiven Staatsapparate gehören für ihn zur öffentlichen Sphäre, die ideologischen Staatsapparate zum größten Teil zur privaten Sphäre.[116] Während die repressiven Staatsapparate vor allem mittels Gewalt funktionieren, erzeugen die ideologischen Staatsapparate die Akzeptanz von Herrschafts- und Ausbeutungsverhältnissen und die Verallgemeinerung der Interessen der hegemonialen Klassen. Aber auch die ideologischen Staatsapparate basieren teilweise auf Repression – beispielsweise durch Auswahl, Ausschluss und Bestrafung in den Schulen und Universitäten sowie Zensur bei den kulturellen Staatsapparaten und den Medien. Althusser fasst die Funktionsweise der repressiven und ideologischen Staatsapparate folgendermaßen zusammen:

«1 – Alle Staatsapparate funktionieren sowohl durch den Rückgriff auf Repression als auch auf Ideologie, mit dem Unterschied, dass der (repressive) Staatsapparat auf massiv überwiegende Weise durch den Rückgriff auf Repression funktioniert, während die Ideologischen Staatsapparate auf massiv überwiegende Weise durch den Rückgriff auf Ideologie funktionieren.

2 – Während der (repressive) Staatsapparat ein organisiertes Ganzes darstellt, dessen verschiedene Glieder unter einer Befehlseinheit zentral zusammengefasst werden, nämlich der Politik des Klassenkampfes, wie sie die politischen Vertreter der

---

114 Althusser, 2010, S. 51.

115 Vgl. Althusser 2010, S. 54 f.

116 Zur Kritik an Althussers Begriff der ideologischen Staatsapparate siehe Elbe 2016.

herrschenden Klassen anwenden, welche die Staatsmacht innehaben, sind die Ideologischen Staatsapparate vielfältig, unterschiedlich, ‹relativ autonom› und dazu in der Lage, ein objektives Feld für Widersprüche zu liefern, in denen sich in manchmal begrenzten, manchmal auch extremen Formen die Zusammenstöße zwischen dem kapitalistischen Klassenkampf und dem proletarischen Klassenkampf auswirken und ausdrücken können – und ebenso auch die ihr untergeordneten Formen.

3 – Während die Einheit des (repressiven) Staatsapparats durch seine zentralisierte Organisation gewährleistet wird, die unter der Leitung der Vertreter der herrschenden Klassen vereinheitlicht ist, welche die Klassenkampfpolitik der Klassen an der Macht umsetzen, wird die Einheit zwischen den verschiedenen Ideologischen Staatsapparaten durch die herrschende Ideologie gewährleistet, welche diejenige der herrschenden Klasse ist.»[117]

Bildung spielt für Althusser eine elementare Rolle. Im Feudalismus hatte die Kirche verschiedene Funktionen (Religion, Kultur, Schule) inne, die heute auf verschiedene ideologische Staatsapparate aufgeteilt sind. Die Kirche war in den vorkapitalistischen Verhältnissen also ein zentraler ideologischer Staatsapparat. Der Erfolg der Französischen Revolution beruhte Althusser zufolge nicht nur darauf, dass sie den repressiven Staatsapparat des Adels zerschlagen und durch einen neuen bürgerlichen Staatsapparat ersetzt hat. Vielmehr war für ihn bedeutsam, dass die Französische Revolution zusätzlich mit der Kirche den wichtigsten ideologischen Staatsapparat der damaligen Zeit entmachtet hat. Die Einziehung der Kirchengüter und die Schaffung neuer ideologischer Staatsapparate etablierte eine bürgerliche Hegemonie über das Bildungswesen. In den anschließend durchgesetzten kapitalistischen Verhältnissen bekommt die Schule eine zentrale Bedeutung bei der Vermittlung der herrschenden Ideologie, vor allem wegen ihres Zwangscharakters (Schulpflicht) und der zeitlichen Intensität (mehrere Tage jede Woche). Althusser besitzt daher großen Respekt vor kritischen Lehrerinnen und Lehrern: «Sie sind eine Art von Helden. Aber sie sind auch sehr selten.»[118] Der politische Kampf um Hegemonie ist wie bei Gramsci also nicht ein Kampf um Parlamente und die Eroberung der Regierungsmacht allein, sondern ein Kampf an den vielen Fronten der verschiedenen Staatsapparate.

117 Althusser 2010, S. 60 f.

118 Althusser 2010, S. 70.

4.3 Nicos Poulantzas: Staatstheorie

Neben Gramsci und Althusser bemühte sich vor allem Nicos Poulantzas um eine Weiterentwicklung materialistischer Staatstheorie. Poulantzas, 1936 in Athen geboren, studierte Rechtswissenschaften, Philosophie und Sozialwissenschaften in Athen, München und Paris. Nach seiner Promotion lehrte er Soziologie an der Reformuniversität in Vincennes bei Paris. Poulantzas litt an Depressionen und nahm sich 1979 das Leben. Seine bedeutendsten Veröffentlichungen sind unter anderem *Politische Macht und gesellschaftliche Klassen* (1968), *Faschismus und Diktatur* (1970), *Klassen im Kapitalismus heute* (1975) und *Staatstheorie. Politischer Überbau, Ideologie, Autoritärer Etatismus* (1978). In seinem Werk *Staatstheorie* interpretiert er den Staat in Analogie zum Kapital im Marx'schen Verständnis als ein gesellschaftliches Verhältnis. Er kritisiert sowohl die formanalytische als auch die instrumentelle Interpretation des Staates: «Nicht mehr Ableitung des Staates in Rechtsbegriffen aus der Warenform, sondern Analyse der Kämpfe, der Herrschaftspraktiken und des Widerstands steht im Zentrum seiner Theorie.»[119]

Das Verständnis vom Staat als Herrschaftsinstrument und Ausdruck von Klassendiktatur, wie es am berühmtesten von Lenin formuliert wurde, kritisiert er als undifferenzierte Analyse. Er grenzt sich aber auch von damals wie heute populären poststrukturalistischen Autoren wie Michel Foucault und Gilles Deleuze und deren Thesen zu Macht, Politik und Staat ab. Der Staat wird bei ihm verstanden als Klassenstaat und Garant für die Reproduktion der kapitalistischen Produktionsweise: «Der Staat steckt von Anfang an das Kampffeld ab, das Feld der Produktionsverhältnisse mit einbegriffen, er organisiert den Markt und die Eigentumsverhältnisse, etabliert die politische Herrschaft und die politisch herrschende Klasse, er markiert und codiert alle Formen der gesellschaftlichen Arbeitsteilung, die gesamte gesellschaftliche Realität im Bezugsrahmen einer Klassengesellschaft.»[120]

Soziale Verhältnisse und Kämpfe bestimmen so den Staat und verändern gleichzeitig stetig seine Form. Der Staat wird

---

119 Poulantzas 2002, S. 13.

120 Poulantzas 2002, S. 68 f.

verstanden als eine «*materielle Verdichtung eines Kräfteverhältnisses zwischen Klassen und Klassenfraktionen, das sich im Staat immer in spezifischer Form ausdrückt*».[121]

«*Die Theorie des kapitalistischen Staates kann von der Geschichte seiner Konstitution und Reproduktion nicht getrennt werden.* [...] Eine Theorie des kapitalistischen Staates kann nur erarbeitet werden, wenn man ihn mit der Geschichte der politischen Kämpfe im Kapitalismus in Beziehung setzt. [...] Die Beziehung des Staates zu den Produktionsverhältnissen ist meist eine Beziehung zu den gesellschaftlichen Klassen und dem Klassenkampf.»[122]

Wie Gramsci und Althusser versteht auch Poulantzas staatliche Herrschaft als Zusammenspiel von Repression und Ideologie. Er kritisiert jedoch, dass die beiden Autoren den materiellen Aspekt bei der Bildung eines gesellschaftlichen Konsenses vernachlässigten. Gramsci thematisiert dies zwar, aber nach Poulantzas in unzureichendem Maße. Poulantzas nennt als Beispiel die faschistische Herrschaft und ihre materiellen Zugeständnisse an die beherrschten Massen, beispielsweise durch die Verringerung der Arbeitslosigkeit und die Ausweitung der Sozialgesetzgebung.[123]

Bildung hat bei Poulantzas wie auch bei Althusser eine elementare Bedeutung. Der Staat übernimmt dabei die Rolle, welche die Kirche im Feudalismus gespielt hatte. Die Wissenschaften werden staatlich organisiert, der Staat schafft neben einer nationalen Wirtschaft und einem nationalen Markt auch eine einheitliche Nationalsprache, die andere Sprachen auf dem Staatsterritorium verdrängt, und fördert in staatlichen Schulen Lese- und Schreibkenntnisse. War Schrift in feudalen und absolutistischen Zeiten noch ein Privileg des Klerus und teilweise des Adels, so wird sie mit der Durchsetzung des Kapitalismus ein notwendiges Erfordernis bei der Qualifikation der Arbeitskräfte.

Das Gesetz ist für Poulantzas ein weiterer Unterschied zwischen der Herrschaft im Feudalismus und der Herrschaft im Kapitalismus. Im modernen Staat wird Herrschaft nicht mehr durch Religion, sondern durch Recht legitimiert:

---

121 Poulantzas 2002, S. 159; Hervorhebung im Original.

122 Poulantzas 2002, S. 54 f.; Hervorhebung im Original.

123 Vgl. Poulantzas 2002, S. 59–61.

«Das kapitalistische Gesetz und das kapitalistische Rechtssystem weisen auch unter dem Gesichtspunkt, dass sich in ihnen die herrschende Ideologie materialisiert, einige Besonderheiten auf: die Legitimität verschiebt sich auf die Legalität, und dadurch unterscheidet sich diese Legitimität von der über das Sakrale organisierten. Das Gesetz, das von nun an Volk und Nation verkörpert, wird zur grundlegenden Kategorie der staatlichen Souveränität, und die juridisch-politische Ideologie wird zur dominanten Region der Ideologie und verdrängt die religiöse Ideologie.»[124]

Poulantzas versteht Staaten als Nationalstaaten. Nation und Nationalismus seien von der marxistischen Linken allerdings nicht entsprechend ihrer Relevanz theoretisch erörtert worden. Er verwendet bei seiner Auseinandersetzung mit dem Verhältnis von Staat und Nation vor allem zwei Begriffe: den der Raummatrix und der Zeitmatrix. Der Begriff der Raummatrix beschreibt das Territorium staatlicher Herrschaft: Staaten setzen einerseits Grenzen nach außen gegenüber anderen Nationalstaaten und vereinheitlichen andererseits die Bevölkerung im Inneren zur Nation. Neben dem Raum ist die Zeit ein weiteres Element zur Konstitution der Nation durch den Staat auf der Grundlage einer «gemeinsamen historischen Tradition».[125] Staatliche Geschichtsschreibung und staatlicher Geschichtsunterricht sowie nationale Feierlichkeiten und Mythen fördern so die Entwicklung eines kollektiven nationalen Bewusstseins. Der Staat organisiert aber nicht nur die Staatsbürger_innen als beherrschte Massen zur Nation, sondern auch die Bourgeoisie zum «Block an der Macht»:

«Die Rolle des Staates besteht besonders im Hinblick auf die herrschenden Klassen, speziell im Hinblick auf die Bourgeoisie, in der Organisation. Er repräsentiert und organisiert die herrschende oder die herrschenden Klassen, er organisiert also das langfristige politische Interesse des *Blocks an der Macht,* der sich aus den verschiedenen Fraktionen der bürgerlichen Klasse zusammensetzt (denn die Bourgeoisie ist in Klassenfraktionen gespalten) und an dem hin und wieder die herrschenden Klassen anderer, in der kapitalistischen Gesellschaftsformation vorhandenen Produktionsweisen partizipieren. Klassisches und

124 Poulantzas 2002, S. 117.

125 Poulantzas 2002, S. 139.

noch aktuelles Beispiel dafür sind die Großgrundbesitzer in den beherrschten und abhängigen Ländern.»[126]

Dabei besitzt der Staat eine «relative Autonomie» gegenüber einzelnen Fraktionen des Blocks an der Macht. Als «ideeller Gesamtkapitalist» übernimmt er die Organisation des «Allgemeininteresses der Bourgeoisie».[127] In bestimmten Fällen kann dieses Allgemeininteresse auch den Interessen einzelner Unternehmen und Kapitalfraktionen widersprechen. Beispielsweise steht das allgemeine kapitalistische Interesse nach staatlicher Finanzierung von Ausbildung und Infrastruktur durch Steuern gegen das unternehmerische Interesse an möglichst geringen Steuerzahlungen. Es gibt also innerhalb des Staates und seiner Apparate keine einheitliche Position, sondern durchaus interne Widersprüche. Diese existieren sowohl innerhalb einzelner Staatsapparate, als auch zwischen verschiedenen Staatsapparaten: Zum Beispiel können Regierungsentscheidungen auf den Widerstand einzelner Ministerien oder Behörden stoßen, die Umsetzung von Beschlüssen kann von der Verwaltung verzögert oder gar verweigert werden.

«Wir haben es hier weniger mit einem einheitlichen und durch einen eindeutigen politischen Willen verbundenen Beamtentum und staatlichen Personal zu tun, sondern eher mit Cliquen, Hochburgen und Gruppierungen, also mit einer Vielzahl zerstreuter Mikropolitiken. [...] Kurz, den Staat als materielle Verdichtung eines Kräfteverhältnisses begreifen, heißt, ihn auch *als strategisches Feld und strategischen Prozess zu fassen,* in dem sich Machtknoten und Machtnetze kreuzen, die sich sowohl verbinden als auch Widersprüche und Abstufungen zeigen.»[128]

Ein derartig komplexes Verhältnis der Staatsapparate hat auch gravierende Konsequenzen für eine potentielle Regierungsübernahme durch linke Parteien – garantieren doch Wahlsiege und Regierungsverantwortung nach Poulantzas nicht automatisch die Kontrolle über sämtliche Staatsapparate.[129] Im Kapitel «Der Staat und die Volkskämpfe» setzt sich Poulantzas mit Fragen politischer Praxis auseinander. Aufgabe des Staates ist die Vereinheitlichung des Blocks an der Macht durch die

126 Poulantzas 2002, S. 157 f.

127 Poulantzas 2002, S. 159.

128 Poulantzas 2002, S. 167; Hervorhebung im Original.

129 Vgl. Poulantzas 2002, S. 170.

Desorganisation und Spaltung der beherrschten Klassen. Die Kämpfe der beherrschten Klassen können in drei verschiedenen Formen auftreten: 1. Kämpfe innerhalb des Staates, 2. Kämpfe in Distanz zum Staat, die diesen immer auch als Voraussetzung haben und auf ihn zurückwirken und 3. Kämpfe um die Staatsform.[130] Beispiele für die erste Form sind Kämpfe um Regierungsbeteiligung, für die zweite Aktionen und Kampagnen sozialer Bewegungen und für die dritte revolutionäre Auseinandersetzungen (Monarchie oder Republik, bürgerliche Demokratie oder Sozialismus). Die «Volksmassen» sind in unterschiedlicher Weise in den staatlichen Apparaten präsent: Durch die allgemeine Schulpflicht und die Wehrpflicht der männlichen Staatsbürger sind sie in Schule und Armee präsent, auch in politischen Parteien sind sie vertreten – Staatsapparate wie Justiz und Offizierskorps bieten jedoch geringere Möglichkeiten für einen gesellschaftlichen Aufstieg aus Milieus außerhalb der herrschenden Eliten. Einer linken Machtübernahme sind also gewisse strukturelle Grenzen gesetzt. Nach Poulantzas kann ein «demokratischer Weg zum Sozialismus», wie er es nennt, nicht auf klassischem Wege bisheriger linker Strömungen erfolgen. Weder ist er allein durch das etatistische Programm der Machtübernahme realisierbar, wie es die Sozialdemokratie und der Stalinismus in unterschiedlichen Varianten propagieren, noch durch reine Selbstorganisation und den Rückzug aus staatlichen Strukturen, wie es beispielsweise anarchistische Initiativen befürworten. Stattdessen bedarf es für eine radikale Transformation der gesellschaftlichen Verhältnisse einer Kombination aus der Ausweitung der Möglichkeiten parlamentarischer Demokratie und zugleich dem Aufbau von basisdemokratischen Selbstverwaltungsstrukturen. Der «demokratische Weg zum Sozialismus» umfasst also alle drei genannten Formen von gesellschaftlichen Kämpfen und eine Auseinandersetzung um die Hegemonie über die repressiven wie ideologischen Staatsapparate. Mehrere große Gefahren drohen dabei: die Reaktionen des politischen Gegners (der Bourgeoisie), aber auch die Gefahr der «Sozialdemokratisierung» vormals radikaler Positionen, und das Risiko, dass die beiden Prozesse der Ausweitung von repräsentativer Demokratie und Basisdemokratie aus der Balance geraten und ein Prozess auf Kosten des anderen dominiert.

130 Vgl. Gallas 2006, S. 107.

Dabei bleibt wie bei Engels und Lenin die «*Globalperspektive des Absterbens des Staates*».[131]

«Die Eliminierung der direkten Basisdemokratie führt zu Sozialdemokratisierung (vgl. Portugal), und die Eliminierung der repräsentativen Demokratie wird nicht zum Absterben des Staates und zum Triumph der direkten Demokratie führen, sondern über kurz oder lang zu einer autoritären Diktatur neuen Typs. In beiden Fällen wird schließlich der Staat gewinnen.»[132]

Für Poulantzas gibt es keine fertigen Rezepte für politische Praxis – weder als Resultat aus den historischen Erfahrungen der Linken noch aus einem «theoretisch gesicherten Modell in den heiligen Texten irgendwelcher Klassiker».[133] «Der demokratische Weg zum Sozialismus» ist also kein einfacher Weg, sondern voller Risiken. Die einzige Möglichkeit, derartige Risiken zu vermeiden, wäre die Aufgabe des Strebens nach Sozialismus und die Affirmation der existierenden liberalen Demokratie – doch das lehnt er ab. Auffällig sind bei Poulantzas ein allgemein sehr positives Bild des Volkes und der Volkskämpfe sowie eine Tendenz zur Gleichsetzung der «Kämpfe der Volksmassen» mit linken Bewegungen und politischen Kämpfen. Dennoch ignoriert er keineswegs die Gefahr einer autoritären gesellschaftlichen Entwicklung in Krisenzeiten. Im Kapitel «Der Verfall der Demokratie: Autoritärer Etatismus» geht er darauf konkreter ein. Der Begriff des autoritären Etatismus beschreibt allgemeine Tendenzen gesellschaftlicher Veränderung, die seit den 1970er-Jahren vor allem in Westeuropa und den USA zu beobachten sind, besonders die «vielfältigen Einschränkungen der sogenannten ‹formalen› Freiheiten, die man erst wirklich schätzen lernt, wenn sie einem genommen werden».[134] Autoritärer Etatismus bezeichnet konkrete politische Veränderungen, die im Zusammenhang stehen mit strukturellen ökonomischen Veränderungen:

«Grundsätzlich baut der autoritäre Etatismus auf der Periodisierung des Kapitalismus in Stadien und Phasen auf. Er scheint dabei der gegenwärtigen Phase des Imperialismus und des Monopolkapitalismus in den herrschenden Ländern zu entsprechen, so wie der liberale Staat dem Konkurrenzstadium und der

131 Vgl. Poulantzas 2002, S. 291; Hervorhebung im Original.

132 Poulantzas 2002, S. 293.

133 Poulantzas 2002, S. 294.

134 Poulantzas 2002, S. 232.

interventionistische Staat in seinen verschiedenen Formen den vergangenen Phasen des Monopolkapitalismus entsprach.»[135]

Der autoritäre Etatismus ist ein Krisenphänomen: sowohl Konsequenz der Weltwirtschaftskrise der 1970er-Jahre, als auch Ausdruck einer damit verbundenen politischen Krise. Er unterscheidet sich jedoch von den verschiedenen Formen des Ausnahmestaates – Faschismus, Militärdiktatur und Bonapartismus.[136] Angesichts zunehmender sozialer Bewegungen und Kämpfe ist der autoritäre Etatismus eine Art «institutionelles Präventivdispositiv»[137]. Zusätzlich führt die Internationalisierung des Kapitals auch zu verschärften Konflikten innerhalb der kapitalistischen Klasse. Staatliche Interventionen zur Konjunkturförderung nehmen zu, es kommt zur Kommodifizierung neuer gesellschaftlicher Bereiche: beispielsweise werden Städtebau, Gesundheit und Verkehr zunehmend warenförmig organisiert. Nationalistische und regionalistische Bewegungen erstarken, infolge der Internationalisierung des Kapitals und zunehmender Weltmarktkonkurrenz wachsen Protektionismus und nationalistische Ressentiments. Das staatliche Krisenmanagement basiert auf der Stärkung der Exekutive und der Schwächung der Parlamente.

«[...] die allgemeinen und universalen Gesetze, die auch weiterhin vom Parlament verabschiedet werden (im Grunde bloße Gesetzesrahmen), treten erst dann in Kraft, wenn sie von Seiten der Exekutive einem Konkretisierung- und Spezifizierungsprozess unterworfen worden sind. [...] Und schließlich hat das Parlament praktisch die Möglichkeit zu Gesetzesinitiativen verloren, die nun auf die Exekutive zurückgehen. Gesetzesentwürfe werden nun direkt von der Verwaltung überarbeitet.»[138]

Die Bedeutungszunahme der Verwaltung führt zum Bedeutungsverlust der politischen Parteien. Die verschiedenen Parteien gleichen sich inhaltlich zunehmend an. Konservative und sozialdemokratische Parteien bilden lediglich verschiedene Varianten einer herrschenden Massenpartei, die sich an der Regierung abwechseln – der «*Staatspartei par excellence*».[139]

---

135 Poulantzas 2002, S. 232.

136 Siehe Poulantzas 1973.

137 Poulantzas 2002, S. 238.

138 Poulantzas 2002, S. 248.

139 Poulantzas 2002, S. 262; Hervorhebung im Original.

Die Internationalisierung des Kapitals, das Erstarken von Nationalismus und Regionalismus sowie autoritäre Entwicklungen in parlamentarischen Demokratien waren in den 1970er-Jahren erst als Tendenzen erkennbar. Seitdem haben sie sich jedoch deutlich verschärft. Aufgrund dieser treffenden Prognosen ist vor allem seit Anfang der 2000er-Jahre das Interesse an Poulantzas wiedererwacht und es hat sich eine rege Auseinandersetzung mit seinen Arbeiten entwickelt. So beziehen sich aktuell soziale Bewegungen wie die globalisierungskritische Bewegung auf ihn, in der übrigens auch Gramsci große Popularität geniesst. Da in der Arena des Staates neben Klassenkämpfen auch andere soziale Kämpfe stattfinden, gibt es zudem feministische Diskussionen über Poulantzas' staatstheoretischen Positionen.[140]

4.4 Hegemonietheorien global – Gramsci und Poulantzas im internationalen Kontext

Die vorgestellten Beiträge des Westlichen Marxismus widmeten sich vor allem der Analyse des Nationalstaats. Deren staatstheoretische Thesen sind aber auch für die Interpretation der globalen Ordnung der einzelnen Nationalstaaten aufgegriffen worden.[141] Die Weltwirtschaftskrise der 1970er-Jahre war mit den etablierten Theorien der Internationalen Beziehungen nur mit Schwierigkeiten zu analysieren. Verschiedene Autorinnen und Autoren versuchen daher seit den 1980er-Jahren, mit neogramscianischen Ansätzen ein anderes Verständnis der globalen Weltordnung zu formulieren. Vor allem der kanadische Politikwissenschaftler Robert Cox hat versucht, Gramsci in die politikwissenschaftliche Diskussion im Bereich der Internationalen Beziehungen einzuführen. Zur Analyse der internationalen Ordnung und ihres Wandels greift Cox besonders auf Gramscis Begriff der Hegemonie zurück:

140 Zur jüngeren Diskussion um Poulantzas siehe vor allem Bretthauer/Gallas/Kannankulam/Stützle 2006 sowie Demirovic/Adolphs/Karakayali 2010; kritische Anmerkungen finden sich bei Buckel 2007 und Elbe 2008b.

141 Einen Überblick zu neo-gramscianischen Perspektiven der Internationalen Beziehungen geben Bieler/Morton 2006.

«Hegemonie auf der internationalen Ebene ist [...] nicht nur eine Ordnung von Staaten. Es ist eine Ordnung innerhalb einer Weltökonomie mit einer dominanten Produktionsweise, die alle Länder durchdringt und zu anderen, untergeordneten Produktionsweisen führt. Es ist auch ein Komplex internationaler Sozialbeziehungen, der die sozialen Klassen unterschiedlicher Länder verbindet. Welthegemonie ist als soziale Struktur, als ökonomische Struktur und als politische Struktur zu beschreiben; sie kann nicht nur eines beinhalten, sondern muss alle drei umfassen. Weiter drückt sich die Welthegemonie in universellen Normen, Institutionen und Mechanismen aus, die generelle Regeln festlegen für das Verhalten von Staaten und für die sozialen Kräfte, die die nationalen Grenzen überschreiten – Regeln, die die dominante Produktionsweise unterstützen.»[142]

Hegemonie im globalen Kontext basiert nach Cox auf dem Zusammenhang von drei Handlungsebenen: «sozialen Produktionsbeziehungen», «Staatsformen» und «Weltordnungen». Diese drei Ebenen sind wiederum von den drei Elementen «Ideen», «materielle Kapazitäten» und «Institutionen» geprägt.[143] Die Produktionsverhältnisse schaffen demnach soziale Akteure wie Klassen, welche die Staatsform und die Staatenordnung beeinflussen. Aus den Produktionsverhältnissen sowie den dort stattfindenden sozialen Kämpfen resultieren verschiedene Formen staatlicher Politik. Aus der Allianz verschiedener gesellschaftlicher Akteure – dominante ökonomische Klassenfraktionen, politische Parteien und zivilgesellschaftliche Akteure wie Kirchen und Medien bildet sich ein spezifischer historischer Block, der politische Hegemonie erlangt. Erfolgreiche Hegemoniemodelle innerhalb eines Nationalstaats können auf andere Staaten ausgeweitet werden. Globale Hegemonie bezeichnet dann eine erfolgreiche Verallgemeinerung von Interessen über nationale Grenzen hinweg. Der Wohlfahrtsstaat wie auch dessen neoliberale Demontage sind Beispiele für derartige Exporte hegemonialer Projekte. Nach Cox herrschte in den Jahrzehnten nach dem Ende des Zweiten Weltkrieges eine als «Pax Americana» bezeichnete internationale Hegemonie der USA. Diese basierte Cox zufolge auf einem liberalen Politikverständnis und einem an den Vorstellungen von Keynes orientierten Wohlfahrtsstaat, der durch staatliche Eingriffe in die Ökonomie und Staatsver-

142 Cox zitiert nach Bieler/Morton 2006, S. 357.

143 Vgl. Bieler/Morton 2006, S. 357–359.

schuldung Vollbeschäftigung und Massenkonsum garantierte. Die Weltwirtschaftskrise Mitte der 1970er-Jahre demonstrierte die Grenzen dieses Modells und führte zu strukturellen Veränderungen wie der Internationalisierung der Produktion und des Staates.[144] Diese Entwicklungen werden meist mit den Begriffen Globalisierung und Neoliberalismus bezeichnet.

Deren theoretische Analyse und politische Beurteilung sind in der Linken jedoch umstritten. So gibt es einerseits Kontroversen darüber, ob die USA weiterhin eine hegemoniale Rolle spielen, oder ob sich die Europäische Union, China oder andere Staaten nicht zu ernstzunehmenden Konkurrenten um globale Hegemonie entwickeln. Andererseits existiert in der Linken auch eine wachsende Tendenz, die veränderte Weltordnung statt mit Begriffen wie Hegemonie wieder stärker mit Imperialismustheorien zu beschreiben.[145] Neben Gramsci dient auch Poulantzas bei theoretischen Auseinandersetzungen über die weltweite Staatenordnung als Stichwortgeber. Poulantzas hatte in den 1970er-Jahren Thesen zur Internationalisierung des Staates formuliert. Diese werden aktuell sowohl bei Analysen von Globalisierungsprozessen, als auch bei theoretischen Untersuchungen von supranationalen Strukturen wie der Europäischen Union aufgegriffen.[146] So wie Staaten als Arena sozialer Kämpfe verstanden werden, wird nun auch die internationale Ordnung als Resultat gesellschaftlicher Auseinandersetzungen von Regierungen, Nichtregierungsorganisationen und sozialen Bewegungen interpretiert. All die unterschiedlichen Versuche der Aktualisierung von Gramsci und Poulantzas eint, dass sie die Bedeutung sozialer Auseinandersetzungen betonen. Kritiker_innen vermissen jedoch besonders beim Neogramscianismus eine deutlichere Abgrenzung gegenüber dem Antiamerikanismus und problematisieren Tendenzen der Verklärung gegenhegemonialer Projekte.[147] Staaten wie Venezuela, Irak, Iran oder Russland gelten manchen Linken bereits wegen ihrer Konflikte mit den USA als positiver Bezugspunkt einer idealisierten Gegenhegemonie. Deren eigene regionale Hegemoniebestrebungen, ihre konkreten autoritären Regierungsprogramme und die Situation (linker) Oppositioneller werden dabei ignoriert oder gar verleugnet.

---

144 Vgl. Bierl/Morton 2006, S. 365.

145 Siehe Schneider 2004.

146 Siehe Wissel 2007 und Wissel 2015.

147 Vgl. Minu 2004 und Schneider 2004.

4.5 Staat und hegemoniale Geschlechterverhältnisse

Geschlechterverhältnisse haben bei Marx alles andere als einen zentralen Stellenwert eingenommen. Auch in der Geschichte marxistischer Theorie im Allgemeinen haben sie lange nur eine marginale Rolle gespielt. Dies gilt im Speziellen ebenso für die marxistische Auseinandersetzung mit dem Staat. Feministische Theorien wiederum haben bislang keine detaillierte Interpretationen des modernen Staates formuliert. Die verschiedenen Generationen feministischer Bewegungen haben sich in ihrer Praxis immer mit dem Staat auseinandergesetzt, was sich aber nur in sehr geringem Maße in deren Theorieproduktion niedergeschlagen hat. Das Verhältnis von Marxismus und Feminismus lässt sich mit Heidi Hartmann daher treffend als «unglückliche Ehe» beschreiben.[148] Dennoch gibt es feministische Debatten um das Verhältnis von Geschlecht und Staat, die versuchen, an materialistische Staatstheorie anzuknüpfen. Besonders Gramsci und Poulantzas werden dabei rezipiert.[149]

Feministische Linke haben stets an zwei Fronten gekämpft: Einerseits engagierten sie sich prinzipiell gegen gesellschaftliche Diskriminierung aufgrund von Geschlecht und kämpften für deren Beseitigung. Andererseits kritisierten sie die Ignoranz ihrer männlichen Genossen, die Fragen von Geschlecht als Nebenwiderspruch gegenüber dem vermeintlichen gesellschaftlichen Hauptwiderspruch von Kapital und Arbeit betrachteten.[150] Die Überwindung der herrschenden hierarchischen und diskriminierenden Geschlechterverhältnisse wurde häufig auf die Zeit nach erfolgreichen sozialistischen Revolutionen vertagt, wenn man nicht gleich die Beseitigung sämtlicher gesellschaftlicher Missstände mit der Revolution erhoffte. Patriarchale Herrschaft und die Diskriminierung derjenigen Vorstellungen von Beziehungen und Liebe, die von der heterosexuellen Norm abweichen, mussten und müssen innerhalb linker Bewegungen und Parteien immer wieder durch Feminist_innen zum Thema von Kritik gemacht werden. Neben der verbreiteten männlichen Ignoranz gegenüber Geschlechterfragen ist auch die bewusste oder unbewusste Komplizenschaft linker heterosexueller Män-

148 Hartmann zitiert nach Federici 2012, S. 11.

149 Siehe Nowak 2006, Fischer 2008, Genetti 2008.

150 Eine Einführung in feministische Theorie gibt Trumann 2002.

ner an der Aufrechterhaltung patriarchaler Strukturen Gegenstand feministischer Debatten. In den linken Interpretationen des Staates wurde durch feministische Autorinnen und Autoren die bislang fehlende Kategorie des Geschlechts entsprechend des jeweiligen Staatsverständnisses ergänzt.[151] So teilten viele Aktive innerhalb der sozialistischen Frauenbewegung die leninistische Staatsauffassung. Der Staat wurde als Herrschaftsinstrument der Kapitalisten verstanden, aber auch als Staat der Männer. Anhänger_innen des Westlichen Marxismus versuchten vor allem, die Hegemonie-Thesen von Gramsci und Poulantzas mit feministischen Analysen weiterzuentwickeln. Die australische Soziologin Raewyn Connell hat für ihre Studien zu patriarchalen Strukturen den Begriff der hegemonialen Männlichkeit geprägt.[152] In modernen bürgerlichen Staaten existiert zwar keine direkte patriarchale Herrschaft des Mannes über Frau und Tochter mehr, aber Männlichkeit ist weiter gesellschaftlich hegemonial. Neben Gramsci dient auch Poulantzas als Referenzpunkt für feministische Staatsanalysen. Staatliche Herrschaft ist für Poulantzas in der gesellschaftlichen Arbeitsteilung und der Spaltung in Klassen begründet. Feminist_innen präzisieren die gesellschaftliche Arbeitsteilung als eine geschlechtliche Arbeitsteilung. Damit hat der Staat nicht nur einen Klassencharakter, sondern auch einen Geschlechtscharakter.[153] Poulantzas konzentriert sich in seiner Interpretation des Staates als Ausdruck gesellschaftlicher Verhältnisse und Konflikte vor allem auf gesellschaftliche Klassen. In seinem zentralen Werk *Staatstheorie* setzt er sich nur an wenigen Stellen mit der Kategorie Geschlecht auseinander: «*Die Machtbeziehungen erstrecken sich nicht ausschließlich auf die Klassenbeziehungen*, sie können ebenfalls über sie hinausgehen. Daraus folgt nicht, dass sie keinen Klassencharakter besäßen oder nichts mit politischer Herrschaft zu tun hätten, sondern dass sie nicht auf derselben Grundlage wie die gesellschaftliche Arbeitsteilung in Klassen beruhen, daher nicht deren bloße Konsequenz sind bzw. ihr entsprechen oder von gleicher Natur sind: das gilt insbesondere für die Beziehungen zwischen Mann und Frau.»[154]

151 Einen Überblick über Theorien zum Verhältnis von Staat und Geschlecht bietet Sauer 2009.

152 Siehe Connell 1999.

153 Vgl. Fischer 2008, S. 56.

154 Poulantzas 2002, S. 72 f.

Poulantzas registriert andere gesellschaftliche Verhältnisse neben Klassenverhältnissen also durchaus, erörtert sie aber nicht ausführlich. Feministische Autorinnen nahmen solche Passagen als Ausgangspunkt, den Staat nicht nur mit unter dem Aspekt von Konflikten und Kompromissen zwischen Klassen und Klassenfraktionen zu betrachten, sondern ihn auch im Hinblick auf Geschlechterverhältnisse zu analysieren.[155] Die Geschichte moderner Staaten ist somit auch die Geschichte von sich wandelnden Geschlechterverhältnissen. Im Sinne eines von Poulantzas inspirierten Staatsverständnisses haben immer auch Auseinandersetzungen um Geschlechterfragen die Geschichte der verschiedenen Staaten beeinflusst. Mit der Durchsetzung kapitalistischer Verhältnisse etablierte sich eine historisch neue Form der geschlechtlichen Arbeitsteilung: Die Produktion wurde zur Sphäre der Männer und die Reproduktionssphäre zur Domäne der Frauen. Während die Warenproduktion der männlichen Arbeiter entlohnt wurde, erhielten Frauen für ihre Hausarbeit, welche die Regeneration ihrer Söhne, Brüder und Männer für künftige Lohnarbeit gewährleistete, sowie für die Betreuung und Pflege von Kindern und Alten keinen Lohn. Frauen gerieten so in finanzielle Abhängigkeit der lohnarbeitenden Männer. Doch auch mit zunehmender weiblicher Lohnarbeit blieb Reproduktionsarbeit weitgehend Frauensache. Der Preis für die durch eigenes Einkommen gewonnene Unabhängigkeit von Männern, Vätern und Brüdern war die Doppelbelastung durch Lohnarbeit und Hausarbeit. Feminist_innen engagierten sich gegen die diskriminierende geschlechtliche Arbeitsteilung und für das Recht von Frauen auf Ausbildung, Beruf und Studium. Sie erkämpften in vielen Ländern die rechtliche Unabhängigkeit der Frauen von ihren Vätern, Brüdern und Männern und damit die individuelle Freiheit, selbst ohne männliche Zustimmung einen Beruf oder ein Studium wählen zu können. Außerdem beseitigten sie männliche Privilegien in verschiedenen Berufen und setzten die Öffnung von Ausbildungen und Studiengängen für weibliche Bewerberinnen durch. Kritisch wurde aus feministischer Perspektive auch das Modell des Wohlfahrtsstaates diskutiert. Sozialstaatliche Leistungen würden die «geschlechtsspezifische Arbeitsteilung und mithin soziale

---

155 Zu den Grenzen der Analyse des Verhältnisses von Staat und Geschlecht über den Aspekt der geschlechtlichen Arbeitsteilung siehe Fischer 2008, S. 62 f.

Ungleichheit zwischen Männern und Frauen zementieren».[156] Die Abhängigkeit von Mann und Familie würde zwar reduziert, dafür aber die Abhängigkeit vom «öffentlichen Patriarchat» verstärkt.[157] Neben der Wohlfahrtsstaatsdebatte ist die Debatte um Lohn für Hausarbeit ein weiteres Beispiel für eine feministische Auseinandersetzung mit geschlechtlicher Arbeitsteilung. Besonders italienische Marxistinnen wie Mariarosa dalla Costa und Silvia Federici kritisierten ihre marxistischen Genossen für deren Weigerung, sich mit der Rolle der Reproduktionsarbeit in der kapitalistischen Ökonomie auseinanderzusetzen.[158] Jenseits der Kritik an der Diskriminierung und Ungleichheit aufgrund geschlechtlicher Arbeitsteilung waren und sind feministische Kämpfe prinzipiell Kämpfe um Rechte und gesellschaftliche Teilhabe. Im 20. Jahrhundert wurde in vielen Staaten der Welt das Frauenwahlrecht erkämpft. Das Recht auf Verhütung, Abtreibung und Scheidung sind weitere zentrale Beispiele für bürgerliche Rechte, die als Resultat von gesellschaftlichen Kämpfen etabliert wurden. Staatliche Bevölkerungspolitik und Geburtenkontrolle reglementieren Sexualität und Reproduktion in umfangreichem Maße. Je nach politischen Konjunkturen tendieren die staatlichen Interessen zu mehr oder weniger Kindern, mit teils drastischen Konsequenzen wie dem Einkindgesetz in China oder staatlicher Zwangssterilisation. Auch die Rolle des Staates bei Geschlechtsumwandlungen (von bürokratischen Reglementierungen bis zu Verboten) und der automatische Vermerk der Geschlechtskategorie im Pass – entweder Mann oder Frau, keine anderen wählbaren Optionen – ist Thema gesellschaftlicher Auseinandersetzungen. Im Bildungsbereich sind die Gründung neuer universitärer Studiengänge wie Frauenforschung oder Gender Studies ein Beispiel für eine erfolgreiche Institutionalisierung von erkämpften Erfolgen. Frauenquoten und Gleichstellungsprinzipien sind heute in weiten Bereichen von Wirtschaft und Politik etabliert. Neben den Kämpfen um staatliche Rechte und der Institutionalisierung von feministischen Positionen gibt es auch Kämpfe in Distanz zum Staat, die auf den Aufbau autonomer Strukturen wie Frauengruppen, -buchläden und -zentren zielen. Für all diese Errungenschaften gilt, dass sie keineswegs garantiert sind, sondern durchaus auch

156 Sauer 2009, S. 67.

157 Vgl. Sauer 2009, S. 68.

158 Siehe dazu dalla Costa 1973 und Federici 2012.

wieder durch neue gesellschaftliche Auseinandersetzungen und veränderte politische Mehrheitsverhältnisse eingeschränkt oder gar abgeschafft werden können. Die repressiven Gesetze gegen Homosexualität in Russland oder die Massenmobilisierungen gegen die «Ehe für alle» in Frankreich sind nur zwei aktuelle Beispiele für derartige antifeministische Bestrebungen. Auch unabhängige Einrichtungen können durch staatliche Behörden reglementiert und geschlossen werden. Des Weiteren konnte die Beseitigung früherer Diskriminierung häufig auch entgegen der herrschaftskritischen Intentionen statt zu einer Emanzipation von Herrschaftsverhältnissen zu deren Modernisierung beitragen. Die Befreiung aus familiärer Abhängigkeit beseitigte patriarchale Zwänge, nicht jedoch die strukturellen Zwänge des Kapitalismus. Die eigene Existenz muss nun selbst durch Lohnarbeit gesichert werden und ist von den Erfordernissen des Marktes und der Konkurrenz abhängig. Und weiterhin sind es meist Frauen, die der Doppelbelastung aus Lohnarbeit und Familie ausgesetzt sind. Auch die staatlichen Garantien von Kindergartenplätzen sowie Eltern- und Betreuungsgeld haben strukturelle Benachteiligungen von Frauen nicht beseitigt.[159] Das Verhältnis von Staat, Ökonomie und Geschlecht bleibt also weiterhin Thema kritischer Analyse und emanzipatorischer Interventionen, auch einer materialistischen Staatstheorie.

159 Siehe dazu Lent/Trumann 2015.

5 Formanalyse des Staates und Kritik der Politik – zum Verhältnis von Warenform, Rechtsform und Staatsform

Karl Marx plante im Rahmen seiner Kritik der politischen Ökonomie auch einen Band über den Staat. Bekanntlich konnte er dieses Vorhaben aber nicht mehr realisieren. Sein fehlendes Buch zum Staat beschäftigt seitdem die marxistische Linke, die in sehr unterschiedlicher Weise an die im Marx'schen Werk verstreuten Fragmente über Staat und Politik anknüpfte. In den 1920er-Jahren versuchte Eugen Paschukanis auf Grundlage seiner Lektüre des *Kapital* in *Allgemeine Rechtslehre und Marxismus* als Erster, einen Zusammenhang zwischen Warenform, Rechtsform und Staatsform zu formulieren. Doch Stalinismus und Nationalsozialismus beendeten diese Debatten brutal.

Sie wurden erst Ende der 1960er-, Anfang der 1970er-Jahre von der Neuen Linken wieder aufgegriffen. Johannes Agnoli bemühte sich in seinen Schriften, die Marx'sche Kritik der politischen Ökonomie um eine Kritik der Politik zu ergänzen. Seine Kritik des Parlamentarismus, insbesondere sein Buch *Die Transformation der Demokratie,* hatte großen Einfluss auf die theoretisch interessierten Strömungen der damaligen außerparlamentarischen Linken. Ein weiterer Versuch, an die Überlegungen von Paschukanis anzuknüpfen, war die Staatsableitungsdebatte. Trotz all ihrer Unterschiede einte die verschiedenen Debattenbeiträge eine Kritik der «Sozialstaatsillusion» und die Frage nach den Grenzen politischer Regulation der Ökonomie. Zu den Beteiligten zählten unter anderem Joachim Hirsch, der später mit seinem Begriff des nationalen Wettbewerbsstaats versuchte, Veränderungen von Staatlichkeit im Kontext der Globalisierung zu analysieren. John Holloway wiederum übersetzte zentrale Debatten ins Englische und entwickelte eine sehr spezielle Interpretation der Formanalyse des Staates. Seine Kritik der Politik ist zugleich ein Plädoyer für Selbstorganisation, das er zuletzt in seinen beiden Werken *Die Welt verändern, ohne die Macht zu ergreifen* und *Kapitalismus aufbrechen* ausformulierte. Kritik an der Staatsableitungsdebatte wurde unter anderem aufgrund der fehlenden Auseinandersetzung mit der historischen Entstehung und Entwicklung des bürgerlichen Staates formuliert. Diesem Thema widmet sich Heide Gerstenberger in ihrem umfangreichen Werk *Die subjektlose Gewalt. Theorie der Entstehung bürgerlicher Staatsgewalt.*

5.1 Eugen Paschukanis: Allgemeine Rechtslehre und Marxismus

«Ähnlich wie der Reichtum der kapitalistischen Gesellschaft die Form einer ungeheuren Anhäufung von Waren annimmt, stellt sich die ganze Gesellschaft als eine unendliche Kette von Rechtsverhältnissen dar.»[160]

1924 veröffentlichte der sowjetische Rechtstheoretiker und Marxist Eugen Paschukanis (1891–1937) seine Schrift *Allgemeine Rechtslehre und Marxismus. Versuch einer Kritik der juristischen Grundbegriffe*. In den folgenden Jahren gab es sowohl in der Sowjetunion als auch in der Weimarer Republik eine breite Diskussion um seine Thesen. Die Rezensionen des Rätekommunisten Karl Korsch und der Sozialdemokraten Hans Kelsen und Gustav Radbruch (Reichstagsabgeordneter der SPD und zwischenzeitlich Justizminister) machten die rechtstheoretischen Überlegungen von Paschukanis auch außerhalb der Sowjetunion bekannt.[161] Ausgehend von seiner Lektüre der Marx'schen *Kritik der politischen Ökonomie* versuchte Paschukanis die historischen Besonderheiten von Recht und Staat in kapitalistischen Verhältnissen zu analysieren. Paschukanis leistete damit Pionierarbeit. Denn bis dahin dienten Marx und Engels mit ihren Schriften zwar als Stichwortgeber marxistischer Staatsinterpretationen, wie etwa der Lenins. Marx' zentrale Ökonomiekritik, die er vor allem in *Das Kapital. Kritik der politischen Ökonomie* ausführt, wurde dagegen in diesem Zusammenhang kaum

160 Paschukanis 2003, S. 84. Paschukanis formuliert hier eine Analogie zu den ersten Zeilen des ersten Bandes des Marx'schen *Kapital. Kritik der politischen Ökonomie.*

161 Eine detaillierte Auseinandersetzung mit der Rechtskritik von Paschukanis und ihrer Rezeption und Kritik bietet Harms 2009.

berücksichtigt. Marx wollte mit seiner Ökonomiekritik keine alternative Interpretation zu bisherigen liberalen Theorien formulieren, sondern die zentralen Kategorien wie Ware, Wert, Arbeit und Kapital analysieren und kritisieren. In Anlehnung daran entwarf Paschukanis keine Definition eines sozialistischen Rechts als Alternative gegenüber bürgerlichen Rechtstheorien sondern eine Kritik des Rechts. Im Kontrast zum instrumentellen Staatsbegriff Lenins verstand er den Staat nicht einfach als Ausdruck von Klassenherrschaft. Stattdessen fragte er nach der spezifischen Form von Klassenherrschaft in kapitalistischen Gesellschaften: «[...] warum bleibt die Klassenherrschaft nicht das, was sie ist, das heißt die faktische Unterwerfung eines Teils der Bevölkerung unter die andere? Warum nimmt sie die Form einer offiziellen staatlichen Herrschaft an, oder – was dasselbe ist – warum wird der Apparat des staatlichen Zwangs nicht als privater Apparat der herrschenden Klasse geschaffen, warum spaltet er sich von der letzteren ab und nimmt die Form eines unpersönlichen, von der Gesellschaft losgelösten Apparats der öffentlichen Macht an?»[162]

Nach Paschukanis wandelten sich mit der Durchsetzung kapitalistischer Verhältnisse die bisherigen personalen Abhängigkeitsverhältnisse des Feudalismus in unpersönliche, strukturelle Zwangsverhältnisse. Die doppelte Freiheit der Lohnarbeiter_innen – frei von persönlichen Abhängigkeiten und Zwängen, aber auch frei von Produktionsmitteln – zwingt sie dazu, ihre Reproduktion statt wie bislang durch Subsistenzwirtschaft nun durch den Verkauf ihrer Arbeitskraft zu sichern. Anstelle von Fronarbeit für die adligen und kirchlichen Herren wird nun Lohnarbeit in Manufakturen, Fabriken und Büros zur gesellschaftlich vorherrschenden Form menschlicher Tätigkeit. Arbeitsprodukte dienten bislang der Selbstversorgung der bäuerlichen Familien und als Abgaben an die Feudalherren: in Form des monatlichen Zehnts oder eines anderweitig festgelegten Anteils an den Arbeitsprodukten. Im Laufe der Zeit wurde die Abgabe von Naturalien zunehmend durch Steuern ersetzt, die in Form von Geld zu leisten waren. Das bedeutete, dass die Bäuerinnen und Bauern ihre Produkte als Waren auf dem Markt verkaufen mussten, um anschließend mit dem eingenommenen Geld ihre Steuern zahlen zu können. Mit der Monetarisierung

162 Paschukanis 2003, S. 139.

der Steuerzahlungen war die Ausweitung von Märkten verbunden. Zugleich breitete sich die kapitalistische Produktionsweise in der Landwirtschaft aus und es entstanden Manufakturen und schließlich die Fabriken der großen Industrie. All dies führte zur Etablierung von Warenproduktion und Warentausch als der dominanten Form des wirtschaftlichen Lebens – auch wenn es weiterhin Sphären der Subsistenzökonomie gab. Indem sich die Menschen im Kapitalismus durch den Austausch von Waren aufeinander beziehen, erkennen sie sich gegenseitig als freie und gleiche Warenproduzent_innen sowie Privateigentümer_innen an. Paschukanis wies darauf hin, «dass die Genesis der Rechtsform in den Austauschverhältnissen zu suchen sei».[163] Er bezog sich dabei auf das zweite Kapitel im ersten Band des Marx'schen *Kapital*:

«Die Waren können nicht selbst zu Markte gehn und sich nicht selbst austauschen. Wir müssen uns also nach ihren Hütern umsehn, den Warenbesitzern. Die Waren sind Dinge und daher widerstandslos gegen den Menschen. Wenn sie nicht willig, kann er Gewalt brauchen, in andren Worten, sie nehmen. Um diese Dinge als Waren aufeinander zu beziehen, müssen die Warenhüter sich zueinander als Personen verhalten, deren Willen in jenen Dingen haust, so daß der eine nur mit dem Willen des andren, also jeder nur vermittelst eines, beiden gemeinsamen Willensakts sich die fremde Ware aneignet, indem er die eigne veräußert. Sie müssen sich daher wechselseitig als Privateigentümer anerkennen. Dies Rechtsverhältnis, dessen Form der Vertrag ist, ob nun legal entwickelt oder nicht, ist ein Willensverhältnis, worin sich das ökonomische Verhältnis widerspiegelt. Der Inhalt dieses Rechts- oder Willensverhältnisses ist durch das ökonomische Verhältnis selbst gegeben.»[164]

Im Gegensatz zur gewaltsamen Aneignung von Produkten (und ebenso Dienstleistungen) erfordert der gesellschaftliche Austausch von Waren die Form von Verträgen und wird so zu einem Rechtsverhältnis. Damit sich nicht eine der Vertragsparteien mittels Gewalt zum eigenen Vorteil über geschlossene Verträge hinwegsetzt, bedarf es einer gesonderten außerökonomischen Instanz, die zwischen den verschiedenen Privatinteressen vermittelt und das Recht garantiert. Die Gewährleistung individueller Rechte ebenso wie der Schutz des Privateigentums

163 Paschukanis 2003, S. 41.

164 MEW 23, S. 99 f.

erfordern als Konsequenz den Staat und sein Gewaltmonopol zur Sanktionierung von Rechtsbrüchen mittels physischer Gewalt: «Im Verkehr der Warenbesitzer ist die Notwendigkeit eines autoritativen Zwangs überall gegeben, wo der Friede verletzt oder wo ein Vertrag nicht freiwillig erfüllt wird.»[165]

Das allgemeingültige Recht, dem Arbeiter_innen wie Kapitalist_innen gleichermaßen unterworfen sind, ist für Paschukanis keineswegs bloßer Schein oder Ideologie, wie es etwa Lenin unterstellt. Das Ideal der bürgerlichen Rechtsgleichheit galt jedoch historisch anfangs nur für die männlichen Staatsbürger. Frauen, Sklavinnen und Sklaven sowie die sogenannten «gefährlichen Klassen» (das Proletariat) mussten es sich in langen gesellschaftlichen Auseinandersetzungen erst erkämpfen. In manchen Staaten wurden die Errungenschaften erfolgreicher Kämpfe um Rechte zu späterer Zeit auch wieder eingeschränkt oder gar abgeschafft. Recht und Staat sind keine bloßen Instrumente bürgerlicher Klassenherrschaft. Vielmehr sind auch die Angehörigen der kapitalistischen Klasse der Herrschaft des Gesetzes unterworfen und die Interessen einzelner Kapitalfraktionen können durchaus im Konflikt zu denen des Staates als «ideellem Gesamtkapitalisten» (Engels) stehen. Dennoch besitzt der bürgerliche Staat nach Paschukanis einen Klassencharakter. Denn das Recht garantiert den Staatsbürger_innen ihre gegenseitige Anerkennung als Privateigentümer_innen und den Schutz ihres Eigentums. Doch diese formelle rechtliche Gleichheit impliziert zugleich die Anerkennung materieller Ungleichheit:

«Die juristische Form des Eigentums steht in keinerlei Widerspruch zu der Tatsache der Enteignung einer großen Anzahl von Staatsbürgern, denn die Eigenschaft, Rechtssubjekt zu sein, ist eine rein formelle Eigenschaft. Sie qualifiziert alle Leute als gleichmäßig ‹eigentumswürdig›, macht sie aber keineswegs zu Eigentümern.»[166]

Marx beschrieb das Kapital als ein historisches gesellschaftliches Verhältnis und damit als potenziell veränderbar und überwindbar. Ähnlich stellte sich für Paschukanis auch das Recht als ein gesellschaftliches Verhältnis dar.[167] Die These eines proletarischen Rechts, wie sie bei Lenin und Stutschka (einem der

165 Paschukanis 2003, S. 143 f.

166 Paschukanis 2003, S. 127.

167 Vgl. Paschukanis 2003, S. 72.

zentralen Rechtstheoretiker in der Sowjetunion neben Paschukanis) formuliert wurde, kritisierte Paschukanis als Universalisierung eines spezifisch historischen Phänomens:

«Indem sie für das proletarische Recht neue eigene verallgemeinernde Begriffe fordert, scheint diese Richtung par excellence revolutionär zu sein. Tatsächlich proklamiert sie aber die Unsterblichkeit der Rechtsform, denn sie strebt danach, diese Form aus den bestimmten geschichtlichen Bedingungen herauszureißen, die ihr zur vollen Blüte verholfen hatten, und sie als der ständigen Erneuerung fähig hinzustellen. Das Absterben gewisser Kategorien [...] des bürgerlichen Rechts bedeutet keineswegs ihre Ersetzung durch neue Kategorien des proletarischen Rechts, genau so wie das Absterben der Kategorien des Wertes, Kapitals, Profits usw. bei dem Übergang zum entfalteten Sozialismus nicht das Auftauchen neuer proletarischer Kategorien des Werts, Kapitals usw. bedeuten wird. Das Absterben des bürgerlichen Rechts wird unter diesen Bedingungen das Absterben des Rechts überhaupt bedeuten, das heißt das Verschwinden des juristischen Moments aus den Beziehungen der Menschen zueinander.»[168]

Lediglich in der postrevolutionären Transformationsphase existiere bis zur Durchsetzung der klassen- und staatenlosen Gesellschaft ein «enger bürgerlicher Rechtshorizont»[169] fort. Wie im Warenfetisch den Menschen ihre durch Warenproduktion und -zirkulation vermittelten Beziehungen nicht als spezifisch gesellschaftliche Verhältnisse, sondern als natürliche und alternativlose Verhältnisse erscheinen, so wird auch das Recht als natürlich wahrgenommen und «der Warenfetischismus durch den Rechtsfetischismus ergänzt».[170] Die Aufgabe einer materialistischen Kritik des Rechts (und des Rechtsstaates) besteht nach Paschukanis demnach darin, die «Dechiffrierung und Kontextualisierung der rechtlichen Form»[171] als Voraussetzung ihrer emanzipatorischen Aufhebung zu leisten.

Stalinismus und Nationalsozialismus beendeten solch frühe Diskussionen um die Formanalyse des Staates. Erst als sich innerhalb der sich entwickelnden Neuen Linken, vor allem infolge

---

168 Paschukanis 2003, S. 58 f.

169 MEW 19, S. 21, zitiert nach Paschukanis 2003, S. 59.

170 Paschukanis 2003, S. 117. Einen Überblick zum Marx'schen Begriff des Fetischs bietet Wallat 2012a.

171 Elbe 2004.

der Studierendenproteste von 1968 und den darauffolgenden Jahren, ein neues Interesse an der Marx'schen Kritik der politischen Ökonomie entwickelte, erlebte auch die kritische Auseinandersetzung mit Staat und Recht eine Renaissance. Aus einer Kritik der radikalen Linken an der «Sozialstaatsillusion» der Sozialdemokratie und des Leninismus entwickelte sich in den 1970er-Jahren die westdeutsche Staatsableitungsdebatte.

5.2 Staatsableitungsdebatte

«Binnen kurzem sollten marxistische Theorien über den bürgerlichen Staat nur so vom Himmel fallen.»[172]

In den 1970er-Jahren wurde in der Bundesrepublik Deutschland die Diskussion über das Verhältnis von Ökonomie und Politik unter Marxistinnen und Marxisten wieder intensiver aufgenommen. Dabei wurde auch an Fragen und Thesen angeknüpft, die Paschukanis fast 50 Jahre zuvor formuliert hatte. Als Beginn der sogenannten Staatsableitungsdebatte gilt der Aufsatz von Wolfgang Müller und Christel Neusüß: *Die Sozialstaatsillusion und der Widerspruch von Lohnarbeit und Kapital* von 1970.[173] Geführt wurde die Diskussion in verschiedenen linken Zeitschriften wie beispielsweise *Prokla. PROKLA* und *Gesellschaft. Beiträge zur Marxschen Theorie,* die eine deutlich höhere Auflage und größere Bedeutung als heutige linke Periodika hatten. Die Debatte war durch eine Kritik an instrumentellen Staatsverständnissen gekennzeichnet. Kritisiert wurden sowohl sozialdemokratische als auch leninistische Positionen. Anhänger_innen der Sozialdemokratie hofften auf staatliche Reformen der kapitalistischen Verhältnisse durch die Regierungskoalition von SPD und der Freien Demokratischen Partei Deutschlands (FDP) unter Bundeskanzler Willy Brandt und wollten den Wahlkampfslogan «Mehr Demokratie wagen» in die Realität umsetzen. Auf der anderen Seite erlangten in den diversen neugegründeten kommunistischen Kleinparteien, den sogenannten K-Gruppen, leninistische Positionen eine Renaissance. Doch auch angesichts der ökonomischen Krise in den 1970er-Jahren war es von Interesse,

172 Kostede 1976, S. 155.

173 Siehe Neusüß/Müller 1970.

die Grenzen der Staatstätigkeit bezüglich einer möglichen Regulation der kapitalistischen Ökonomie theoretisch zu bestimmen und zu große Hoffnungen auf staatliche Reformen und linke Regierungsübernahmen zu kritisieren. Ein weiteres Debattenthema war die Bestimmung der verschiedenen Funktionen des kapitalistischen Staates. Exemplarisch sei an dieser Stelle auf den Debattenbeitrag von Elmar Altvater verwiesen, der vier zentrale «staatliche Funktionskomplexe» aufführt:

- «Sicherstellung allgemeiner Produktionsbedingungen»
- «Garantie der Rechtsbeziehungen der Warenbesitzer»
- «Regulierung des Klassenkonflikts»
- «nationale Zusammenfassung und Repräsentation der Einzelkapitale im Weltmarktzusammenhang».[174]

Im Zentrum der Debatte stand das Bemühen, das allgemeine Verhältnis von Staat und Ökonomie im Kapitalismus zu analysieren. Der Begriff Staatsableitungsdebatte ist durchaus missverständlich. Denn er vermittelt den Eindruck, Politik würde funktionalistisch aus Ökonomie «abgeleitet», weshalb den Begriff auch Autoren kritisierten, die die Debatte durchaus schätzten.[175] Da den Debattenbeiträgen wie den Überlegungen von Paschukanis die Frage nach der politischen Form des Kapitalismus ein zentrales Anliegen ist, wird im Folgenden der Begriff der Formanalyse gewählt. Die verschiedenen Beiträge teilten trotz widersprüchlicher Positionen einen gemeinsamen Bezug auf die Marx'sche *Kritik der politischen Ökonomie.* Im Mittelpunkt standen:

- Warentausch (Vertrag und Eigentum)
- Klassenkampf (Kampf um Länge des Arbeitstags, Fabrikgesetzgebung)
- Die sogenannte ursprüngliche Akkumulation (Durchsetzung der kapitalistischen Produktionsweise)
- Die allgemeine Reproduktion kapitalistischer Produktionsbedingungen
- Die trinitarische Formel[176]

---

174 Altvater zitiert nach Elbe 2008a, S. 331.

175 Vgl. Kannankulam 2009a, S. 42 f.

176 Auf den letztgenannten Aspekt kann leider aus Platzgründen nicht weiter eingegangen werden. Siehe dazu exemplarisch von Flatow/Huisken 1973.

Der Verlauf der Debatte kann hier nicht detailliert ausgeführt werden.[177] Stattdessen werden zentrale Passagen des Marx'schen *Kapitals* vorgestellt, die in verschiedenen Beiträgen diskutiert werden. Dabei wird vor allem auf die ersten drei Punkte eingegangen. Das zweite Kapitel des ersten Bandes mit dem Titel *Der Austauschprozess* diente (wie bereits bei im Abschnitt zu Paschukanis näher ausgeführt wurde) dazu, den Zusammenhang von Warenform, Rechtsform und Staatsform zu erörtern. Im Gegensatz zu Paschukanis standen den Beteiligten der Debatte auch weitere inzwischen veröffentlichte Texte von Marx wie beispielsweise die *Grundrisse* zur Verfügung. Ein weiterer wichtiger Aspekt war die Bedeutung des Klassenkampfs. Der Staat wurde nicht als Herrschaftsinstrument der kapitalistischen Klasse zur Ausbeutung und Unterdrückung der arbeitenden Klasse verstanden, sondern als Garant des Privateigentums – und damit von Klassenverhältnissen – interpretiert. Im ersten Band des *Kapital* ist vom Klassenkampf erstmals im achten Kapitel *Der Arbeitstag* die Rede. Darin definiert Marx den Klassenkampf als einen den kapitalistischen Verhältnissen immanenten Konflikt um die Länge des Arbeitstages – was sich auch um weitere Aspekte wie Arbeitsintensität und -bedingungen ergänzen ließe. Aus den gegensätzlichen kollektiven Interessen der Arbeiter_innen einerseits und der Kapitalistinnen andererseits resultieren immer wieder Konflikte und Arbeitskämpfe wie etwa Streiks. Ein solch prinzipielles Verständnis von Klassenkampf weicht von den Assoziationen vieler Marxistinnen und Marxisten wie auch ihrer Gegner_innen ab, die Klassenkampf oft als Ausdruck revolutionären Engagements betrachten. Deshalb soll Marx selbst zu Wort kommen. Er unterteilt den Arbeitstag analytisch in zwei Teile: die notwendige Arbeitszeit zur Produktion der «durchschnittlichen täglichen Lebensmittel», die den Wert der Ware Arbeitskraft bestimmen (also für ihre Reproduktion notwendig sind), und die darüber hinausgehende Mehrarbeitszeit. Der Wert der Ware Arbeitskraft ist Resultat gesellschaftlicher Auseinandersetzungen und kann sich in verschiedenen

177 Einen guten Überblick über die Staatsableitungsdebatte geben Kannankulam 2009 sowie Elbe 2008. Wichtige Kommentare zur Debatte im allgemeinen und der damaligen westdeutschen Entwicklung des bürgerlichen Staates im speziellen finden sich bei Agnoli 1968 sowie Johannes Agnoli 1995. Kritische Anmerkungen zum historischen Kontext des bürgerlichen Staates formuliert Gerstenberger 2007 und 2009a.

Regionen und Epochen durchaus unterscheiden. Die Länge der notwendigen Arbeitszeit und ihr Verhältnis zur Mehrarbeitszeit können also variieren.

«Der Arbeitstag ist also keine konstante, sondern eine variable Größe. Einer seiner Teile ist zwar bestimmt durch die zur beständigen Reproduktion des Arbeiters selbst erheischte Arbeitszeit, aber seine Gesamtgröße wechselt mit der Länge oder Dauer der Mehrarbeit. Der Arbeitstag ist daher bestimmbar, aber an und für sich unbestimmt.»[178]

Als Minimalschranke lässt sich definieren, dass die Arbeitenden mindestens die notwendige Arbeitszeit arbeiten müssen, um sich selbst erhalten zu können. Physikalische und moralische Grenzen bestimmen die Maximalschranke. Menschen können nicht 24 Stunden eines Tages arbeiten. Sie benötigen Zeit zu Regeneration, aber auch zur «Befriedigung geistiger und sozialer Bedürfnisse, deren Umfang und Zahl durch den allgemeinen Kulturzustand bestimmt sind».[179] Es finden sich Arbeitstage von sehr unterschiedlicher Länge, da zwischen den minimalen und maximalen Grenzen Raum für Verhandlung existiert. Das Interesse der Kapitalist_innen ist die maximale Nutzung der gekauften Ware Arbeitskraft, während die Arbeiter_innen möglichst nicht länger als die notwendige Arbeitszeit arbeiten wollen. Ihr Interesse besteht darin, ihre Arbeitskraft auch in den kommenden Tagen, Wochen, Monaten und Jahren verkaufen zu können und daher so wenig körperliche und geistige Belastung und so viel Zeit für Erholung und Regeneration wie möglich zur Verfügung zu haben. Beide beziehen sich in ihrer Argumentation auf das Gesetz des Warentausches. Marx zieht folgende Schlussfolgerung:

«Man sieht: Von ganz elastischen Schranken abgesehn, ergibt sich aus der Natur des Warentausches selbst keine Grenze des Arbeitstags, also keine Grenze der Mehrarbeit. Der Kapitalist behauptet sein Recht als Käufer, wenn er den Arbeitstag so lang als möglich und womöglich aus einem Arbeitstag zwei zu machen sucht. Andrerseits schließt die spezifische Natur der verkauften Ware eine Schranke ihres Konsums durch den Käufer ein, und der Arbeiter behauptet sein Recht als Verkäufer, wenn er den Arbeitstag auf eine bestimmte Normalgröße beschränken will. Es findet hier also eine Antinomie statt, Recht

178 MEW 23, S. 246.

179 MEW 23, S. 246.

wider Recht, beide gleichmäßig durch das Gesetz des Warentausches besiegelt. Zwischen gleichen Rechten entscheidet die Gewalt. Und so stellt sich in der Geschichte der kapitalistischen Produktion die Normierung des Arbeitstags als Kampf um die Schranken des Arbeitstags dar – ein Kampf zwischen dem Gesamtkapitalisten, d. h. der Klasse der Kapitalisten, und dem Gesamtarbeiter, oder der Arbeiterklasse.»[180]

Der Staat ist in diesen Auseinandersetzungen Arena und Adressat. Er definiert die Regeln, nach denen der Kampf zwischen verschiedenen Interessen und Rechten stattfindet. Die Klassenkämpfe finden auf seinem Territorium statt und so kommt es immer wieder zur staatlichen Regulation der Interessenskonflikte zwischen Arbeitenden und Unternehmen, beispielsweise bei Arbeitskonflikten durch staatliche Verbote von Streiks oder deren polizeilicher Niederschlagung. Staatliche Eingriffe in Klassenkämpfe können aber durchaus auch zugunsten der arbeitenden Klasse geschehen. Im Interesse der prinzipiellen Reproduktion kapitalistischer Verhältnisse handelt der Staat bisweilen gegen die Interessen einzelner kapitalistischer Unternehmen. Dies passiert jedoch nicht aus einer antikapitalistischen Motivation, sondern aus dem Interesse an der Verfügbarkeit von gesunden und ausgeruhten Arbeiter_innen für die weitere kapitalistische Produktion. Mit ihrem «Werwolfheißhunger nach Mehrarbeit» streben die kapitalistischen Unternehmen stets nach der maximalen Ausbeutung der Arbeitenden und der permanenten Verlängerung des Arbeitstages. Es bedarf daher einer staatlichen Regelung des Normalarbeitstages und einer staatlichen Fabrikgesetzgebung, um die Kapitalist_innen «an die Kette gesetzlicher Regulation»[181] zu legen. Das kapitalistische Bestreben, den Arbeitstages absolut zu verlängern, ist jedoch kein Ausdruck individueller moralischer Verdorbenheit oder skrupelloser Profitgier, sondern Konsequenz der strukturellen Logik kapitalistischer Konkurrenz:

«Im großen und ganzen hängt dies aber auch nicht vom guten oder bösen Willen des einzelnen Kapitalisten ab. Die freie Konkurrenz macht die immanenten Gesetze der kapitalistischen Produktion dem einzelnen Kapitalisten gegenüber als äußerliches Zwangsgesetz geltend. Die Festsetzung eines normalen

180 MEW 23, S. 249.
181 MEW 23, S. 258.

Arbeitstags ist das Resultat eines vielhundertjährigen Kampfes zwischen Kapitalist und Arbeiter.»[182]

Im vierundzwanzigsten Kapitel über *Die sogenannte ursprüngliche Akkumulation* beschäftigt sich Marx mit der Frage, wie sich kapitalistische Verhältnisse historisch durchgesetzt haben. In den vorherigen Kapiteln hatte er zentrale Begriffe wie Ware, Wert, Arbeit, Geld und Kapital eingeführt. Unter Kapital versteht er keine fixe Geldsumme, sondern ein gesellschaftliches Verhältnis, einen Prozess von Austauschakten. Geld (G) wird gegen Ware (W) getauscht und diese wiederum gegen Geld, nun einen größeren Betrag als der ursprünglich ausgetauschte. Am Ende steht also G plus ein zusätzlicher Mehrwert (G'). Die Formel G – W – G' drückt diesen Prozess aus. Geld hat sich also durch eine Verkettung von Austauschprozessen in Kapital verwandelt. Dies geschieht jedoch nicht durch Betrug oder geschickten Handel, bei dem unter Wert gekauft und teurer verkauft wird. Das würde bedeuten, dass der Gewinn der einen austauschenden Partei durch den Verlust der anderen Partei zustande kommen würde. Doch für Marx ist Kapitalismus durch die Produktion von Waren und den Austausch von Äquivalenten gekennzeichnet. Sie schaffen jedoch durch die kapitalistische Aneignung des von den Arbeitenden produzierten Mehrwerts wachsenden Reichtum und größere Werte als zu Beginn eines solchen Akkumulationszyklus. Doch woher kommen die Mittel, mit denen eine solche Dynamik in Gang gesetzt werden kann? Der kapitalistischen Akkumulation muss eine ursprüngliche Akkumulation vorausgehen. Deren Geheimnis möchte Marx am Ende des ersten Bandes des *Kapitals* lüften. Denn die Erklärungen der politischen Ökonomie seiner Zeit liefern auf diese Frage meist Antworten, die bei Marx vehemente Kritik und Polemik provozieren. So kommentiert er die populären Theorien bürgerlichen Ökonomen seiner Zeit folgendermaßen:

«Diese ursprüngliche Akkumulation spielt in der politischen Ökonomie ungefähr dieselbe Rolle wie der Sündenfall in der Theologie. Adam biß in den Apfel, und damit kam über das Menschengeschlecht die Sünde. Ihr Ursprung wird erklärt, indem er als Anekdote der Vergangenheit erzählt wird. In einer längst verfloßnen Zeit gab es auf der einen Seite eine fleißige, intelligente und vor allem sparsame Elite und auf der anderen

182 MEW 23, S. 286.

faulenzende, ihr alles und mehr verjubelnde Lumpen. Die Legende vom theologischen Sündenfall erzählt uns allerdings, wie der Mensch dazu verdammt sei, sein Brot im Schweiß seines Angesichts zu essen; die Historie vom ökonomischen Sündenfall aber enthüllt uns, wieso es Leute gibt, die das keineswegs nötig haben. Einerlei. So kam es, daß die ersten Reichtum akkumulierten und die letztren nichts zu verkaufen hatten als ihre eigne Haut. Und vor diesem Sündenfall datiert die Armut der großen Masse, die immer noch, aller Arbeit zum Trotz, nichts zu verkaufen hat als sich selbst, und der Reichtum der wenigen, der fortwährend wächst, obgleich sie längst aufgehört haben zu arbeiten. [...]

In der wirklichen Geschichte spielen bekanntlich Eroberung, Unterjochung, Raubmord, kurz Gewalt die große Rolle. In der sanften politischen Ökonomie herrschte von jeher die Idylle. Recht und ‹Arbeit› waren von jeher die einzigen Bereicherungsmittel, natürlich mit jedesmaliger Ausnahme von ˆdiesem Jahr›. In der Tat sind die Methoden der ursprünglichen Akkumulation alles andre, nur nicht idyllisch. Geld und Ware sind nicht von vornherein Kapital, sowenig wie Produktions- und Lebensmittel. Sie bedürfen der Verwandlung in Kapital. Diese Umwandlung selbst aber kann nur unter bestimmten Umständen vorgehn, die sich dahin zusammenspitzen: Zweierlei sehr verschiedne Sorten von Warenbesitzern müssen sich gegenüber und in Kontakt treten, einerseits Eigner von Geld, Produktions- und Lebensmitteln, denen es gilt, die von ihnen geeignete Wertsumme zu verwerten durch Ankauf fremder Arbeitskraft; andrerseits freie Arbeiter, Verkäufer der eignen Arbeitskraft und daher Verkäufer von Arbeit. Freie Arbeiter in dem Doppelsinn, daß weder sie selbst unmittelbar zu den Produktionsmitteln gehören, wie Sklaven, Leibeigne usw., noch auch die Produktionsmittel ihnen gehören, wie beim selbstwirtschaftenden Bauer usw., sie davon vielmehr frei, los und ledig sind. Mit dieser Polarisation des Warenmarkts sind die Grundbedingungen der kapitalistischen Produktion gegeben. Das Kapitalverhältnis setzt die Scheidung zwischen den Arbeitern und dem Eigentum an den Verwirklichungsbedingungen der Arbeit voraus. Sobald die kapitalistische Produktion einmal auf eignen Füßen steht, erhält sie nicht nur jene Scheidung, sondern reproduziert sie auf stets wachsender Stufenleiter. Der Prozeß, der das Kapitalverhältnis schafft, kann also nichts andres sein als der Scheidungsprozeß des Arbeiters vom Eigentum an seinen Arbeitsbedingungen, ein Prozeß, der einerseits die gesellschaftlichen Lebens- und Produktionsmittel in Kapital verwandelt, andrerseits die unmittelbaren Produzenten in Lohnarbeiter. Die sog. ursprüngliche Akkumulation ist also nichts als der historische Scheidungsprozeß von Produzent und Produktionsmittel. Er erscheint als ‹ursprünglich›, weil er die Vorgeschichte des Kapitals und der ihm entsprechenden Produktionsweise bildet.»[183]

Der Scheidungsprozess der Produzierenden von ihren Produktionsmitteln ist einerseits eine Befreiung aus der persönlichen Abhängigkeit von leibeigenen Bäuerinnen und Bauern und eine Befreiung von den strikten Zunftordnungen. Andererseits ist es ein gewaltsamer Prozess der Vertreibung der bäuerlichen Familien von ihrem bislang bewirtschafteten Land. Die Befreiung aus den persönlichen Herrschafts- und Knechtschaftsverhältnissen vorkapitalistischer Verhältnisse wandelte sich zur unpersönlichen Herrschaft des Marktes. Wer über keine Produktionsmittel mehr verfügt, hat keine Alternative, als seine beziehungsweise ihre Arbeitskraft an Unternehmen gegen Lohn zu verkaufen. Marx illustriert den «Formwechsel dieser Knechtung»[184] durch die Analyse der damaligen Herrschaft. Dabei konzentriert er sich auf die Verhältnisse in England seit dem 15. Jahrhundert. Das englische Ancien Régime spielte eine entscheidende Rolle bei dem erwähnten Scheidungsprozess der Produzierenden von ihren Produktionsmitteln.[185] In anderen Ländern vollzogen sich im Zeitalter des Absolutismus oder in der späteren Phase der Herrschaft des bürgerlichen Staates ähnliche Tendenzen. Die Konjunktur der holländischen Wollmanufakturen hatte zu einer hohen Nachfrage nach Wolle geführt. Zahlreiche englische Feudalherren vertrieben daraufhin Bauernfamilien von ihrem Land, um dieses nicht weiter zum Anbau von Lebensmitteln, sondern zur Wollproduktion zu nutzen. Marx fasst dies als «Verwandlung von Ackerland in Schafsweide» zusammen.[186] Neben dieser neuen Nutzung von Ländereien unter der Kontrolle von Feudalherren wurde auch bisheriges Gemeineigentum enteignet und in Privateigentum verwandelt. Die Einhegung der

---

183 MEW23, S. 741 f.

184 MEW 23, S. 743.

185 Der Begriff des Ancien Régime wird ausführlich im Abschnitt 5.4 erläutert.

186 Vgl. MEW 23, S. 745 f.

Allmende – gemeinschaftlich bewirtschaftetes Land – erfolgte anfangs als Raub ohne rechtliche Legitimität. Später wurde sie durch herrschaftliche Dekrete legitimiert. Die Enteignung von Kirchengütern und Klöstern in der Zeit der Reformation sowie von Land schottischer Clans waren weitere Momente dieses enormen Enteignungsprozesses. Mit herrschaftlicher Unterstützung wurden sowohl das Privateigentum an Boden durchgesetzt, als auch die kapitalistische Klassengesellschaft geschaffen. Aus den bisherigen Pächter_innen wurden kapitalistische Pächter_innen und aus dem angeeigneten Reichtum wurden Unternehmungen finanziert, die die industriellen Kapitalist_innen schufen. Neben der kapitalistischen Klasse wurde durch die sogenannte ursprüngliche Akkumulation zugleich die Klasse des Proletariats geschaffen – ehemalige Bäuerinnen und Bauern, die ihre bisherige Existenzgrundlage verloren hatten. Die massenhaft von ihrem bisher bearbeiteten Land vertriebenen Menschen fanden jedoch nicht direkt neue Arbeitsmöglichkeiten in den sich ausbreitenden Manufakturen und Fabriken. Die englischen Herrschenden reagierten auf diese seit dem Ende des 15. Jahrhunderts in großer Zahl im Land herumziehende Menge des Proletariats mit einer «Blutgesetzgebung gegen die Expropriierten».

«Die durch Auflösung der feudalen Gefolgschaften und durch stoßweise, gewaltsame Expropriation von Grund und Boden Verjagten, dies vogelfreie Proletariat konnte unmöglich ebenso rasch von der aufkommenden Manufaktur absorbiert werden, als es auf die Welt gesetzt ward. Andrerseits konnten die plötzlich aus ihrer gewohnten Lebensbahn Herausgeschleuderten sich nicht ebenso plötzlich in die Disziplin des neuen Zustandes finden. Sie verwandelten sich massenhaft in Bettler, Räuber, Vagabunden, zum Teil aus Neigung, in den meisten Fällen durch den Zwang der Umstände. Ende des 15. und während des ganzen 16. Jahrhunderts daher in ganz Westeuropa eine Blutgesetzgebung wider Vagabundage. [...] So wurde das von Grund und Boden gewaltsam expropriierte, verjagte und zum Vagabunden gemachte Landvolk durch grotesk-terroristische Gesetze in eine dem System der Lohnarbeit notwendige Disziplin hineingepeitscht, -gebrandmarkt, -gefoltert.»[187]

187 MEW 23, 761–765.

Neben der Durchsetzung des Privateigentums und der Disziplinierung der proletarischen Massen nennt Marx einen weiteren Aspekt der Beiteiligung der Staatsgewalt an der Durchsetzung der kapitalistischen Produktionsweise in England: die Regulation des Arbeitslohns und seine Begrenzung auf eine bestimmte Höhe.[188] Doch auch jenseits der Grenzen Englands vollzieht sich durch die staatliche Herrschaft (historisch spezifischer zuerst des Ancien Régime, später des bürgerlichen Staates) die Etablierung des Kapitalismus als dominante Form der Produktion und des Austausches. Die Eroberung und Ausbeutung der Kolonien ist für Marx ebenso ein Bestandteil der ursprünglichen Akkumulation wie die Entwicklung eines modernen Systems von Staatsschulden, Steuern und staatlichen Handelsprotektionen.

«Die Entdeckung der Gold- und Silberländer in Amerika, die Ausrottung, Versklavung und Vergrabung der eingebornen Bevölkerung in die Bergwerke, die beginnende Eroberung und Ausplünderung von Ostindien, die Verwandlung von Afrika in ein Geheg zur Handelsjagd auf Schwarzhäute bezeichnen die Morgenröte der kapitalistischen Produktionsära. Diese idyllischen Prozesse sind Hauptmomente der ursprünglichen Akkumulation. Auf dem Fuß folgt der Handelskrieg der europäischen Nationen, mit dem Erdrund als Schauplatz. Er wird eröffnet durch den Abfall der Niederlande von Spanien, nimmt Riesenumfang an in Englands Antijakobinerkrieg, spielt noch fort in den Opiumkriegen gegen China usw. Die verschiedenen Momente der ursprünglichen Akkumulation verteilen sich nun, mehr oder minder in zeitlicher Reihenfolge, namentlich auf Spanien, Portugal, Holland, Frankreich und England. In England werden sie Ende des 17. Jahrhunderts systematisch zusammengefasst im Kolonialsystem, Staatsschuldensystem, modernen Steuersystem und Protektionssystem. Diese Methoden beruhen zum Teil auf brutalster Gewalt, z. B. das Kolonialsystem. [...] Die Gewalt ist der Geburtshelfer jeder alten Gesellschaft, die mit einer neuen schwanger geht.»[189]

Aus den Passagen des Marx'schen *Kapitals* lässt sich Folgendes zusammenfassen: Die Garantie von Recht und Vertrag durch den Staat erlaubt die Produktion und den Austausch von Waren gegen Äquivalente. Am Beispiel des Kampfes um die Länge des

188 Vgl. MEW 23, S. 766.

189 MEW 23, S. 779.

Normalarbeitstages hat sich gezeigt, dass es Situationen gibt, in denen sich beide Konfliktparteien (Arbeiter_innen und Kapitalist_innen) auf die Gesetze des Warentausches beziehen.

Wo Recht wider Recht steht, entscheidet laut Marx die Gewalt der Klassenkämpfe. Staaten regulieren diese sowohl durch Disziplinierung der Arbeitenden als auch durch Fabrikgesetzgebung zur Einschränkung allzu exzessiver Ausbeutung. Durch die sogenannte ursprüngliche Akkumulation wurde herrschaftlich Privateigentum durchgesetzt. Die Trennung der Produzierenden von ihren Produktionsmitteln schuf die Klassen der Bourgeoisie und des Proletariats. Die bürgerliche Klasse eignete sich durch umfangreiche Enteignungen und kolonialen Raub die benötigten Ressourcen an, um eine kapitalistische Akkumulationsdynamik in Gang zu setzen. Die Verwandlung von Ackerland in Viehweide schuf das vogelfreie Proletariat, das doppelt frei war: frei von persönlichen Abhängigkeitsverhältnissen, aber auch frei von Produktionsmitteln und Alternativen zur kapitalistischen Lohnarbeit. Ein weiterer Effekt dieser Enteignung der Produzierenden war, dass Lebensmittel, die bislang von bäuerlichen Familien selbst in Subsistenzökonomie erzeugt wurden, nun durch eine zunehmend industrialisierte Landwirtschaft produziert und als Waren gehandelt wurden.

Derartige Entwicklungen waren nicht frei von Konflikten und das entstehende Proletariat wurde staatlicherseits mit massiver Gewalt diszipliniert. Neben der Repression durch Arbeitshäuser und Blutgesetzgebung gab es aus Sorge vor eskalierenden Protesten gegen miserable Arbeits- und Lebensbedingungen aber auch zunehmend staatliche Interventionen. Doch all die sozialstaatlichen Maßnahmen, wie sie seit dem 19. und 20. Jahrhundert in vielen Ländern eingeführt wurden (staatliche Krankenversicherung, Rentenversicherung, Arbeitslosenunterstützung und Ähnliches), mussten durch staatliche Steuereinnahmen finanziert werden. Ökonomische Krisen verschärften durch Unternehmensbankrotte, Entlassungen und Arbeitslosigkeit nicht nur die Lebensbedingungen vieler Menschen, sie bedeuteten auch sinkende staatliche Einnahmen und damit geringere Möglichkeiten für staatliche Sozialpolitik. Diese Problematik zeigt sich heute angesichts der seit Jahren andauernden Krise: Auch linken Parteien wie beispielsweise Syriza in Griechenland sind ungeachtet ihres Parteiprogramms und ihrer Wahlkampfversprechen bei der Staatstätigkeit enge Grenzen gesetzt.

5.3 Johannes Agnoli: Die Transformation der Demokratie

Johannes Agnoli (1925–2003) zählt zu den prominentesten marxistischen Staatskritiker_innen der Nachkriegszeit in Deutschland. Zu seinen wichtigsten Veröffentlichungen zählen *Die Transformation der Demokratie*, *Der Staat des Kapitals*, *Faschismus ohne Revision* und *Subversive Theorie.*[190]

1968 und in den folgenden Jahren kam es zu weltweiten Protesten von Arbeiter_innen und Studierenden. In der Folge entwickelte sich auch in der Bundesrepublik Deutschland eine Neue Linke, die sich von der Sozialdemokratie und dem Marxismus-Leninismus der Sowjetunion abgrenzte. Vor allem die theoretisch interessierten Kreise der außerparlamentarischen Opposition zeigten Interesse an Agnolis staatskritischen Arbeiten. Besonders der Text *Die Transformation der Demokratie* weckte dabei Interesse.

Die bürgerliche Gesellschaft ist nach Agnoli durch einen prinzipiellen Konflikt zwischen dem Verfassungsideal und der Realität der Klassengesellschaft gekennzeichnet. Die bürgerliche Elite verfügt über das Eigentum an Produktionsmitteln und das Kommando über die kapitalistische Produktion, wohingegen die arbeitenden Massen nichts als ihre Arbeitskraft besitzen. Der Herrschaftsanspruch bürgerlicher Gruppen über das Volk steht als Oligarchie somit stets im Widerspruch zum demokratischen Ideal der Volksherrschaft. Der historische Wandel des bürgerlichen Staates zeigt nach Agnoli daher eine autoritäre Tendenz zur Einschränkung demokratischer Teilhabe. Das Verbot oppositioneller Parteien wie der Kommunistischen Partei Deutschlands (KPD) ist ein besonders drastisches Beispiel für diese autoritäre Transformation.

Vorherrschend sind aber auch in der Bundesrepublik Deutschland eher «Techniken des sozialen Friedens» (Agnoli) wie die Befriedung und Disziplinierung sozialer Konflikte durch die Ausweitung sozialstaatlicher Programme und betrieblicher Mitsprache sowie gesteigerten Massenkonsums. Die Integration von oppositionellen Parteien in das parlamentarische System verwandelt Herrschaftskonflikte zunehmend in Führungskon-

190 Zur Biografie Agnolis siehe Görres-Agnoli 2004. Eine Einführung zu Agnolis Staatskritik bietet Grigat 2000.

flikte. Zudem befördert die Akzeptanz des Parlamentarismus die Auflösung eines bisher gegenüber kapitalistischen Verhältnissen antagonistischen Bewusstseins und führt linke Parteien unter dem Druck von «Sachzwängen» zur inhaltlichen Anpassung an bürgerliche Parteien. Die Konkurrenz des Marktes wird auf die politische Sphäre übertragen: Die verschiedenen Parteien konkurrieren um die Gunst der wählenden Massen und variieren ihre Positionen gemäß der jeweiligen politischen Auseinandersetzungen. Der Pluralismus der Parteien bietet nach Agnoli nur bescheidene Wahlmöglichkeiten:

«Die Leerformelhaftigkeit der Konkurrenz und die pragmatische Ausrichtung der konkurrierenden Parteien erinnert freilich an den Schein der Konkurrenz im Konsumsektor und an deren Janusgesicht. Während die Führungsgruppen untereinander sich einen realen Kampf liefern (denn es geht für sie um die reale Machtgewinnung), wird den Wählern lediglich die *Illusion* eines offenen Wettbewerbs mit der ihm eigen sein sollenden Tendenz zur Qualitätssteigerung geboten. In Wirklichkeit wird das politische wie das konsumierende Publikum mit scheinunterschiedlichen Gütern beliefert. Die formale Freiheit der Wahl zwischen einem Ford Taunus und einem Opel Rekord; zwischen einem Ferienaufenthalt in Rimini und Ancona entscheidet über den Marktanteil der Firmen und Hotels. *Material* liegt ihr Stellenwert für die konkrete Freiheitsausübung genau so niedrig wie die Freiheit der Wahl zwischen den Parteien A, B und C. Aus der Ähnlichkeit der Parteiprogramme und aus der Gemeinsamkeit des Ziels (Markt- und Machtanteil) ergibt sich die Notwendigkeit, sich den ‹Methoden der Absatzwerbung› zuzuwenden. Eine Differenzierung von Parteiideen und Konsumgütern scheint in einer Welt der «Sachzwänge» ohnehin technisch unmöglich zu sein – es sei denn, Firmen bringen radikal andere Güter hervor oder Parteien wollen eine radikale Änderung und scheren – als Fundamentalopposition – aus dem Zirkulationssystem aus.»[191]

Das Prinzip der freien Konkurrenz sei im Parlamentarismus durch eine Scheinkonkurrenz ersetzt worden. Die unterschiedlichen Parteien bilden nach Agnoli die «*plurale Fassung einer Einheitspartei* – plural in der Methode des Herrschens, einheitlich als Träger der staatlichen Herrschaft gegenüber der

191 Agnoli 1968, S. 37 f.; Hervorhebungen im Original.

Bevölkerung».[192] Einheitspartei ist dabei nicht im Sinne der Einheitsparteien in sozialistischen Staaten zu verstehen. Moderne Volksparteien vertreten weniger die Interessen einzelner Gruppen oder Klassen, sondern plädieren für einen Ausgleich (Kompromiss) verschiedener Interessen und die allgemeine Angleichung der Individuen in der Gemeinschaft der Staatsbürgerinnen und Staatsbürger. Tendenziell hat diese «plurale Fassung der Einheitspartei» nach Agnoli damit durchaus Ähnlichkeiten mit dem faschistischen Typus der Einheitspartei (dort als autoritäre Aufhebung gegensätzlicher Interessen in der Volksgemeinschaft und im Korporatismus). Die Massen können nach Agnoli durchaus ein kollektives Bewusstsein über ihre Unterdrückung entwickeln und rebellieren. Aber erst wenn spontane Rebellionen eine organisatorische Form annehmen, können ihre oppositionellen Handlungen den parlamentarischen Rahmen überwinden. Führungskonflikte können so zu Herrschaftskonflikten werden. Allerdings können linke Bewegungen und Parteien aus ihrer Fundamentalopposition herausgeholt und in den parlamentarischen Prozess integriert werden. Sie verlieren dadurch ihr subversives Potenzial und die Herrschaft des bürgerlichen Staates erlangt ihre Stabilität zurück. Agnoli widmete sich auch in späteren Schriften weiter der Kritik des Parlamentarismus. Dabei stand er reformistischen Konzepten wie dem «Marsch durch die Institutionen» sehr skeptisch gegenüber:

«Als die Parole vom ‹Marsch durch die Institutionen› aufkam, gehörte ich zu den wenigen, die davor warnten. Denn die Institutionen sind – bildlich gesprochen – ein Palast. Mit Institutionen meine ich staatliche Institutionen, nicht etwa Schulen oder Kindergärten und ähnliches. Der Staat ist ein Palast, in den man hineintritt, der aber keinen Hinterausgang hat. Man kann in diesem Palast höchstens nach oben kommen. Das haben die Grünen erfahren. Sie sind als Alternative in den Palast hineingetreten und später ist Joschka Fischer Außenminister geworden. Beim Marsch durch die Institutionen wurde eines vergessen, daß nämlich – wie Marx es einmal formuliert hat – ‹die Institutionen stärker sind als der Wille des Einzelnen›. Man kann sich in die Institutionen hineinbegeben, aber dann bleibt man drin. Viele fühlen sich dabei glücklich. Darauf verweisen zwei Äußerungen von Grünen Abgeordneten im Parlament: ‹Ich habe

192 Agnoli 1968, S. 40; Hervorhebung im Original.

das alte Haus liebgewonnen›, und ‹es sei schon so eine Sache, neben dem Kanzler zu sitzen›. Das ist die Faszination der gesellschaftlichen, der bürgerlichen Machtverhältnisse. Eine Faszination, unter der wir im Grunde alle leiden. Denn es ist ja tatsächlich sehr schön, freie Wahlen zu haben, und natürlich ist es sehr schön, neben dem Kanzler zu sitzen. Früher waren die Könige schließlich irgendwo unerreichbar. Heutzutage geht der Kanzler in eine ganz normale Kneipe in Berlin und ißt mit den Leuten zusammen. Man sollte nur wissen, daß sich die Machtverhältnisse dadurch nicht ändern, sondern nur die Institutionen bestätigt werden.»[193]

5.4 Heide Gerstenberger: Die subjektlose Gewalt. Theorie der Entstehung bürgerlicher Staatsgewalt

Heide Gerstenberger (geboren 1940) ist Sozialwissenschaftlerin und lehrte von 1974 bis 2005 als Professorin für «Theorie des bürgerlichen Staates und der Gesellschaft» an der Universität Bremen. Zu ihren bekanntesten Veröffentlichungen zählen unter anderem *Der revolutionäre Konservatismus* (1969), *Zur politischen Ökonomie der bürgerlichen Gesellschaft. Die historischen Bedingungen ihrer Konstitution in den USA* (1973), *Die subjektlose Gewalt. Theorie der Entstehung bürgerlicher Staatsgewalt* (1990/2006) und *Markt und Gewalt. Die Funktionsweise des historischen Kapitalismus* (2017). In den 1970er-Jahren war sie an der Staatsableitungsdebatte beteiligt.[194] Ihre erstmals 1990 erschienene Untersuchung *Die subjektlose Gewalt. Theorie der Entstehung bürgerlicher Staatsgewalt* widmet sich der historischen Entstehung bürgerlicher Staatsgewalt in England und Frankreich. Gerstenberger formuliert darin eine Kritik am Strukturfunktionalismus, der sowohl bei Max Weber und seinen Anhänger_innen als auch im Marxismus lange populär war.[195]

Die Epochenbegriffe Feudalismus, Ancien Régime und bürgerliche Gesellschaft beziehungsweise bürgerlicher Staat

193 Agnoli 2002, S. 21.

194 Siehe Gerstenberger 1973 und Gerstenberger 1975.

195 Vgl. Gerstenberger 2006, S. 79 f.

definieren für Gerstenberger verschiedene «Typen der Herrschafts- und Sozialordnung, deren relevante Strukturmerkmale zu bestimmten Zeiten in weiten Teilen Europas verbreitet waren, beziehungsweise noch verbreitet sind».[196] Diese Epochenbegriffe unterscheiden sich von klassischen marxistischen Konzepten darin, dass sie keine allgemeine, für alle Epochen geltende Entwicklungsdynamik wie beispielsweise Klassenkämpfe oder die Produktivkraftentwicklung benennen, sondern jeder Epoche eine jeweils besondere Dynamik zuschreiben.[197] Die Verhältnisse seit etwa dem 11. Jahrhundert, welche durch personale Herrschaft gekennzeichnet sind, werden bei Gerstenberger als Feudalismus definiert. Eine zentrale Rolle spielen dabei «die mit Waffen ausgetragene Konkurrenz um Gewaltbesitz und jene Einheit der feudalen ‹Welt›, die Kirchenherrschaft konstituierte».[198]

«Herrschaftspraxis vollzog sich in der Anwendung von Waffengewalt, von sakraler Gewalt und von Gerichtsgewalt, wobei die beiden ersteren personale Herrschaft fundierten, während die Anwendung gerichtlicher Gewalt sowie grundherrschaftlicher und bannherrschaftlicher Aneignungsgewalt sie reproduzierte. Der personale Charakter von Herrschaft offenbarte sich in den körperlichen Gesten der Herrscher, die Gehorsam geboten. Herrschaft war im Zeitalter des Feudalismus aber nicht nur Personen eigen, sie richtete sich auch auf Personen. Ihnen wurden Gesten der Unterwerfung oder Treue abverlangt.»[199]

Brauchtum und kirchliche Lehre bestimmten die Herrschaft des Feudalismus. Gewalt war ein weiterer zentraler Aspekt – denn Herrschaftsgesten und Bräuche mussten stets auch gewaltsam durchsetzbar sein, falls Treueverpflichtungen verweigert wurden. Herrschaft und Ökonomie waren in feudalen Verhältnissen nicht getrennt: Aneignung bildete einen Aspekt feudaler Herrschaft. Die Konkurrenz unter adeligen Herren war nicht durch den Markt geregelt, sondern durch Gewalt. Krieg und Raub fremden Besitzes durch Ritter waren übliche Formen feudaler Aneignung. Handel beruhte auf Privilegien. Diese wurden adeligen Herren aufgrund ihrer «Gewaltkompetenz» vom König verliehen, beispielsweise als Belohnung für Kriegsdiens-

196 Gerstenberger 2006, S. 490.
197 Vgl. Gerstenberger 2006, S. 490.
198 Gerstenberger 2006, S. 492.
199 Gerstenberger 2006, S. 493.

te. Im Laufe der Zeit stiegen die Kosten der auf Gewalt basierenden Aneignung und Konkurrenz. Aufwendigere Rüstungen, neue kostspielige Waffen wie Kanonen und der Ausbau von Befestigungen erforderten umfangreichere finanzielle Ressourcen. Militärische Innovationen wie eine professionelle Infanterie reduzierten die Bedeutung der ritterlichen Kriegskunst und markierten das Ende der feudalen Kriegsform.[200]

Der Übergang von feudaler Königsherrschaft zu Monarchien mit verallgemeinerter Adelsherrschaft kennzeichnete den Beginn der Epoche des Ancien Régime. Der Beginn dieser neuen Epoche fällt in eine Zeit, die von der historischen Forschung je nach Deutung als «Herbst des Mittelalters» oder «Frühling der Neuzeit» beschrieben wird. Nach Gerstenberger lässt sich die Epoche des Ancien Régime als «Neufundierung personaler Herrschaft» interpretieren.[201] Zu den Rittern des Schwertadels gesellte sich ein wachsender Robenadel, der auf vom König vergebenen Ämtern beruhte. Dieser Adel entwickelte sich zu einem eigenen Stand. Die Sicherung und Erlangung von Privilegien wurde zur Strategie der Aristokratie und wohlhabender Stadtbürger, die daran teilhaben wollten und sich um den Aufstieg in den Adelsstand bemühten. Privilegien regelten beispielsweise Handel und Handwerk.

«Privilegien wurden von Herren aufgrund ihrer Gewaltkompetenz verliehen und – im Prinzip – mit dieser Gewaltkompetenz garantiert. Die merkantile Aneignung – die Rede ist hier nicht von lokalem Kleinhandel – stand somit dreifach im Gewaltzusammenhang feudaler Herrschaft. Zum einen, weil Fernhändler selbst Krieger sein mußten, zum zweiten, weil Privilegien marktförmige Konkurrenz ausschlossen oder doch nachhaltig begrenzten – ein Umstand, der sie strukturell grundherrschaftlichen Barrieren gegen die Entstehung eines Arbeits- oder Bodenmarktes anglich – und schließlich drittens, weil die Vergabe von Privilegien für die Herren eine Form der Einnahme bedeutete, die auf ihrer Verfügung über Waffen- und Gerichtsgewalt beruhte. Entsprechend sind auch *Zunftprivilegien* zu beurteilen.»[202]

Ein wichtiger Aspekt der Herrschaftspraxis im Ancien Régime war die Fiskalisierung. Aus Herrschaftsperspektive erfor-

200 Vgl. Gerstenberger 2006, S. 498–500.

201 Vgl. Gerstenberger 2006, S. 502.

202 Gerstenberger 2006, S. 498 f.; Hervorhebung im Original.

derten die zunehmenden Kriegskosten Steuereinnahmen, aus Perspektive der Untertanen führte die Einziehung von Steuern zur Ausweitung von Marktstrukturen. Neben der bis dahin vorherrschenden Produktion für die Versorgung der eigenen Familie mussten zusätzliche Produkte für den Markt produziert werden, um die Steuerforderungen erfüllen zu können. Aufstiegschancen, aber auch ein Verschuldungsrisiko waren die Konsequenzen für Bäuerinnen und Bauern. Herrschaft legitimierte sich vermehrt durch prunkvolle Inszenierung, was wiederum Handel und Handwerk förderte. Die Erweiterung der personalen Herrschaft durch einen wachsenden Adelsstand bedeutete deren Beteiligung an Aneignung aus Ämtern, Pachten, Pensionen. Konflikte um Privilegien und Steuereintreibung bildeten jedoch auch ein Potenzial für Krisen im Ancien Régime. Adliger Widerstand gegen einen Monarchen konnte aufgrund ausbleibender oder verminderter Einnahmen zu Finanzkrisen der Königsherrschaft führen. Privilegien konnten zudem durch Erbe, Verleih und Verkauf weitergegeben werden. Ämter und Adelstitel wurden auf einem begrenzten Markt als Waren gehandelt.

Die Reformation war in diesem Zusammenhang nicht allein in religionsgeschichtlicher Hinsicht von Bedeutung. Die Auseinandersetzungen um die Interpretation und Praxis des rechten Glaubens schufen eine historisch neuartige Öffentlichkeit, die über den bisher begrenzten lokalen Raum hinausging. Weltliche Herrschaft wurde neben der Kirche zu einer weiteren Instanz, welche die weltliche Ordnung garantierte. Dadurch entstanden auch neue Möglichkeiten, Fürsten und Könige daran zu messen und sie gegebenenfalls auch bei Missständen zu kritisieren.[203]

Bürgerliche Revolutionen beendeten die Epoche des Ancien Régime. In vielen marxistischen Interpretationen gingen lange bürgerliche Revolutionen mit der Durchsetzung des Kapitalismus einher. Gerstenberger kritisiert diese Gleichsetzung und vertritt stattdessen die Position, dass «kapitalistische Formen von Produktion und Verteilung nur dominant werden konnten, *nachdem* der personale Charakter von Herrschaft (weitgehend) beseitigt und damit die Entwicklung einer gesonderten Sphäre der Ökonomie möglich wurde. Im orthodoxen Marxismus galt

---

203 Vgl. Gerstenberger 2009a, S. 82 f.

das Gegenteil als gesichert: Die Veränderung der Produktionsweise musste bisherige Formen der Herrschaft sprengen.»[204]

Ein weiterer Kritikpunkt an der vorherrschenden marxistischen Geschichtsschreibung bürgerlicher Revolutionen war das Verständnis des Begriffs der Klasse. Soll Klasse mehr bedeuten als eine allgemeine Bezeichnung unterschiedlicher sozialer Gruppen und der damit verbundenen hierarchischen Organisation der Produktion und Aneignung des gesellschaftlichen Mehrprodukts, so ist die Verwendung des Begriffs für vorkapitalistische Verhältnisse problematisch. Daher «ist die ‹bürgerliche Revolution› nicht der Sieg einer ‹bürgerlichen› über eine ‹feudale› Klasse, sondern – ganz im Gegenteil – jener historische Strukturwandel, durch den Klassen überhaupt erst in ihrer – für die bürgerliche Gesellschaft charakteristischen – Systembedeutung entstehen konnten. Die Entpersonalisierung von Herrschaft ist die historische Voraussetzung für die Einführung der Klasse als entwicklungsbestimmende Strukturkategorie.»[205] Trotz dieser kritischen Abgrenzung verwendet Gerstenberger den Begriff der bürgerlichen Revolution sowohl für kriegerische Auseinandersetzungen wie in Frankreich als auch für Prozesse andauernder Reformen wie in England, um die grundlegenden Veränderungen des Epochenwandels zu beschreiben. Durch die revolutionären Veränderungen wurde personale Herrschaft beseitigt und der bürgerliche Staat als eine gesonderte Sphäre geschaffen. Die verallgemeinerte personale Herrschaft des Ancien Régimes geriet im Laufe der Zeit an ihre ökonomischen und sozialen Grenzen. Die konstante Ausweitung von Ämtern und Privilegien verschärfte die Konkurrenz um Aneignung, besonders da die Produktivität der vorwiegend landwirtschaftlichen Produktion stark begrenzt war. Neue Handelsprivilegien wiederum reduzierten die Gewinnchancen der alten wie der neuen Inhaberinnen und Inhaber. Missernten und militärische Misserfolge verschärften derartige Krisen zusätzlich.

«*Alle bürgerlichen Revolutionen waren umfassende Prozesse der Enteignung*. Eigentümern und Besitzern von Herrschaftsrechten, allen voran den Fürsten, wurde die Legitimität ihrer bisherigen Kompetenzen bestritten. *Aus personaler Herrschaft wurde öffentliche – subjektlose – Gewalt.* Aus der – nach innen und nach außen bereits durchgesetzten – Souveränität wurde

204 Gerstenberger 2006, S. 514; Hervorhebung im Original.

205 Gerstenberger 2006, S. 26.

die Souveränität des Volkes. Bürgerliche Revolutionen zerstörten die dynastische Basis der Souveränität, die den Vertragsparteien des Westfälischen Friedens noch selbstverständlich gegolten hatte.»[206]

Ämter wurden in der Epoche des bürgerlichen Staates zu «*Instrumenten einer öffentlichen Instanz*». Es entstand eine öffentliche Verwaltung. Polizei, Militär und Behörden wurden zu modernen Staatsapparaten. Verfassungen und allgemein geltende Gesetze regelten die Anwendung staatlicher Gewalt. Debatten und Entscheidungen um öffentliche Angelegenheiten wurden von personalen Privilegien zum «*kollektiven Privileg von Bürgern*». Ausgeschlossen davon waren Frauen, Sklavinnen und Sklaven, Arme und religiöse Minderheiten wie beispielsweise Menschen jüdischen Glaubens. Erst durch politische Kampagnen und Kämpfe konnten bürgerliche Rechte verallgemeinert werden.

Aus der Beseitigung von Privilegien folgten zudem die «*Freisetzung des Marktes*» und die Entgrenzung von Konkurrenz.[207] Korruption galt nicht länger als gesellschaftlich legitim und wurde rechtlich sanktioniert. Zu den wichtigsten Rechten, die aus der Abschaffung von Privilegien resultierten, zählte das Recht auf den Erwerb von Eigentum unabhängig von individueller Herkunft.

Der Erwerb von Land und Immobilien jeglicher Art, das Betreiben von Handel oder die Gründung von Unternehmen war nicht mehr an die Zugehörigkeit zum adeligen Stand oder zu Zünften und den damit verbundenen privilegierten Zugang zu Handel und Produktion gebunden, sondern vor allem eine Frage des finanziellen Vermögens. Die Garantie des Privateigentums wurde zu einer zentralen Aufgabe bürgerlicher Staaten. Die ständisch geordneten Gesellschaften wichen modernen Klassengesellschaften.

Bürgerliche Staaten waren und sind Nationalstaaten. Ihre Herrschaft ist auf ein bestimmtes Territorium und die in dessen Grenzen lebenden Menschen limitiert. Zur Legitimation und Stabilisierung von Herrschaft wurde Religion durch Nationalismus und sozialstaatliche Regulierung ergänzt und zunehmend ersetzt. Nationen als «erfundene Traditionen»[208] prägten zu-

206 Gerstenberger 2006, S. 517 f.; Hervorhebung im Original.

207 Vgl. Gerstenberger 2006, S. 518 f.; Hervorhebung im Original.

208 Vgl. Hobsbawm/Ranger 1983.

nehmend das Selbstverständnis der Bürger_innen. Erzählungen nationaler Geschichte im staatlichen Schulunterricht, eine vereinheitlichte Sprache in Behörden und Medien, nationale Feiertage und Mythen und vieles andere mehr stifteten ein nationales Gemeinschaftsgefühl. Staatliche Herrschaft wurde dadurch sowohl legitimiert, als auch durch Separationsbestrebungen nationaler Minderheiten infrage gestellt. Die Entwicklung des Sozialstaates ist ein zweites wichtiges Charakteristikum moderner bürgerlicher Staaten.

«Keine andere Staatstätigkeit aber hat zur Institutionalisierung von ‹Nation› mehr beigetragen als die Entwicklung des Sozialstaats. Sie erfolgte in national unterschiedlichen Formen und zeitlich versetzt, überall aber kam es zur Ablösung tradierter Formen der Armenpolitik durch neue Formen einer staatlichen Zusage materieller Versorgung. Sozialstaat gründete nicht in Fürsorge, auch wenn einzelne, die ihn forderten, dies im Sinn hatten, er gründete in der Furcht vor politischen Unruhen. An Stelle der Solidarität im sozialen Nahbereich, die in Zeiten der Industrialisierung kaum noch funktionieren konnte, organisierte der Staat Solidarität unter Fremden. [...] Damit fördert Sozialstaat auch eine Tendenz zur Abgrenzung: Nationalismus.»[209]

Bürgerliche Revolutionen in Europa inspirierten revolutionäre Erhebungen weltweit. Ende des 18. Jahrhunderts feierten die USA ihre Unabhängigkeit. Anfang des 19. Jahrhunderts resultierte aus einem Aufstand von Sklavinnen und Sklaven im heutigen Haiti die Proklamation eines weiteren souveränen Staates auf ehemaligem Kolonialgebiet. Zahlreiche weitere Staatsgründungen im 19. und 20. Jahrhundert folgten aus erfolgreichen Kämpfen um nationale Unabhängigkeit von kolonialer Herrschaft. Generell lässt sich die Herrschaftsform des bürgerlichen Staates als ein gesellschaftliches Verhältnis begreifen, wie dies in den marxistischen Debatten um die Rolle des Staates im Kapitalismus formuliert wurde. Politische Krisen und Kampagnen können die konkrete Gestalt des Staates verändern. Der Staat war und ist «Adressat und Arena für Forderungen um Demokratisierung und um die staatliche Begrenzung der Entscheidungskompetenz von Unternehmen, die sich auf die freie Verfügung über privates Eigentum beriefen.»[210] Politische Auseinandersetzungen können aber immer auch wieder zur Ein-

209 Gerstenberger 2006, S. 526.
210 Gerstenberger 2006, S. 530.

schränkung von demokratischer Teilhabe und der Beseitigung von staatlicher Regulation zugunsten der arbeitenden Bevölkerung führen. Seit einigen Jahrzehnten hat die Bedeutung von Institutionen jenseits der Nationalstaaten zugenommen. Die Europäische Union, der Internationale Währungsfonds und die Weltbank, aber auch der Internationale Strafgerichtshof sind Beispiele für eine derartige Verlagerung von staatlicher Souveränität auf eine neue Ebene.[211] Nationalstaaten sind durch diese als Globalisierung bezeichnet Entwicklung zunehmend zu «Wettbewerbsstaaten» geworden, die international um Investitionen konkurrieren. Im folgenden Abschnitt wird dies näher ausgeführt.

5.5 Joachim Hirsch: Der nationale Wettbewerbsstaat

Joachim Hirsch (geboren 1938) ist emeritierter Professor für Politikwissenschaften an der Johann-Wolfgang-Goethe-Universität in Frankfurt am Main. Zu seinen wichtigsten Veröffentlichungen zählen unter anderem: *Der Sicherheitsstaat. Das «Modell Deutschland», seine Krise und die neuen sozialen Bewegungen; Der nationale Wettbewerbsstaat. Staat, Demokratie und Politik im globalen Kapitalismus; Materialistische Staatstheorie. Transformationsprozesse des kapitalistischen Staatensystems; Der Staat der Bürgerlichen Gesellschaft. Zum Staatsverständnis von Karl Marx* (zusammen mit John Kannankulam und Jens Wissel). Hirsch hat sich an der Staatsableitungsdebatte beteiligt und konzentriert sich in späteren Arbeiten auf die Analyse konkreter Veränderungen staatlicher Herrschaft. Die zentralen Überlegungen der Formanalyse ergänzt er dabei um Erkenntnisse der Regulationstheorie sowie der staatstheoretischen Arbeiten von Antonio Gramsci und Nicos Poulantzas. Sein Fokus liegt auf den seit den 1970er-Jahren mit dem Begriff Globalisierung bezeichneten gesellschaftlichen Umbrüchen. Unter Globalisierung fasst Hirsch allgemein vor allem die folgenden vier Aspekte:

1) Technologische Innovationen wie die Durchsetzung von neuen Kommunikations- und Informationstechnologien

211 Zum Verhältnis von Staat und Globalisierung siehe Gerstenberger 2007 und Gerstenberger 2009b.

2) Politische Veränderungen nach dem Ende des Kalten Krieges und dem Zusammenbruch der Sowjetunion beziehungsweise allgemein des «real existierenden Sozialismus» (von Kuba und Nordkorea abgesehen)
3) Ideologisch-kultureller Wandel: die Universalisierung demokratischer Werte und Prinzipien wie Parlamentarismus und Menschenrechte, die Verallgemeinerung des kapitalistischen Konsummodells
4) Globale Durchsetzung der kapitalistischen Ökonomie mit der «Liberalisierung des Waren-, Dienstleistungs-, Geld- und Kapitalverkehrs, Internationalisierung der Produktion».[212]

Die kapitalistische Ökonomie war zwar seit ihrer Entstehung ein globales System, hat sich historisch aber immer wieder strukturell gewandelt. Auf die koloniale Expansion des 19. Jahrhunderts und der Geschichte imperialistischer Konflikte, die im Ersten Weltkrieg gipfelte, folgten im 20. Jahrhundert mehrere große wirtschaftliche Krisen. Aus der Weltwirtschaftskrise Ende der 1920er-, Anfang der 1930er-Jahre resultierte als politische Krisenlösung die Durchsetzung des Fordismus als dominante Akkumulations- und Regulationsweise. Auf die globale Krise der 1970er-Jahre wiederum folgten die als Globalisierung beschriebenen Tendenzen und die Ablösung des Fordismus durch den Postfordismus als neue hegemoniale Akkumulationsstrategie und Regulationsform. Hirsch verwendet den Begriff des Akkumulationsregimes zur Beschreibung verschiedener Arten der gesellschaftlichen Produktion und des Konsums. Der Begriff der Regulation beschreibt wiederum historisch spezifische Arten, das jeweilige Akkumulationsregime politisch zu sichern. Der Fordismus lässt sich demnach als eine Akkumulationsstrategie beschreiben, die auf tayloristischer Massenproduktion und Massenkonsum beruht. Der US-amerikanische Ingenieur und Wissenschaftler Frederick Taylor (1856–1915) hatte die Produktionsabläufe am Fließband in zahlreiche Einzelaktionen unterteilt und konnte so Tempo und Produktivität erhöhen. Der Begriff des Fordismus bezieht sich auf den US-amerikanischen Automobilproduzenten Henry Ford (1863–1947), der die Erkenntnisse Taylors bei der Herstellung seiner Fahrzeuge als einer der Ersten anwendete. Diese neue Form industrieller Produktion erlaubte es, mit geringqualifizierten Arbeiter_innen eine große

212 Hirsch 1998, S. 18.

Produktmenge in kürzerer Zeit herzustellen. Die dadurch günstiger werdenden Waren ermöglichten wiederum einen wachsenden Konsum.

In der Phase des Fordismus nahm die Lohnarbeit in der Industrie gegenüber Landwirtschaft und Handwerk stetig zu. Die zunehmende Warenproduktion verdrängte die Subsistenz: Produkte des täglichen Gebrauchs, bislang größtenteils durch Eigenarbeit hergestellt, wurden mehr und mehr als günstige, industriell gefertigte Massenware ersetzt. So wurde der sogenannte innere Markt innerhalb nationaler Ökonomien geschaffen. Die politische Regulationsweise dieser Periode zeichnete sich durch wachsende staatliche Regulation aus. In einer Art Klassenkompromiss wurden bislang verfolgte beziehungsweise unterdrückte Gewerkschaften vermehrt anerkannt, ebenso die politischen Organisationen der Arbeiter_innenbewegung. Teilweise kam es auch zu Regierungsbeteiligungen linker Parteien.

Ein wichtiger Faktor für die Durchsetzung des fordistischen Modells war der Erfolg der Russischen Revolution. Aus Sorge vor weiteren revolutionären Erhebungen wurden im Westen nicht unerhebliche Zugeständnisse gemacht, um im Systemkonflikt dem Osten nicht zu unterliegen.[213] Der Wohlfahrtsstaat wurde daher in vielen Ländern schrittweise ausgebaut. Für mehrere Jahrzehnte kam es zu einem beständigen wirtschaftlichen Wachstum. Erstmals in der Geschichte des Kapitalismus stiegen gleichzeitig die Profitabilität des Kapitals und die Masseneinkommen, wenn auch nicht im gleichen Ausmaß. Vor allem die zwei Jahrzehnte nach dem Ende des Zweiten Weltkrieges werden daher als «goldenes Zeitalter» des Kapitalismus bezeichnet. Doch diese Erfolgsgeschichte hatte auch ihre Schattenseiten: Eine weitestgehend schrankenlose Naturausbeutung, ein exzessiver Ressourcenverbrauch und massive Naturverschmutzung sind Facetten des Fordismus.[214]

Ergänzt wurde das fordistische Modell in den globalen Metropolen Europas, Nordamerikas und Japans durch einen peripheren Fordismus. Infolge der Entkolonialisierung kam es in den neu gegründeten Nationalstaaten Afrikas und Asiens zu einem allgemeinen Trend nachholender Industrialisierung. Dennoch blieb der Fordismus ein nationalstaatlich organisiertes Modell – nationale Binnenmärkte wurden durch nationale Staats-

---

213 Vgl. Hirsch 2005, S. 114.

214 Vgl. Hirsch 2005, S. 117.

interventionen gefördert und auch Klassenkompromisse hatten einen nationalen Charakter.

Die Weltwirtschaftskrise der 1970er-Jahre markierte das Ende des Fordismus. Der Akkumulations- und Wachstumsprozess geriet ins Stocken. Der Massenkonsum des inneren Marktes gelangte an seine Grenzen: Viele Familien hatten bereits Konsumgüter wie Autos, Waschmaschinen und Fernseher, ein weiter stark zunehmender Konsum war nicht realisierbar. Die Produktion für ausländische Märkte war durch Einfuhrzölle nur eingeschränkt eine Ausweichoption. Ausbleibendes Wachstum bedeutete sinkende Steuereinnahmen, was wiederum eine Fortsetzung sozialstaatlicher Umverteilung erschwerte. Zusätzlich geriet die wohlfahrtsstaatliche Regulation in Konflikt mit kapitalistischen Profitinteressen, die vom Staat Steuersenkungen, Subventionen und Konjunkturprogramme fordern. Massenwohlfahrt war nicht länger mit kapitalistischen Profitinteressen vereinbar und der fordistische Klassenkompromiss wurde vonseiten des Kapitals aufgekündigt. Diese Entwicklung begann zuerst in den kapitalistischen Zentren, hat sich mit zeitlicher Verzögerung aber auch in der globalen Peripherie durchgesetzt. Globalisierung dient seitdem als «*Strategie des Kapitals* zur Lösung der Fordismus-Krise».[215] Hirsch definiert Globalisierung als eine radikale Liberalisierung des Verkehrs von Waren, Geld und Dienstleistungen. Besonders drei Momente sind von zentraler Bedeutung:

1) Die «Durchsetzung von Technologien und Arbeitsprozessen, die dem Kapital einen erneuten und umfassenden Rationalisierungsschub versprechen, d. h. eine technologische Revolution zur Erschließung neuer Märkte und Profitquellen»[216]
2) Die Verschiebung der Einkommensverteilung zugunsten des Kapitals durch den Abbau des Wohlfahrtsstaates und die Aufkündigung des bisherigen Klassenkompromisses
3) Die Schaffung von internationalen Möglichkeiten für Kapitalinvestition sowie arbeitsteilige Produktion über nationale Grenzen hinweg an den attraktivsten und kostengünstigsten Standorten

Globalisierung wird somit nicht nur als ein ökonomischer Prozess verstanden, der auf technologischer Innovation beruht, sondern auch als eine «politische Strategie» des internationa-

215 Vgl. Hirsch 1998, S. 22; Hervorhebung im Original.

216 Hirsch 1998, S. 23.

len Kapitals in Kooperation mit neoliberalen Regierungen. Die Krise des Fordismus bedeutet zugleich das Ende der globalen Hegemonie der USA. Konkurrierende westeuropäische Staaten wie Frankreich und die Bundesrepublik Deutschland, aber auch Japan gewinnen vor allem an wirtschaftlicher Bedeutung. Das kapitalistische Zentrum nimmt somit eine plurale Gestalt an. Aber auch die Peripherie verändert sich: Einerseits finden sich Bedingungen, wie sie bislang vor allem in der globalen Peripherie vorherrschten, auch in den Vorstädten der kapitalistischen Metropolen wie Los Angeles, London und Paris. Andererseits feiern einige periphere Staaten wie die als «Tigerstaaten» bezeichneten Ländern im Südosten Asien, beispielsweise Südkorea und Taiwan, enorme Erfolge bei ihrer rasanten nachholenden industriellen Entwicklung. Begleitet wird all dies von einer wachsenden Zahl von Kriegen und Bürgerkriegen.

In der Phase des Postfordismus wandelt sich auch die politische Regulationsweise. Es entsteht der Typus des «nationalen Wettbewerbsstaates». Als Konsequenz der Deregulierung und Liberalisierung der internationalen Arbeitsteilung und Handelsbedingungen werden die Möglichkeiten der «nationalstaatlichen Politik direkter und unvermittelter von den internationalen Kapitalbewegungen bestimmt».[217] Kapitalistische Unternehmen erlangen wachsenden Einfluss auf politische Entscheidungen, weil sie angesichts einer erleichterten Verlagerung ihrer Produktionsstätten an andere Standorte wirkungsvoll mit Abwanderung drohen können. Denn eine solche Verlagerung hätte bei großen Unternehmen mit vielen Tausend Angestellten und Arbeiter_innen nicht unerhebliche Auswirkungen wie den Verlust von Jobs, steigende Arbeitslosigkeit und geringere Steuereinnahmen. Zudem sind die Wechselkurse der Währungen seit dem Ende des Systems von Bretton Woods staatlich kaum mehr kontrollierbar, sondern zum Gegenstandstand internationaler Spekulation geworden. Das Abkommen von Bretton Woods hatte 1944 den Dollar als Anker für internationale Wechselkurse festgelegt und damit den Goldstandard aufgehoben. 1973 brach das System zusammen und machte Platz für frei flottierende Wechselkurse – ebenfalls mit Folgen für staatliche Politik: «Eine eigenständige nationale Konjunktur- und Beschäftigungspolitik mit Hilfe einer staatlichen Regulierung der Geld-

217 Hirsch 1998, S. 31.

menge und der Zinssätze scheitert immer offensichtlicher an den Reaktionen der internationalen Geld- und Finanzmärkte. Beispielsweise indem entsprechende Maßnahmen zu gefährlichen Schwankungen des Wechselkurses, inflationären Kapitalzuflüssen oder deflationären Kapitalabzügen führen.»[218]

Durch diese Bedeutungszunahme der internationalen Kapital- und Finanzmärkte nehmen die Staaten im globalisierten Kapitalismus eine neue Form an: Sie werden zu «nationalen Wettbewerbsstaaten», die um Investitionen konkurrieren. Das Ende des Fordismus war zugleich auch das Ende des fordistischen Klassenkompromisses. Neben den eingeschränkten staatlichen Regulationsmöglichkeiten und dem Abbau des Wohlfahrtsstaates haben auch Gewerkschaften zunehmend an Verhandlungsmacht verloren. Die Drohung der Standortverlagerung bringt Arbeiter_innen und ihre gewerkschaftlichen Vertretungen in die Konkurrenz zu den Beschäftigten anderer Standorte. Die Transformation der globalen Ökonomie und des international agierenden Kapitals stellt die Gewerkschaftsbewegung vor große Herausforderungen: Eine wirkungssvolle Antwort auf die beschriebene Standortlogik würde eine grenzüberschreitende gewerkschaftliche Organisierung und gemeinsame internationale Arbeitskämpfe erfordern. Doch dies scheitert bislang meist aus diversen Gründen, wie etwa einer verschiedenen Rechtslage, einem unterschiedlichen politischen Klima oder nationalistischen Ressentiments unter Gewerkschaftsmitgliedern. Nationale Wettbewerbsstaaten behalten die Institutionen und Verfahren der liberalen Demokratie bei, doch Akteure wie Zentralbanken gewinnen an Kompetenzen und agieren weitgehend unabhängig von Parlament und Regierung. Zudem verlieren auch Wahlen und Regierungswechsel durch die Sachzwänge der Globalisierung an Relevanz. Aufgrund dieser Tendenz der Entdemokratisierung bezeichnet Hirsch den nationalen Wettbewerbsstaat als «historisch neue Form des *autoritären* Staates».[219] Er illustriert dies an der Regierung des französischen Präsidenten Chirac. Der konservative Staatschef verantwortete in den 1990er-Jahren eine radikale Finanzpolitik, um die Beitrittsvoraussetzungen zum Europäischen Währungssystem zu erfüllen. Dafür strich er jedoch nicht die umfangreichen Subventionen für die Airbusproduktion, das europäische Raumfahrtprogramm oder

218 Hirsch 1998, S. 31.

219 Hirsch 1998, S. 35; Hervorhebung im Original.

den Militäretat, sondern kürzte massiv die staatlichen Sozialleistungen. Die Begründung war folgende: «erstere sind für den ‹nationalen› Standort förderlich, die letzteren schädlich».[220] Hirsch betont jedoch, dass diese Veränderungen keine Schwächung des Staates bedeuten, der weiterhin nicht unerheblich die ökonomischen Verhältnisse reguliert. Verändert hat sich vielmehr die Form dieser Regulation, die einen zunehmend autoritären Charakter annimmt. Bereits in den 1990er-Jahren prognostizierte Hirsch eine Konjunktur von Rassismus, Nationalismus und «Fundamentalismus» als Reaktion auf die verschärfte internationale Konkurrenz.[221] Ein Ende dieses Konjunkturzyklus ist gegenwärtig nicht abzusehen.

5.6 John Holloway: Die Welt verändern, ohne die Macht zu ergreifen

In seinem 2002 erschienenen Werk *Die Welt verändern, ohne die Macht zu ergreifen* formuliert John Holloway (geboren 1947) eine umfassende Kritik an Theorie und Praxis des traditionellen Marxismus. Seine in der radikalen Linken international diskutierten Thesen lieferten vor allem der globalisierungskritischen Bewegung wichtige Stichworte. Soziale Bewegungen, die sich für eine emanzipatorische Überwindung von Staat, Kapital und identitärem Denken engagieren, müssten sich von ihrer Fixierung auf Staat und Parlament sowie von Klassenreduktionismus und Avantgardekonzepten verabschieden. Eine emanzipatorische Transformation der Gesellschaft mit kommunistischer Perspektive darf nach Holloway nicht als Gegenmacht zu den herrschenden Machtverhältnissen gedacht werden, sondern als deren Negation, als Anti-Macht. In seiner Interpretation der Marx'schen Fetischkritik beschreibt er Staat und Kapital als gesellschaftliche Verhältnisse, die von Menschen historisch geschaffen und durch ihr Handeln stets wieder reproduziert werden. Darin liegt die Schwierigkeit einer revolutionären Veränderung der kapitalistischen Verhältnisse begründet, aber auch das Potenzial zu deren Überwindung.

---

220 Hirsch 1998, S. 36.

221 Vgl. Hirsch 1998, S. 38.

Holloway hatte bereits in den 1970er-Jahren Übersetzungen von zentralen Beiträgen zur westdeutschen Staatsableitungsdebatte ins Englische veröffentlicht. In seinen neueren Texten finden sich mehrere Aspekte, die auch in anderen Beiträgen zur Formanalyse des Staates eine wichtige Rolle spielen: die Kritik an Vorstellungen einer Autonomie der Politik gegenüber der Ökonomie, die Kritik am instrumentellen Staatsverständnis des Leninismus, die Rolle des Staates als des Garanten der Reproduktion kapitalistischer Verhältnisse durch den Schutz des Privateigentums und die Befriedung oppositioneller Milieus mittels Sozialpolitik und Repression gegen antikapitalistische Bewegungen. Der agitatorische Charakter von Holloways Texten mit ihrem speziellen Mix aus Marx'scher Ökonomiekritik, Kritischer Theorie und Bezugnahme auf den Zapatismus unterscheidet sie aber deutlich von anderen Varianten marxistischer Formanalyse.

Holloways zentrales Argument ist die Instabilität und Krisenhaftigkeit kapitalistischer Verhältnisse. Menschen haben diese Verhältnisse historisch geschaffen – damit diese fortexistieren, müssen sie immer wieder erneuert werden. Die Marx'schen Darlegungen im *Kapital* zur sogenannten ursprünglichen Akkumulation bilden einen zentralen Bezugspunkt von Holloways Überlegungen. Durch die Trennung der Produzierenden von ihren Produktionsmitteln wurden sowohl Privateigentum als auch Klassen geschaffen. Die staatliche Enteignung bisherigen Gemeindelands («commons») raubte Bäuerinnen und Bauern massenhaft die Basis ihrer Subsistenzökonomie und verwandelte sie in doppelt freie Lohnarbeiter_innen. Staatliche Gesetze gegen Vagabundage und Arbeitshäuser setzten mit brutaler Gewalt eine moderne Arbeitsdisziplin und ein modernes Zeitverständnis durch und zwangen die freigesetzten Massen in die entstehenden Fabriken. Nach Holloway ist die von Marx bekannte ursprüngliche Akkumulation nun kein vergangenes historisches Ereignis in der Durchsetzungsperiode des Kapitalismus, sondern ein sich stets wiederholender Prozess. Der Staat hat die kapitalistische Ordnung durchgesetzt und garantiert mit Gesetzen, Repression und Sozialpolitik deren Reproduktion. Daher kann er für Holloway kein Mittel zur Schaffung einer alternativen gesellschaftlichen Ordnung sein. Dies ist ein zentraler Kritikpunkt sowohl an reformistischen als auch an revolutionären Konzepten der Linken:

«Mehr als hundert Jahre lang wurde die revolutionäre Hoffnung junger Menschen dahin gelenkt, eine Partei zu gründen oder zu lernen mit Waffen umzugehen. Über hundert Jahre lang wurden die Träume derer, die eine menschliche Welt wollten, bürokratisiert und militarisiert, all dies nur zur Übernahme der Staatsmacht durch eine Regierung, die anschließend des ‹Verrats› an der Bewegung, die sie dahin gebracht hatte, bezichtigt werden konnte. Einer Regierung nach der anderen wurde vorgeworfen, die Ideale ihrer Unterstützer ‹verraten› zu haben.»[222]

Sozialdemokratische wie auch kommunistische Parteien und antiimperialistische Befreiungsbewegungen missverstehen Holloway zufolge den Staat als ein Instrument der herrschenden Eliten, das durch Reform oder Revolution angeeignet werden könne, um es anschließend für emanzipatorische Zwecke zu nutzen. So unterschiedlich moderate wie radikale Linke sonst in politischen Fragen seien, in ihrem Staatsverständnis teilten sie oft die Vorstellung einer Autonomie der Politik gegenüber der Ökonomie. Darauf basierten zahlreiche Hoffnungen auf Regierungswechsel und Reformpolitik. Nach Holloway bilden Staat und Ökonomie jedoch ein untrennbares Ensemble, wobei die kapitalistische Ökonomie die Möglichkeiten staatlicher Autonomie fundamental begrenzt: «Jede Regierung, die gegen die Interessen des Kapitals gerichtete Schritte unternimmt, wird folglich eine ökonomische Krise und Kapitalflucht erleben.»[223] Politische Praxis, die auf die Übernahme der Staatsmacht zielt, muss sich demzufolge der Logik staatlicher Institutionen unterwerfen:

«Egal ob nun die Eroberung der Staatsmacht als einziger Pfad zur Veränderung der Gesellschaft angesehen wird oder aber nur als Handlungsbrennpunkt, zwangsläufig kommt es zu einer Kanalisierung der Revolte. Die Leidenschaft der um eine andere Gesellschaft Kämpfenden wird aufgegriffen und in eine bestimmte Richtung gelenkt: gen Übernahme der Staatsmacht. [...] Der Aufbau der Partei (oder der Armee) überschattet dann bald alles andere. Was ursprünglich negativ war (die Ablehnung des Kapitalismus) wird in etwas Positives verwandelt (Aufbau von Institutionen, Aufbau der Macht). Die Einführung in die Eroberung der Macht wird zwangsweise zu einer Einführung

222 Holloway 2002, S. 23.

223 Holloway 2002, S. 24.

in die Macht selbst. Die Eingeweihten lernen die Sprache, Logik und Berechnung der Macht: Sie lernen mit den vollständig machtfixierten Kategorien der Sozialwissenschaft umzugehen. Differenzen innerhalb der Organisation werden zu Machtkämpfen. Manipulation und Beeinflussung werden zu einem Lebensstil.»[224]

Ein weiterer problematischer Aspekt ist der immanente Nationalismus einer auf den Staat fixierten Politik:

«Nationalismus ist ein unvermeidlicher Bestandteil der Logik der Macht. Die Idee, dass der Staat der Sitz der Macht ist, erfordert den bestimmten Staat vom globalen Kontext zu abstrahieren. Unabhängig davon, wie sehr die revolutionäre Inspiration von der Vorstellung der Weltrevolution geleitet wird, bringt die Konzentration auf einen bestimmten Staat zwangsläufig die Notwendigkeit mit sich, dem Teil der Welt, den dieser Staat umfasst, höhere Priorität einzuräumen. Selbst den internationalistischen Revolutionen ist es selten gelungen, auf die nationalistische Bevorzugung ‹ihres› Staates über andere Staaten oder gar die offene Manipulation nationaler Gefühle zur Verteidigung der Revolution zu verzichten. Die Vorstellung eines gesellschaftlichen Wandels, der auf dem Staat basiert, geht von der Idee aus, dass der Staat souverän ist, oder es sein sollte. Um die Gesellschaft durch den Staat zu verändern, ist dessen Souveränität unbedingt erforderlich, so dass der Kampf um gesellschaftliche Veränderung zum Kampf um die Staatssouveränität wird. Der Kampf gegen das Kapital wird so zum antiimperialistischen Kampf gegen ausländische Herrschaft, in dem Nationalismus und Anti-Kapitalismus miteinander verschmelzen. Selbstbestimmung und Staatssouveränität werden durcheinandergebracht, obgleich tatsächlich die Existenz des Staates selbst, als Form gesellschaftlicher Verhältnisse, der absolute Gegensatz zur Selbstbestimmung ist.»[225]

Holloway plädiert für eine andere Vorstellung von gesellschaftlicher Veränderung: «Die Welt verändern, ohne die Macht zu ergreifen». Die permanente Reproduktion kapitalistischer Verhältnisse vollzieht sich nicht ohne Widersprüche und Krisen. Die vermeintliche Stabilität der herrschenden Verhältnisse ist nach Holloway vielmehr von zahlreichen Rissen und Brüchen durchzogen. Der Begriff des Schreis ist für Holloway

224 Holloway 2002, S. 26.

225 Holloway 2002, S. 26 f.

Beginn jeder Kritik. In ihm artikulieren sich zuerst Empörung, Protest und Widerstand gegen die bestehende Ordnung. Daraus entstehen Verweigerung und Widerstand, die Brüche und Risse in den herrschenden Verhältnissen bilden. Diese können sich für Holloway in recht unterschiedlicher Weise ausdrücken:

«Ablehnung von Herrschaft, die Zerstörung und Sabotage der Herrschaftsinstrumente (wie z. B. Maschinerie), ein Weglaufen von Herrschaft, Nomadismus, Exodus, Desertion. Die Menschen verfügen über eine Unzahl von Formen, um Nein zu sagen. Die Triebkraft dafür ist nicht bloß die Insubordination, die offene und kämpferische Ablehnung des Kapitals, sondern auch die Nicht-Unterordnung, die schwerer wahrnehmbare und konfusere Zurückhaltung sich anzupassen. Häufig wird das Nein in einer derart persönlichen Form ausgedrückt (sich die Haare grün färben, Selbstmord begehen, verrückt werden), dass es so scheint, als hätte es keinerlei politische Auswirkungen. Häufig ist es ein barbarisches oder gewalttätiges Nein (Vandalismus, Hooliganismus, Terrorismus): die Entbehrungen des Kapitalismus sind so intensiv, dass sie ein Schrei-gegen hervorrufen, ein Nein, dem es fast vollständig an emanzipatorischem Potential mangelt, ein derart sprödes Nein, das nur das reproduziert, gegen das es anschreit. Die gegenwärtige Entwicklung des Kapitalismus ist derart terroristisch, dass sie eine terroristische Antwort provoziert, derart anti-menschlich, dass sie eine ebenso anti-menschliche Antwort provoziert, die obgleich sie verständlich ist, doch bloß die Machtverhältnisse reproduziert, die sie zu zerstören sucht. Und dennoch bildet diese Antwort den Ausgangspunkt, und nicht die wohlüberlegte Ablehnung des Kapitalismus als Organisationsform, nicht der kämpferische Ausbau von Alternativen zum Kapitalismus. Diese folgen später (oder mögen später folgen). Der Ausgangspunkt ist der Schrei, das gefährliche, häufig barbarische Nein.»[226]

Eine emanzipatorische Transformation der Gesellschaft müsse diese Brüche erweitern und miteinander verbinden. Seine Argumentation entwickelt Holloway in seinem 2010 erschienen Werk *Kapitalismus aufbrechen* weiter. In zahlreichen Thesen skizziert er programmatisch eine Praxis gesellschaftlicher Transformation. Da die Menschen den Kapitalismus durch ihr Handeln reproduzieren, können sie ihn potenziell auch beenden.

226 Holloway 2002, S. 236 f.

Sie müssen nur «aufhören, Kapitalismus zu machen und stattdessen etwas anderes zu tun, etwas Vernünftiges, Schönes, Angenehmes».[227] Die Ablehnung des Bestehenden beginnt mit dem Schrei, ausbuchstabiert in der zapatistischen Parole «Ya basta!» (Es reicht!). Darauf folgen die Verweigerung, sich der herrschenden Ordnung weiter unterzuordnen und der Aufbau alternativer Formen gesellschaftlicher Beziehungen: «verweigern und schaffen» nach dem do-it-yourself-Prinzip. Dies ist nur als Experiment, als ein offener Prozess vorstellbar – inspiriert von einer weiteren zapatistischen Parole: «Fragend schreiten wir voran».

«Wir schaffen die noch nicht existierende Welt, indem wir sie leben. Wir bestehen auf unserer Welt und setzen sie durch. Die Biogärtner dieser Welt warten nicht auf die Revolution, um eine weniger aggressive Beziehung zu den Pflanzen herzustellen: sie tun es jetzt. Die Bewegung für ein kostenloses Verkehrsnetz in Oslo schlägt nicht der Regierung vor, die Fahrpreise zu ermäßigen, sondern organisiert, dass die Leute einfach nicht zahlen. Die kritische Lehrerin wartet nicht auf einen neuen Lehrplan, um einen anderen Begriff des Lehrens und Lernens einzuführen: sie tut es einfach. Hausbesetzer warten nicht auf die Abschaffung des Privateigentums und der Mieten, um in leerstehenden Häusern zu leben: sie tun es einfach. Viele, viele Migranten warten nicht auf die Abschaffung der Grenzkontrollen, bevor sie sich von einem Land in ein anderes begeben: sie gehen einfach los. Dieser Begriff ist einer Politik der Forderungen entgegengesetzt. Eine Forderung ist an jemanden gerichtet, und bittet jemanden, etwas in unserem Namen oder für uns in der Zukunft zu tun, wohingegen eine Politik-des-jetzt-die-Welt-Lebens-die-wir-schaffen-wollen (oder des jetzt die Welt, die wir wollen, Schaffens, indem wir sie leben) keine Forderungen kennt. Wir fragen niemanden um Erlaubnis und warten nicht auf die Zukunft, sondern wir brechen einfach die Zeit auf und setzen eine andere Art des Handelns durch, eine andere Form gesellschaftlicher Beziehungen. Staat und Partei hören auf, Mittelglieder zu sein, die uns von dem trennen, was wir erreichen wollen: wir übernehmen einfach selbst die Verantwortung und legen los.»[228]

---

227 Holloway 2010, S. 252.

228 Holloway 210, S. 242 f.

Ergänzend zu seinem Appell: «Aufhören Kapitalismus zu machen» ließe sich ergänzen: Aufhören Staat zu machen. So sehr Holloways Texte durch ihren optimistischen Charakter ein linkes Publikum begeistern, so sehr provozieren sie auch Kritik. Dabei lassen sich vor allem folgende Punkte nennen:

1) Die Diffusität antikapitalistischer Kämpfe. Was verbindet so unterschiedliche Bewegungen und Kampagnen, wie die im letzten längeren Zitat genannten Beispiele Hausbesetzung, Migration und Urban Gardening? Was ist die reale Verbindung dieser Kämpfe jenseits ihrer gemeinsamen Aufzählung durch einen Bewegungsintellektuellen wie Holloway? Bislang harren derartig beschriebene Allianzen noch genauso auf ihre historische Realisierung wie die ähnlich hymnisch von Hardt/Negri proklamierte Multitude. Die Kritik von Hirsch am Begriff der Multitude als «philosophische Spekulation» ließe sich auch auf viele Thesen Holloways übertragen.[229]
2) Die Glorifizierung von Verweigerung zu rebellischen Akten des Antikapitalismus. Viele der genannten Beispiele antikapitalistischer Praxis sind Beispiele einer alltäglichen Verweigerung. Nicht zur Arbeit zu gehen wird als Ausdruck der Ablehnung von Lohnarbeit gedeutet, ein subkultureller Lifestyle wie bunte Haare zur Revolte erklärt. Auch hier existiert ein Widerspruch zwischen Holloways Interpretation und dem Selbstverständnis der Akteurinnen und Akteure. Ein wenig wie im Märchen scheinen sie darauf zu warten, wachgeküsst zu werden.
3) Die Verharmlosung der reaktionären Varianten des Antikapitalismus. Hooliganismus und Terrorismus (ergänzen ließe sich Islamismus) werden als deformierte Formen von Schreien gegen die herrschende Ordnung interpretiert. Verantwortlich für ihren gewaltsamen Charakter sind letztendlich die exisitierenden Verhältnisse, und nicht die Individuen selbst, die solches Handeln wählen. Die Interpretation als deformierte Form von Antikapitalismus beruht auf der Hoffnung, diese korrigieren zu können. Doch dies verkennt den Charakter konformistischer Revolten, die keine Negation von Herrschaft, sondern eine alternative Herrschaft wollen, meist in noch autoritärerer Gestalt. Antisemitische, rassistische und nationalistische Positionen in heterogenen Bewegungen

229 Vgl. Hirsch 2005, S. 224.

brauchen jedoch kein Verständnis, sondern konsequente Kritik.

4) Die Unterschätzung der Dynamik von Staat und Kapital. Strukturelle Zwänge wie die alternativlose Reproduktion durch Lohnarbeit verhindern es erfolgreich, einfach «aufzuhören den Kapitalismus zu machen». Aneignung und Besetzung von Privateigentum bleiben nie ohne Konsequenzen: Besetzte Häuser und Ländereien werden geräumt, Aktivistinnen und Aktivisten angeklagt und inhaftiert. Zwar gibt es durchaus erfolgreiche Besetzungen, aber in den allermeisten Fällen ist der staatliche Schutz des Privateigentums garantiert. Holloways Texte sind weniger akribische Analysen der herrschenden Verhältnisse, sondern vielmehr hoffnungsstiftende Pamphlete gegen Resignation und mobilisierende Appelle für Engagement. Stoetzler ist zuzustimmen, dass das Werk von Holloway von Ambivalenz geprägt ist: Es finden sich sowohl Aspekte der Negation als auch der Affirmation. Wohlwollend lässt sich Holloway quasi stets auch immer mit sich selbst kritisieren.[230]

Bei allen Unterschieden in einzelnen Fragen der Staatsableitungsdebatte einte die diversen Autor_innen die Kritik eines instrumentellen Staatsbegriffs und das Anknüpfen an die Überlegungen von Paschukanis zum Verhältnis von Warenform, Rechtsform und Staatsform. Auch aktuell lassen sich in durchaus unterschiedlichen Spektren der Linken Argumentationsmuster finden, die in der Tradition der Debatte stehen: vom theoretischen Stichwortgeber der globalisierungskritischen Bewegung wie den hier zuletzt vorgestellten Holloway, der in den 1970er-Jahren zentrale Beiträge der Debatte ins Englische übersetzte; über die Zeitschrift *Gegenstandpunkt*, die sich wahrscheinlich gegen eine solche Einordnung verwehren würde, da deren Vorläuferprojekt *Marxistische Gruppe* keinen Beitrag zur Debatte liefern wollte, sondern in der Broschüre *Der bürgerliche Staat* behauptete, diese Analyse sei die Staatsableitung (und die Debatte damit ihrer Meinung nach überflüssig); bis hin zu linksradikalen Zusammenhängen wie *Gruppen gegen Kapital und Nation* oder *...ums Ganze!*.[231]

230 Zur Diskussion um Holloways *Die Welt verändern, ohne die Macht zu ergreifen* siehe *historical materialism* Nr. 13.4, 2005, besonders Stoetzler 2005. Zur Kritik an Holloway siehe Kettner 2006.

231 Siehe Marxistische Gruppe 1979, ...umsganze! 2009.

6 Faschistische Herrschaft – autoritäre Variante bürgerlicher Herrschaft, Doppelstaat oder Unstaat?

6.1 Entstehung faschistischer Bewegungen

Ich kenne keine Parteien mehr, ich kenne nur noch Deutsche! – erklärte der deutsche Kaiser Wilhelm II. im August 1914 zu Beginn des Ersten Weltkrieges. Die nationalistische Kriegsbegeisterung erfasste auch große Teile der Sozialdemokratischen Partei Deutschlands (SPD), die im Parlament mit ihrer Zustimmung zu den Kriegskrediten die deutsche Kriegspolitik ermöglichte. Statt Antimilitarismus und Internationalismus nach der Parole «Alle Räder stehen still, wenn dein starker Arm es will» praktisch umzusetzen, versuchte die Partei lieber, ihren Ruf als Vereinigung «vaterlandsloser Gesellen» loszuwerden. Aus Opposition zur Burgfriedenspolitik der SPD gründeten linke Sozialdemokrat_innen wie Karl Liebknecht und Rosa Luxemburg den Spartakusbund, aus dem dann 1919 zusammen mit der Unabhängigen Sozialdemokratischen Partei (USPD) die Kommunistische Partei Deutschlands (KPD) entstand. Doch nicht nur im Spektrum der Linken, auch aufseiten der Rechten brachte der Erste Weltkrieg weitreichende Umbrüche mit sich. Die militärische Niederlage, das Ende der Monarchie und die in den Friedensverhandlungen der Pariser Vorortverträge festgelegte territoriale Neuordnung Europas – die Versailler Verträge regelten die deutschen Reparationszahlungen und Gebietsabtretungen – stürzten den deutschen Konservatismus in eine enorme Krise. In dieser Lage entwickelte sich aus einem diffusen Konglomerat nationalistischer und völkischer Gruppen in Deutschland eine faschistische Bewegung, welche Massen mobilisieren konnte. Politische Ziele waren die Revision der Nachkriegsordnung (Ablehnung der Versailler Verträge und der Weimarer Republik) und die Wiedererlangung nationaler Größe. Anstelle der Wiederherstellung der Monarchie ging es um die Etablierung einer neuen nationalistischen und völkischen Ordnung. So entstand Anfang des 20. Jahrhunderts mit dem Faschismus eine vierte politische Strömung neben den drei großen politischen Richtungen des 19. Jahrhunderts: Konservatismus, Liberalismus und Sozialismus.

Werke wie Ernst Jüngers (1895–1998) *In Stahlgewittern*, Oswald Spenglers (1880–1936) *Der Untergang des Abendlandes*, Arthur Moeller van den Brucks (1876–1925) *Das dritte Reich* und Edgar Julius Jungs (1894–1934) *Die Herrschaft der Minderwertigen* erschienen in Massenauflagen und zeugen von einer Radikalisierung des konservativen Spektrums. Unter Offizieren, Aktiven paramilitärischer Organisationen wie dem Stahlhelm und Burschenschaftlern sowie in zahlreichen Clubs und Salons waren die Ablehnung der Republik und Sympathie für den Faschismus weit verbreitet. Die Strömung um die genannten Autoren und Intellektuellen wie den Rechtswissenschaftler Carl Schmitt (1888–1985) war in den 1920er-Jahren in der politischen Rechten tonangebend.[232]

Die 1919 gegründete Nationalsozialistische Arbeiterpartei Deutschlands (NSDAP) war anfangs nur eine von diversen Gruppierungen in diesem völkischen Milieu. Erst Ende der 1920er-Jahre erlangte sie mit ihrem Modell faschistischer Krisenlösung als autoritäre Antwort auf die Weltwirtschaftskrise größere Wahlerfolge. 1933 wurde Hitler zum Reichskanzler ernannt und die nationalsozialistische Bewegung übernahm im Bündnis mit konservativen Kräften wie der Deutschnationalen Volkspartei (DNVP) die Macht. In Italien hatte sich bereits Anfang der 1920er-Jahre nach Mussolinis erfolgreichem «Marsch auf Rom» ein faschistisches Regime etabliert. Neben Italien und Deutschland entstanden auch in anderen europäischen Staaten faschistische Bewegungen und Regime, später auch weltweit. Diese hatten bei all ihren Unterschieden unter anderem die folgenden Momente gemeinsam: Feindschaft gegenüber Liberalismus, Marxismus und Kommunismus gleichermaßen, Nationalismus, Militarismus, Verherrlichung von Gewalt, autoritäre Parteiorganisation und Führerkult eines charismatischen Herrschers. Die zentrale Besonderheit des Nationalsozialismus

232 Vgl. zur Konservativen Revolution Weiß 2011 und 2012.

als deutsche Variante des Faschismus war sein eliminatorischer Antisemitismus, der während der Herrschaft des Dritten Reiches zur Verfolgung und Vernichtung des europäischen Judentums führte.

Die Verbreitung faschistischer Gruppen und Parteien und ihre militanten Angriffe auf linke Demonstrationen und Veranstaltungen zwangen die Linke jeglicher Couleur zu praktischen Reaktionen in puncto antifaschistischem Selbstschutz. In theoretischer Hinsicht konfrontierte der aufkommende Faschismus die marxistische Linke in ihrer Kritik des bürgerlichen Staates zunehmend mit zwei Herausforderungen: Einerseits zerstörten die reaktionären Bewegungen die Illusion, dass die Kritik des bürgerlichen Staates ein linkes Monopol sei. Andererseits illustrierten sowohl die faschistische Bewegung in Italien als auch die nationalsozialistische Bewegung in Deutschland nach ihrer Machtübernahme, dass die kapitalistische Ökonomie nicht nur mit parlamentarischer Demokratie, sondern auch mit anderen Formen politischer Herrschaft kompatibel war. Diese Entwicklungen beantworteten linke Theoretiker auf sehr unterschiedliche Art und Weise. In diesem Kapitel werden einige prominente linke Interpretationen faschistischer Herrschaft im Allgemeinen und des Nationalsozialismus im Besonderen vorgestellt.[233] Der Fokus liegt dabei auf der Analyse von Staat und Recht durch Intellektuelle kommunistischer und sozialdemokratischer Parteien sowie durch verschiedene Mitarbeiter des exilierten Instituts für Sozialforschung.[234]

233 Eine detailliertere Darstellung findet sich bei Zeiler 2010.

234 Politische Analysen und historische Studien zu faschistischen Bewegungen und Regimes wie dem italienischen und spanischen Faschismus oder dem deutschen Nationalsozialismus, füllen inzwischen ganze Bibliotheken und sind selbst von Expertinnen und Experten nur noch schwer zu überblicken. Einen guten Überblick über Literatur und Forschungskontroversen gibt Kershaw 1999. Eine allgemeine Einführung zu Faschismustheorien bieten unter anderem Kunow/Wörsching 2017, Saage 2007 und Wippermann 1997.

6.2 Faschismus als Diktatur des Finanzkapitals

Benito Mussolinis «Marsch auf Rom» 1922 und die daraufhin beginnende faschistische Herrschaft in Italien löste innerhalb der internationalen kommunistischen Bewegung umfangreiche Diskussionen über den politischen Charakter des Faschismus aus. Die historischen Diskussionen der kommunistischen Parteien und der Wandel ihres Faschismusbegriffs können hier nicht en détail präsentiert werden. Im folgenden Abschnitt liegt daher der Fokus auf zwei besonders einflussreichen Interpretationen: die in den Jahren der Weimarer Republik dominante Sozialfaschismusthese und die Formel Georgi Dimitroffs (1882–1949) vom Faschismus als «terroristische Diktatur des Finanzkapitals». Beide Interpretationen basieren auf einem instrumentellen Staatsbegriff, der vor allem auf den staatstheoretischen Überlegungen Lenins und ihrer Kanonisierung im Marxismus-Leninismus durch Stalin basiert. Wie im dritten Kapitel erläutert, deutete dieser den Staat in einem universal-historischen Sinne: Für Lenin gab es keine qualitative Differenz zwischen der personalen Herrschaft vorkapitalistischer Gesellschaften und der strukturell über Warenproduktion und -tausch vermittelten Herrschaft im Kapitalismus. Seine personalisierte Interpretation von der Herrschaft einer kleinen bürgerlichen Klasse über die proletarischen Massen mittels Zwang und Manipulation mochte im zaristischen Russland eine gewisse historische Plausibilität haben, was beispielsweise Korruption und staatliche Eingriffe im Interesse verschiedener Kapitalfraktionen anging. Sie ignorierte aber die beträchtlichen Unterschiede, die es zwischen zaristischer und bürgerlicher Herrschaft gab. Diese Tendenz zur Gleichsetzung verschiedener Herrschaftsformen, die als bloße Varianten von Klassenherrschaft betrachtet wurden, sollte für die Interpretation des Faschismus gravierende Konsequenzen haben.

Besonders in der deutschen KPD setzte sich bald die Sozialfaschismusthese durch. So wie nach Lenin der Staat im Allgemeinen als «Instrument der herrschenden Klasse» zur Unterdrückung der subalternen Klassen diente, so fungierte nach der Resolution des V. Kongresses der Kommunistischen Internationale (Komintern) von 1924 der Faschismus im speziellen als «Kampfinstrument der Großbourgeoisie gegen das Proletariat.»[235] Aber

235 Thesen und Resolutionen des V. Weltkongresses der Kommunistischen

nicht nur die faschistische Partei sei ein bürgerliches Herrschaftsinstrument. Auch andere bürgerliche Parteien – besonders aber die SPD – würden in Krisenzeiten faschistische Züge annehmen. «Der Faschismus und die Sozialdemokratie» seien die «beiden Seiten ein und desselben Werkzeuges der großkapitalistischen Diktatur»[236] und nach Stalin gar «Zwillingsbrüder»[237]. Spätestens nachdem der sozialdemokratische Polizeipräsident Berlins, Karl Friedrich Zörgiebel, am 1. Mai 1929 eine unangemeldete kommunistische Demonstration gewaltsam auflösen ließ – wobei es mehrere tote Demonstrant_innen gab – galten die «sozialfaschistischen» Sozialdemokrat_innen für die Kommunistische Partei als die «gefährlichsten Feinde der Arbeiterklasse».[238] Der Sozialfaschismusthese entsprechend wurde auch das Präsidialkabinett unter Reichskanzler Heinrich Brüning als faschistisch deklariert. Ein solcher inflationärer Gebrauch des Faschismusbegriffes gegenüber diversen nichtkommunistischen Parteien erschwerte antifaschistische Bündnisse mit anderen Parteien und Organisationen erheblich (wobei aber auch beispielsweise die SPD ihrerseits kaum Interesse an solchen Bündnissen zeigte). Erst nach der nationalsozialistischen Machtübernahme 1933 wurde die bislang von der Sozialfaschismusthese bestimmte Interpretation des Faschismus langsam revidiert. Diese eingeschränkte Anpassung des kommunistischen Faschismusbegriffs postulierte 1935 auf dem VII. Weltkongress der Kommunistischen Internationale deren Generalsekretär Dimitroff. In seinem Kongressbeitrag erörterte Dimitroff die zentralen Charakteristika des Faschismus, seine historische Entwicklung und die Aufgaben der kommunistischen Parteien in ihrem antifaschistischen Kampf. Er definierte Faschismus als «die offene, terroristische Diktatur der reaktionärsten, chauvinistischsten, am meisten imperialistischen Elemente des Finanzkapitals».[239] Den Nationalsozialismus betrachtete er als die «reaktionärste Spielart des Faschismus».[240]

Internationale zitiert nach Wippermann 1997, S. 17.

236 Resolution des V. Weltkongresses der Kommunistischen Internationale zitiert nach Wippermann 1997, S. 17.

237 Stalin zitiert nach Wippermann 1997, S. 17.

238 Waffen für den Klassenkampf. Beschlüsse des XII. Parteitages der KPD (1929) zitiert nach Wippermann 1997, S. 19.

239 Dimitroff 1972, S. 6 f.

240 Dimitroff 1972, S. 7.

Der Faschismus an der Macht war nach Dimitroff keine bloße alternative Variante der bisherigen bürgerlichen Regierungen, sondern von neuer Qualität: Er sei «eine *Ablösung* der einen Staatsform der Klassenherrschaft der Bourgeoisie – der bürgerlichen Demokratie – durch eine andere Form – durch die offene terroristische Diktatur».[241] Die Durchsetzung der faschistischen Herrschaft sei das Resultat vor allem folgender Faktoren:

1) Erfolgreiche nationalistische Massenmobilisierung und Verschleierung der Ausbeutung mittels «raffinierter antikapitalistischer Demagogie»
2) Spaltung der Arbeiter_innenklasse durch die sozialdemokratische Politik und damit verbundene Schwächung der Linken
3) «Unterschätzung der faschistischen Gefahr» durch die kommunistischen Parteien.[242]

Dimitroff plädierte für die Schaffung der Einheitsfront als antifaschistische Antwort auf aufstrebende oder bereits herrschende faschistische Bewegungen. In verschiedenen Bereichen wie Gewerkschaften, Jugendorganisationen und Frauenorganisationen sollte die Einheitsfront von kommunistischer und sozialdemokratischer Partei geschaffen werden, von welcher man erwartete, dass sie auch Einfluss auf Arbeiter_innen jenseits dieser beiden politischen Spektren haben würde.

Kommunistinnen und Kommunisten, die sich – wie beispielsweise im Deutschen Reich nach dem Verbot linker Organisationen durch das nationalsozialistische Regime – in der Illegalität befanden, empfahl Dimitroff politisches Engagement innerhalb und außerhalb der faschistischen Massenorganisationen. Gleich einem «trojanischen Pferd» innerhalb der faschistischen Massenorganisationen sollten sie das Vertrauen der Massen gewinnen und deren Unzufriedenheit mit dem nationalsozialistischen Regime ausnutzen um so seinen Sturz vorzubereiten.[243] Die antifaschistischen Parteien hätten die «faschistische Gefahr» unterschätzt und die faschistische Ideologie und ihre Wirkung deshalb lange Zeit verharmlost. Daher sei die Kritik der «*Demagogie des Faschismus*»[244] neben der Schaffung der

241 Dimitroff 1972, S. 8; Hervorhebung im Original.
242 Dimitroff 1972, S. 11 und S. 22.
243 Vgl. Dimitroff 1972, S. 52–59.
244 Dimitroff 1972, S. 88; Hervorhebung im Original.

organisatorischen Einheit eine wichtige Aufgabe der antifaschistischen Einheitsfront. Besonders kritikwürdig sei die Verfälschung der «Geschichte des deutschen Volkes auf faschistische Art».[245] Die kommunistische Bewegung dürfe die Sache der Nation nicht dem Nationalsozialismus überlassen. Das kommunistische Verständnis der Nation arrangierte sich dabei bestens mit dem «proletarischen Internationalismus»: «Der proletarische Internationalismus muss sich in jedem Lande sozusagen ‹akklimatisieren›, um auf heimatlichem Boden tiefe Wurzeln zu fassen.»[246] Der faschistische Nationalismus betreibe lediglich eine «egoistische Politik der Unterdrückung und Ausbeutung des eigenen Volkes sowie der Ausplünderung und Versklavung anderer Völker» und verschleiere damit ähnlich wie mit seiner antikapitalistischen Rhetorik seine Herrschaft. Daher müssten die kommunistischen Parteien zeigen, dass sie stattdessen aufrichtig für die Interessen der Nation kämpften:

«Die Interessen des Klassenkampfs des Proletariats gegen die vaterländischen Ausbeuter und Unterdrücker widersprechen nicht den Interessen einer freien und glücklichen Zukunft der Nation. Im Gegenteil: die sozialistische Revolution wird die Rettung der Nation bedeuten und ihr den Weg zu höherem Aufstieg eröffnen. [...] Das revolutionäre Proletariat kämpft für die Rettung der Kultur des Volkes, für ihre Befreiung von den Fesseln des verwesenden Monopolkapitals, von dem barbarischen Faschismus, der sie vergewaltigt. Nur die proletarische Revolution kann den Untergang der Kultur abwenden, die Kultur zur höchsten Blüte bringen als wirkliche Volkskultur, *national der Form und sozialistisch dem Inhalt nach* ...»[247]

Diese Konkurrenz der kommunistischen Bewegung mit dem Nationalsozialismus um die wahre Repräsentation der nationalen Sache sah in den nationalistisch umworbenen Deutschen lediglich von den faschistischen Eliten Verführte. Eine Erklärung der massenhaften Zustimmung oder zumindest Akzeptanz der nationalsozialistischen Herrschaft konnte eine solche Analyse keineswegs liefern.

Dimitroffs Interpretation des Faschismus diente seit den 1930er-Jahren den in der Kommunistischen Internationale organisierten Parteien als Deutung des Faschismus. In der um

245 Dimitroff 1972, S. 89.

246 Dimitroff 1972, S. 92.

247 Dimitroff 1972, S. 92 f.

1968 entstehenden Neuen Linken wurden seine Thesen infolge einer Renaissance marxistisch-leninistischer Ansätze wie in der Bundesrepublik vor allem in den diversen K-Gruppen positiv rezipiert. Auch in der autonomen Antifabewegung hatte Dimitroffs Faschismusinterpretation Einfluss: Auf antifaschistischen Demonstrationen der 1980er- und 1990er-Jahre war die von Dimitroff inspirierte Parole «Hinter dem Faschismus steht das Kapital» populär, und sie ist dies in gewissen Gruppierungen auch heute noch. Passende Illustrationen zu einem solchen Faschismusverständnis sind vor allem die Montagen des kommunistischen Künstlers John Heartfield aus den 1930er-Jahren, etwa der Titel der Arbeiter-Illustrierten Zeitung (AIZ) «Der Sinn des Hitlergrußes: Millionen stehen hinter mir» von 1932, auf dem ein anonymer Kapitalist Geldscheine in Hitlers erhobene Hand legt, oder ein weiteres Titelbild der AIZ vom August 1933: «Werkzeug in Gottes Hand? Spielzeug in Thyssens Hand!», auf dem ein Zigarre rauchender Thyssen mit einer Hitlerpuppe spielt.[248]

6.3 Faschismus als Bonapartismus

Sozialdemokratische Parteien und gegenüber der KPD dissidente Gruppierungen wählten hingegen für ihre Faschismusanalysen andere Referenzen als Stalin und Dimitroff. Besonders die Überlegungen von Karl Marx zum französischen Bürgerkrieg und der Herrschaft Louis Bonapartes wie *Der achtzehnte Brumaire des Louis Bonaparte* dienten Otto Bauer (1881–1939) von der Sozialdemokratischen Arbeiterpartei Österreichs (SDAP) und August Thalheimer (1884–1948) von der Kommunistischen Partei Opposition (KPO) als theoretische Orientierung.[249] Die österreichische Sozialdemokratie machte die bonapartismustheoretische Interpretation mit dem Programm des Linzer Parteitags 1926 zu ihrer vorherrschenden Deutung des Faschismus. Bauer als einer der zentralen Redner des Parteitags verglich die Situation Frankreichs während der Revolution 1848 mit den Verhältnissen in Österreich nach dem Ersten Weltkrieg. Während die

248 Vgl. Siepmann 1992, S. 169 und S. 192.

249 Einen guten Kommentar zu *Der achtzehnte Brumaire des Louis Bonaparte* von Karl Marx bietet Brunkhorst, siehe Marx 2007.

Sozialdemokratie die großen Städte wie Wien und Linz regierte, herrschten auf dem Lande weiter die alten konservativen Eliten. Dieses «Gleichgewicht der Klassenkräfte» erinnere an den Gegensatz von Stadt und Land im Frankreich des 19. Jahrhunderts.[250] Exemplarisch für die sozialdemokratischen Bonapartismustheorien soll nun Bauers Aufsatz *Der Faschismus* vorgestellt werden, der erstmals 1936 erschien. Bauer bezeichnete den Faschismus als ein Resultat mehrerer Prozesse:

1) Bildung antidemokratischer, völkischer Milizen aus den Massen deklassierter heimkehrender Soldaten unter der Führung einer nationalistischen Intelligenz
2) Verelendung von Kleinbürgertum und Bauernschaft infolge von Wirtschaftskrisen und eine damit verbundene Abkehr von den bürgerlichen Parteien hin zu faschistischen Bewegungen
3) Verringerung der Profite als Krisenfolge und Instrumentalisierung faschistischer Milizen zur Einschüchterung der Arbeiter_innenbewegung als kapitalistische Strategie zur Wiederherstellung profitabler Ausbeutung.[251]

Auch Bauer vertrat wie die eingangs vorgestellten kommunistischen Faschismusanalysen einen instrumentellen Staatsbegriff – der Staat diente seiner Auffassung nach der herrschenden bürgerlichen Klasse als Instrument zur Unterdrückung der arbeitenden Klasse. Dieses Instrument könne die Bourgeoisie aber auch der faschistischen Bewegung übergeben. Die faschistische Ideologie basiere nach Bauer vor allem auf Militarismus, Nationalismus, Demokratiefeindlichkeit, reaktionärem Antikapitalismus und Antisozialismus. In Italien wie auch in Deutschland fungiere der Faschismus als eine autoritäre Form der Krisenlösung. Die faschistische Massenbewegung solle mit Gewalt die erstarkende Arbeiter_innenbewegung niederwerfen, die mit den klassischen Mitteln von staatlicher Repression und politischen Zugeständnissen nicht länger kontrollierbar schien. Mit der Duldung und Unterstützung durch staatliche Institutionen zerschlugen faschistische «Strafexpeditionen» in Italien Agrarunruhen auf dem Lande und griffen die Strukturen der Arbeiter_innenbewegung in den Städten an, zerstörten Versammlungslokale der Linken und setzten deren gewählte Bürgermeister gewaltsam

250 Vgl. Saage 2007, S. 49.
251 Vgl. Bauer 1967, S. 143 f.

ab.[252] Doch die Tolerierung und Förderung der faschistischen Milizen geriet den herrschenden Eliten nach Bauer außer Kontrolle.[253] In Deutschland habe sich dieses Phänomen der Verselbständigung und Unterschätzung in ähnlicher Weise wiederholt: Die nationalsozialistische Bewegung entledigte sich rasch ihrer konservativen Bündnispartner und entzog sich der Kontrolle ihrer bisherigen Förderer aus bestimmten Kapitalfraktionen wie dem großgrundbesitzenden Junkertum.[254] Im Unterschied zu kommunistischen Faschismusinterpretationen sah Bauer die Funktion des Faschismus nicht in der Zerschlagung einer revolutionären Linken, sondern in der Beseitigung der «Errungenschaften des reformistischen Sozialismus».[255] Die faschistische Herrschaft resultiere ihm zufolge aus einem «eigenartigen Gleichgewicht der Klassenkräfte»:

«In der bürgerlichen Demokratie herrscht die Kapitalistenklasse, aber sie herrscht unter dem ständigen Druck der Arbeiterklasse. [...] Aber in den schweren Wirtschaftskrisen, die dem Weltkrieg gefolgt sind, erscheinen die Errungenschaften des reformistischen Sozialismus der Kapitalistenklasse als Hindernisse des ‹normalen›, durch die Bewegungen der Profitrate bestimmten Produktions- und Zirkulationsprozesses. Sie ist entschlossen, alle weiteren Zugeständnisse zu verweigern, die der Arbeiterklasse schon gemachten Zugeständnisse zu widerrufen. Die demokratischen Institutionen hindern sie daran; also wendet sie sich gegen die demokratischen Institutionen. Die demokratische Rechtsordnung erlaubt ihrer Staatsgewalt nicht, die staatlichen Gewaltmittel gegen den mit gesetzlichen Mitteln kämpfenden reformistischen Sozialismus einzusetzen; also bedient sie sich der ungesetzlichen privaten Gewaltmittel der faschistischen Banden neben ihrem gesetzlichen Staatsapparat. Aber wenn sie die faschistischen Banden auf das Proletariat loslässt, so wird sie selbst zur Gefangenen der faschistischen Banden. Sie kann die faschistischen Banden, die sie gegen das Proletariat mobilisiert hat, nicht mehr niederwerfen, ohne sich der Revanche des Proletariats auszusetzen. Sie muss daher sich selbst der Diktatur der faschistischen Banden unterwerfen, ihre

252 Vgl. Bauer 1967, S. 148–150.

253 Bauer 1967, S. 151.

254 Bauer 1967, S. 153.

255 Bauer 1967, S. 154.

eigenen Parteien und Organisationen der faschistischen Gewalt preisgeben.»[256]

Wenn die faschistische Bewegung auch die politische Herrschaft übernehme und die Parteien und die Presse der kapitalistischen Klasse auflöse, so bleibe doch die kapitalistische Produktionsweise bestehen. Das Privateigentum an Produktionsmitteln und die fortwährende Kapitalakkumulation würden auch im italienischen Faschismus und im deutschen Nationalsozialismus weiter existieren. Beseitigt wurden dagegen das Wahl- und Organisationsrecht und die Organisationen der Arbeiter_innenbewegung wurden verboten.[257] Diese repressive Antwort auf den gesellschaftlichen Widerspruch von Arbeit und Kapital mache den Faschismus Bauer zufolge aber nicht konfliktfrei. Die Fokussierung auf Aufrüstung und den Ausbau der Rüstungsindustrie führe zu Spannungen verschiedener Kapitalfraktionen untereinander.[258] Bauer beschloss seine Überlegungen zum Faschismus mit einer Selbstkritik an dem sozialdemokratischen Ideal eines friedlichen Übergangs zu einer sozialistischen Gesellschaft. [259] Sein Aufsatz endet mit einer Kritik des sozialdemokratischen Reformismus und plädiert im Falle einer Bedrohung der parlamentarischen Demokratie implizit für eine Verteidigung erkämpfter Errungenschaften mit Mitteln wie dem bewaffneten Widerstand, die über den parlamentarischen Rahmen hinausgehen.[260]

1930 veröffentlichte August Thalheimer in der Zeitschrift *Gegen den Strom*, dem Organ der KPD (Opposition), seinen Artikel *Über den Faschismus.* Darin interpretiert er diesen ebenfalls mit dem Analyseinstrumentarium, das Marx in seinen Überlegungen zum Bonapartismus entwickelte.

Unter Verweis auf Marx' *Der achtzehnte Brumaire des Louis Bonaparte* sieht Thalheimer die Basis des Bonapartismus in den «Deklassierten aller Klassen», vor allem aber in Bourgeoisie und

---

256 Bauer 1967, S. 154 f.

257 Vgl. Bauer 1967, S. 157–159.

258 Vgl. Bauer, S. 161 f.

259 Bauer, S. 167.

260 Im Gegensatz zum ausgebliebenen Widerstand von SPD und KPD gegen die nationalsozialistische Machtübernahme 1933 in Deutschland leistete in Österreich der sozialdemokratische Schutzbund im Februar 1934 bewaffneten Widerstand gegen die austrofaschistische Diktatur von Engelbert Dollfuß.

reaktionären Bäuerinnen und Bauern.[261] Die Herrschaft Bonapartes sei das Resultat einer «schweren Niederlage des Proletariats in einer tiefen sozialen Krisis».[262] Seine Herrschaft sei aber nicht nur die Konsequenz der Schwäche des Proletariats gewesen, das im Frankreich des 19. Jahrhunderts «noch nicht» regieren konnte, wie Engels in *Bürgerkrieg in Frankreich* schrieb, sondern auch der Schwäche der Bourgeoisie, die «nicht mehr» regieren könne.[263] Aus dieser Situation resultiere, so Thalheimer, eine «Verselbständigung der Exekutivgewalt».[264] Im Unterschied zu sozialdemokratischen Bonapartismustheorien wie derjenigen Bauers sah Thalheimer in der bonapartistischen Herrschaft keinen Angriff auf die reformistische Linke, sondern einen Akt der Verteidigung gegen die revolutionäre Linke. Der italienische Faschismus besaß nach Thalheimer zahlreiche Parallelen zur Herrschaft Louis Bonapartes. Doch es gebe auch wesentliche Differenzen zwischen den beiden Herrschaftsformen aufgrund der «lokalen Verschiedenheit der Klassenverhältnisse, geschichtlichen Traditionen usw.»[265]

Die Bonapartismustheorien sozialdemokratischer und kommunistischer Provenienz haben mehrere Thesen gemeinsam: die Analogie der Herrschaft Bonapartes mit dem Faschismus, die Balance im Klassenkampf zwischen der bourgeoisen und proletarischen Klasse, wovon die eine «nicht mehr», die andere «noch nicht» regieren kann; die «Verselbständigung der Exekutivgewalt» in Krisensituationen; Faschismus als «offene Diktatur des Kapitals». Der zentrale Unterschied liegt in der Beurteilung der Funktion des Faschismus: Dieser wird entweder als kapitalistische Antwort auf die Errungenschaften des Reformismus der Sozialdemokratie oder als Prävention gegenüber einer möglichen Revolution der kommunistischen Bewegung verstanden.

261 Thalheimer 1967, S. 22.
262 Thalheimer 1967, S. 21.
263 Vgl. Thalheimer 1967, S. 21.
264 Thalheimer 1967, S. 22.
265 Thalheimer 1967, S. 34.

6.4 Ernst Fraenkel: Der Doppelstaat

Der Doppelstaat von Ernst Fraenkel (1898–1975) ist ein besonderes Werk, da es die einzige umfangreiche kritische Studie über die nationalsozialistische Herrschaft darstellt, die nicht aus der Distanz des Exils verfasst wurde.[266] 1933 untersagten das nationalsozialistische *Gesetz zur Wiederherstellung des Berufsbeamtentums* und andere Gesetze Menschen jüdischer Herkunft und Mitgliedern linker Parteien die Ausübung ihrer Berufe. Aufgrund einer Sonderregelung wegen seiner Teilnahme am Ersten Weltkrieg konnte der Jude und Sozialdemokrat Fraenkel dennoch als einer von wenigen weiter als Anwalt arbeiten. Er nutzte seine Prozessbeobachtungen und die Lektüre nationalsozialistischer Rechtsschriften, um eine Analyse von Staat und Recht im Nationalsozialismus zu erarbeiten. Nach seiner Emigration 1938 in die USA überarbeitete er sein Manuskript und veröffentlichte 1941 *The Dual State.* Das Buch wurde nach seinem Erscheinen im englischsprachigen Raum durchweg positiv besprochen, in der Bundesrepublik Deutschland hingegen lange kaum registriert. Erst Ende der 1960er-Jahre erfolgte die Rückübersetzung und 1974 schließlich die Veröffentlichung in deutscher Sprache unter dem Titel *Der Doppelstaat.*

Die nationalsozialistische Herrschaft unterteilte sich nach Fraenkel in zwei zentrale Bereiche: In den Normenstaat, in dem allgemeingültiges Recht herrschte, wodurch das Funktionieren der kapitalistischen Ökonomie und das Recht auf Eigentum garantiert wurden; und in den Maßnahmenstaat, in dem die herrschenden nationalsozialistischen Eliten willkürlich ihre Interessen durchsetzten. Im Nationalsozialismus wurde die Weimarer Verfassung nie offiziell beseitigt oder durch eine neue nationalsozialistische Verfassung ersetzt. Viemehr galten in der Sphäre des Normenstaates die bisherigen Gesetze weiter fort, während in der Sphäre des Maßnahmenstaates Recht und Rechtsgarantien fehlten: «Der politische Sektor des Dritten Reiches bildet ein rechtliches Vakuum. [...] In diesem Sektor fehlen die Normen und herrschen die Maßnahmen. Daher der Ausdruck Maßnahmenstaat.»[267] Der Tendenz nach beschränke sich

266 Eine ähnliche Bedeutung haben allein die Studien von Alfred Sohn-Rethel über die nationalsozialistische Ökonomie; siehe Sohn-Rethel 1973 und 2016.

267 Fraenkel 2001, S. 55.

der Einfluss des Maßnahmenstaates auf den Bereich des Politischen, in dem die Gültigkeit des Rechts ausgeschaltet werde, während im Bereich der Ökonomie das Recht des Normenstaates gelte. Das «Nebeneinander von gesetzesgebundenen und gesetzesentbundenen Behörden» war für Fraenkel ein zentrales Charakteristikum des Doppelstaates.[268] Die vage Definition des Politischen im Nationalsozialismus bestimme die weitreichende Zuständigkeit der Institutionen des Maßnahmenstaates: «Politisch ist, was die politischen Instanzen für politisch erklären. Die Einstufung einer Handlung als politisch oder unpolitisch entscheidet darüber, ob sie nach Rechtsnormen oder nach Willkür der politischen Behörden beurteilt wird.»[269]

Die Erweiterung des Bereichs des Politischen durch die nationalsozialistische Rechtsprechung sprach dem Maßnahmenstaat Befugnisse zu, die den Normenstaat existenziell bedrohten. Die Parole «Recht ist, was dem deutschen Volke nützt» drückte Fraenkel zufolge die nationalsozialistische Negation abstrakter und allgemeiner gültiger Rechtsprinzipien zugunsten eines exklusiven Rechtsverständnisses aus, das nur eine gemeinschaftsinterne Gültigkeit für die deutsche «Volksgemeinschaft» besaß. Inspiriert wurde diese «deutsche Rechtslehre» vor allem durch theoretische «Sinnstiftungen» des konservativen Staatstheoretikers Carl Schmitt. Sein Begriff des «konkreten Ordnungsdenken» beschrieb nach Fraenkel die Praxis des Maßnahmenstaates. Mit der Verfolgung, Entrechtung und Ausgrenzung der deutschen Jüdinnen und Juden realisierte das nationalsozialistische Regime dieses konkrete Ordnungsdenken.[270] Die «wilden Aktionen» der gewaltsamen Angriffe auf jüdische Menschen und jüdisches Eigentum sowie die Boykottaktionen lokaler SA- und SS-Gruppen hoben mit ihren Maßnahmen das staatliche Gewaltmonopol auf. Diese Praxis «von unten» ergänzte sich mit der rechtlichen Diskriminierung «von oben». Mit den «Nürnberger Gesetzen» von 1935 wurde den deutschen Jüdinnen und Juden ihr staatsbürgerlicher Status genommen, darauf folgende ergänzende Verordnungen und weitere rechtliche und administrative Sanktionen entzogen ihnen wirtschaftliche

268 Fraenkel 2001, S. 94.

269 Fraenkel 2001, S. 98.

270 Einen Überblick über die nationalsozialistische Judenverfolgung bieten Friedländer 1998 und Friedländer 2006, Hilberg 1990, Longerich 1998.

und kulturelle Rechte, wie das zur Ausübung verschiedenster Berufe und zum Besuch von Bibliotheken und Theatern. Durch den gewaltsamen Ausschluss der Jüdinnen und Juden aus der normenstaatlichen Sphäre des Rechts versuchten das nationalsozialistische Regime die deutsche Gesellschaft rassistisch zu homogenisieren und damit ihr Ideal der «Volksgemeinschaft» zu realisieren.[271]

6.5 Totalitärer Staatskapitalismus oder Unstaat? Die Analysen des Instituts für Sozialforschung über den Nationalsozialismus

Nach Martin Jay existierten am Institut für Sozialforschung zwei verschiedene Interpretationen der nationalsozialistischen Herrschaft. Während vor allem Franz Neumann (1900–1954) und Otto Kirchheimer (1905–1965) den Nationalsozialismus mit einem marxistischen Analyseinstrumentarium als monopolkapitalistische Herrschaft interpretierten, deuteten ihn Friedrich Pollock (1894–1970) und darauf aufbauend auch Max Horkheimer (1895–1973) als staatskapitalistische Herrschaft, die nicht mehr nach der Logik der Kapitalakkumulation funktioniere, sondern nach einer instrumentellen Rationalität.[272] Das zentrale Interesse dieser Interpretation galt weniger den Kategorien Staat und Recht als den sozialpsychologischen Mechanismen von Herrschaft und dem autoritären Charakter der Massen als Ausdruck ihrer Akzeptanz der nationalsozialistischen Herrschaft und der Zustimmung zu ihr.[273] Aus diesem Verständnis resultierte eine «pessimistische Wende»[274], die die späteren Arbeiten der Kritischen Theorie prägen sollte. Pollocks Aufsatz *Ist der National-*

---

271 Vgl. Wildt 2007.

272 Jay 1976, S. 201. Jay gibt einen guten Überblick über die Diskussionen am Institut und die dort vorherrschenden unterschiedlichen Analysen des Nationalsozialismus.

273 Siehe zu den Studien des Instituts für Sozialforschung während der Zeit des Nationalsozialismus Horkheimer/Pollock u. a. 1981, Ziege 2009, Neumann/Marcuse/Kirchheimer 2016.

274 Zur «pessimistischen Wende der Kritischen Theorie» infolge der Analysen von Pollock und Horkheimer bzgl. der nationalsozialistischen Herrschaft siehe: Postone/Brick 1993, Postone 2003 und Postone 2004.

sozialismus eine neue Ordnung? war die schriftliche Version seines Vortrages an der Columbia University in New York, der eine fünfteilige Veranstaltungsreihe des Instituts für Sozialforschung im November und Dezember 1941 beendete.

Vor ihm hatten bereits Herbert Marcuse (1898–1979), Arkadi Gurland (1904–1979), Franz Neumann und Otto Kirchheimer über den Nationalsozialismus referiert.[275] Zuvor hatte Pollock in seinem im gleichen Jahr veröffentlichten Artikel *Staatskapitalismus* versucht, den Wandel von Herrschaft in Europa und Nordamerika mit dem Begriff des Staatskapitalismus zu analysieren. Pollock zufolge bedeutet Staatskapitalismus den Beginn eines neuen Stadiums des Kapitalismus, das auf den Privatkapitalismus oder Konkurrenzkapitalismus des 19. Jahrhunderts und den Monopolkapitalismus des frühen 20. Jahrhunderts gefolgt sei. Unterschieden wurde zwischen einer totalitären und einer demokratischen Variante des Staatskapitalismus, wobei sich der Fokus von Pollocks Artikel auf die totalitäre Variante am Beispiel des nationalsozialistischen Deutschlands richtete.

Die wesentlichen Differenzen des totalitären Staatskapitalismus zu den bisherigen Phasen des Kapitalismus waren für Pollock folgende: die Ablösung des Marktes durch staatliche Planung, die Ersetzung von Profitinteressen durch Machtinteressen und die Verdrängung von Recht und Vertrag durch Prinzipien von Befehl und Gehorsam. Im Vergleich zu seiner idealtypischen Konstruktion des Begriffs des Staatskapitalismus versuchte Pollock nun konkret, die nationalsozialistische Herrschaft als «neue Ordnung als ein neues wirtschaftliches und gesellschaftliches System im Gegensatz zum Monopolkapitalismus darzustellen».[276] Anhand von fünf Kriterien, die für moderne Gesellschaften charakteristisch seien, versuchte Pollock den Nationalsozialismus als eine neue staatskapitalistische Ordnung zu kennzeichnen. In wesentlichen Zügen beruhte seine Analyse des Nationalsozialismus dabei auf den in seinem Aufsatz *Staatskapitalismus* formulierten Thesen:

1) Die herrschende Klasse im Nationalsozialismus sei ein fragiles Bündnis aus Industrie, Wehrmacht, Partei und Bürokratie. Als Konsequenz des «Trends zu einer Trennung von Besitz und Kontrolle» habe das kapitalistische Privateigentum einen Bedeutungsverlust erfahren und der «überflüssige

275 Pollock 1981, S. 126.

276 Pollock 1981, S. 111.

Kapitalist [wird] auf die Funktion eines bloßen Rentenempfängers degradiert».[277]

2) Die bisherige gesellschaftliche Vermittlung durch Tausch und Vertrag werde in der nationalsozialistischen Volksgemeinschaft durch Befehl und Gehorsam ersetzt. Dies reetablierte nach Pollock aber nicht einfach die persönlichen Abhängigkeitsverhältnisse feudaler Zeiten.
3) Die ökonomische Ordnung sei im Nationalsozialismus durch staatliche Planung im Interesse der Rüstung und Kriegsführung bestimmt. Die kapitalistische Dynamik von Kapitalakkumulation und Mehrwertaneignung werde durch staatliche Planung ersetzt und «selbst die mächtigsten Profitinteressen dem allgemeinen Plan untergeordnet».[278] In der nationalsozialistischen Wirtschaft sei «der Markt durch den Befehl ersetzt» worden.[279]
4) Das Verhältnis von «Regierung und Regierten» werde nicht länger durch die Allgemeinheit des Rechts bestimmt, dem Herrschende wie Beherrschte gleichermaßen unterworfen sind. Die Rationalität des Gesetzes werde durch eine rein technische Rationalität ersetzt und durch «hemmungslosen Gebrauch von Terror» komplementiert.[280]
5) Das Individuum werde im Nationalsozialismus grenzenlos mobilisiert. Der damit verbundene Verlust an individueller Unabhängigkeit werde vom Nationalsozialismus durch eine kontrollierte Bedürfnisbefriedigung kompensiert. So werde beispielsweise sexuelle Freizügigkeit für die «imperialistische Bevölkerungspolitik des Dritten Reiches» instrumentalisiert.[281] Die ökonomischen Strukturen des nationalsozialistischen Staatskapitalismus waren nach Pollock frei von inneren Widersprüchen und Grenzen. Eine Überwindung des Nationalsozialismus könne daher nur von außen kommen.[282] Den Kontrapunkt zu dieser Analyse lieferte Franz Neumann.

«Franz Neumann hat die ‹Waffen der Kritik› geschärft. Er hat damit indirekt beigetragen, der ‹Kritik der Waffen› zum Siege

277 Pollock 1981, S. 112.
278 Pollock 1981, S. 117.
279 Pollock 1981, S. 118.
280 Pollock 1981, S. 119.
281 Pollock 1981 , S. 120.
282 Vgl. Pollock 1981, S. 126.

zu verhelfen.»[283] schrieb Ernst Fraenkel über das Buch *Behemoth* seines Freundes und früheren Anwaltskollegen. Dessen Studie über *Struktur und Praxis des Nationalsozialismus 1933–1944,* wie der Untertitel lautete, war in den USA rasch zu einem Standardwerk avanciert.

Seine Brillanz verhalf dem Autor zu einer Stelle beim US-amerikanischen Geheimdienst, der sich von Neumanns umfangreichem Wissen wichtige Erkenntnisse für die militärische Niederschlagung des nationalsozialistischen Deutschlands erhoffte. Neumann verschaffte schließlich auch seinen Institutskollegen Marcuse und Kirchheimer Engagements beim Geheimdienst, für den sie ebenfalls «Feindanalysen» erstellten.[284] Neumann beschrieb den Nationalsozialismus als totalitären Monopolkapitalismus, der durch eine Kombination von monopolkapitalistischen Tendenzen und einer totalitären Befehlswirtschaft gekennzeichnet sei. Im Bereich der Ökonomie gab es seiner Ansicht nach trotz staatlicher Intervention eine Kontinuität der kapitalistischen Klassen- und Ausbeutungsverhältnisse. Im Bereich des Politischen aber lasse sich die nationalsozialistische Herrschaft nicht mit den Kategorien des Staates und des Rechts fassen, da «die absolute Leugnung der Allgemeinheit des Gesetzes [...] den Kernpunkt nationalsozialistischer Rechtstheorie» ausmache.[285] Neumann bezeichnete den Nationalsozialismus daher als «Behemoth» oder «Unstaat», in dem die Gesellschaft nicht mehr durch allgemeines und rationales Recht oder eine rationale Bürokratie vermittelt wird, sondern auf den Befehlen und Regelungen eines totalitären und nicht regulierten Pluralismus verschiedener Apparate basierte. Die im Nationalsozialismus herrschenden Eliten aus Partei, Verwaltung, Militär und Industrie würden über eigene Gewaltapparate und Reglements verfügen und in einer Kombination aus Konflikt und Kooperation Kompromisse aushandeln. Die allgemeine Souveränität des Staates und sein Gewaltmonopol sind so nach Neumann von einer pluralen Souveränität von «vier zentralisierten Gruppen [...], von denen jede nach dem Führerprinzip agiert und ihre eigene legislative, administrative und judikative Gewalt besitzt» ersetzt worden.[286] Da diese «Formlosigkeit» des nationalsozia-

283 Fraenkel 1999, S. 579.

284 Siehe Marcuse 2007.

285 Neumann 2004, S. 523, S. 541–543.

286 Neumann 2004, S. 542.

listischen Regimes nicht mit dem Begriff des Staates bezeichnet werden könne, kritisierte Neumann auch Fraenkels Begriff des Doppelstaates:

«Ich bezweifle, dass in Deutschland ein Staat selbst in diesem beschränkten Sinne besteht. Es ist gesagt worden, dass der Nationalsozialismus ein ‹Doppelstaat›, das heißt folglich ein Staat mit zwei nebeneinander existierenden Systemen, sei: das eine von Rechtsnormen, das andere von individuellen Maßnahmen bestimmt, das eine rational, das andere Reich der Prärogative, von unbeschränkter Willkür und Gewalt – der ‹Normenstaat› und der ‹Maßnahmenstaat›. Wir teilen diese Ansicht deshalb nicht, weil wir meinen, dass es in Deutschland ein Reich von Recht und Gesetz nicht gibt, obwohl tausende von berechenbaren technischen Regeln vorhanden sind. Wir meinen, dass die Monopolisten im Verkehr mit den Nicht-Monopolisten sowie in ihren Beziehungen zu Staat und Konkurrenten sich auf individuelle Maßnahmen stützen, auf durch Berechnung und Zweckmäßigkeit, nicht aber durch Gesetz bestimmte Kompromisse. Darüber hinaus ist zweifelhaft, ob der Nationalsozialismus überhaupt einen einheitlichen Zwangsapparat besitzt […].»[287]

Faschistische Herrschaft wurde in der Linken historisch häufig in bekannte Analyseschablonen wie kapitalistische Klassenherrschaft, Bonapartismus oder Staatskapitalismus eingeordnet und weniger als ein neues Phänomen wahrgenommen. Erst umfangreichere Studien wie die von Ernst Fraenkel und Franz Neumann analysierten speziell das nationalsozialistische Verständnis von Recht und Staat en détail, beispielsweise anhand von Schriften Carl Schmitts, dem «Kronjuristen des Dritten Reiches».[288] Die Besonderheiten des Nationalsozialismus waren für Fraenkel und Neumann vor allem das Fehlen einer originären nationalsozialistischen Theorie über Staat und Recht und die Beseitigung der zentralen Prinzipien des modernen bürgerlichen Staates, der allgemeinen Souveränität und des allgemein gültigen Rechts. Sowohl Fraenkels *Doppelstaat* als auch Neumanns *Behemoth* können als einflussreiche Pionierarbeiten gelten, deren Thesen durch spätere Forschung vielfach bestätigt wurden. Als ein Beispiel für Neumanns Einfluss nennt der Historiker Raul Hilberg die Nürnberger Prozesse und die dorti-

287 Neumann 2004, S. 541.

288 Zur Bedeutung von Schmitts Rechtslehre für den Nationalsozialismus siehe Gross 2005.

ge Einteilung der nationalsozialistischen Täter nach Bürokratie, Partei, Wehrmacht und Industrie – diejenigen vier Gruppen, die Neumann als die herrschenden Eliten des Regimes beschrieben hatte.[289] Zahlreiche Historiker_innen kamen in ihren späteren Untersuchungen zu ähnlichen Resultaten wie Neumann, wobei sie zusätzliches Quellenmaterial auswerten konnten, zu dem Neumann noch keinen Zugang hatte.[290]

289 Vgl. Hilberg 2002.

290 Vgl. dazu Schäfer 2004, S. 665.

7 Kein Gott, kein Staat, kein Vaterland – anarchistische Staatskritik als Aspekt fundamentaler Herrschaftskritik

7.1 Definitionsschwierigkeit des Anarchismus

Kaum eine andere linke Bewegung formuliert eine solch vehemente Kritik des Staates wie der Anarchismus. Die Ablehnung jeglicher Herrschaft von Menschen über Menschen ist Konsens eines politischen Milieus, in dem ansonsten viele gegensätzliche Ansichten bestehen. So finden sich hier sowohl religionskritische als auch spirituelle Positionen, sowohl Begeisterung für Militanz, Anschläge und Attentate als auch Plädoyers für Gewaltfreiheit, sowohl Ablehnung gewerkschaftlicher Organisierung als auch ihre Befürwortung. Derartige Differenzen illustrieren die Schwierigkeit einer allgemeingültigen Definition des Anarchismus. In der Literatur wird denn auch eher von Anarchismen oder der anarchistischen Bewegung mit verschiedenen Strömungen und Tendenzen gesprochen. Hinzu kommt, dass manche Anarchistinnen und Anarchisten aufgrund ihrer grundsätzlichen Ablehnung von Dogmen, politischen Ikonen und Führunsfiguren eine strikte Definition und einen theoretischen Kanon ihrer eigenen politischen Bewegung verweigern.[291]

Eine verbreitete Unterscheidung war lange die Aufteilung in individualistischen Anarchismus und kollektivistischen beziehungsweise sozialistischen oder kommunistischen Anarchismus. Max Stirner (1806–1856) gilt mit seiner Schrift *Der Einzige und sein Eigentum* und seinem Fokus auf individueller Freiheit als wichtigster Vertreter des Individualanarchismus. Dagegen stehen Michail Bakunin (1814–1876) und Peter Kropotkin

291 Zur Definitionsschwierigkeit siehe Kasakow 2015.

(1842–1921) als zwei prominente russische Vertreter der anarchistischen Bewegung, aber auch deutsche Anarchisten wie Gustav Landauer (1870–1919), Erich Mühsam (1878–1934) und Rudolf Rocker (1873–1958) für einen kollektivistischen Anarchismus. Dieser umfasst neben Staatskritik und individueller Emanzipation auch Kapitalismuskritik und Klassenkampf sowie Organisation in Assoziationen und Syndikaten als zentrale Elemente, die Stirner und seinen Anhängerinnen und Anhängern nicht teilen. Aufgrund der Ablehnung klassenkämpferischer Positionen und gewerkschaftlicher Organisierung gehen Lucien van der Walt und Michael Schmidt in ihrer Studie *Schwarze Flamme. Revolutionäre Klassenpolitik im Anarchismus und Syndikalismus* sogar so weit, den Individualanarchismus aus der *broad anarchist tradition* (der breiten anarchistischen Tradition) komplett auszuschließen[292]. US-amerikanische Libertäre wie der Anarchokapitalist Murray Rothbard kritisieren den Staat für seine Einschränkung individueller Freiheiten, aber auch für seine Reglementierung der Ökonomie durch Gesetze und Steuern. Und sie loben liberale Wirtschaftstheoretiker wie Ludwig von Mises, den Mentor von Friedrich Hayek, und Milton Friedman, einen der wichtigsten Intellektuellen des Neoliberalismus. Daher plädieren van der Walt und Schmidt dafür, den Anarchismus stattdessen in Massenanarchismus und aufständischen Anarchismus zu unterteilen. Massenanarchismus wiederum unterscheiden sie in Syndikalismus und anarchistische Organisierung auf Gemeindeebene.

Die syndikalistische Bewegung beziehungsweise der Anarchosyndikalismus legen ihren Fokus auf die gewerkschaftliche Organisierung des Industrieproletariats und die Organisation von Arbeitskämpfen. Dabei gibt es zwei verschiedene Organisierungsmodelle: einerseits den Aufbau eigener Gewerkschaften, andererseits die Mitarbeit in bereits existierenden Gewerkschaften mit dem Ziel, diese zu radikalisieren. Gewerkschaften und Syndikate haben dabei vor allem zwei Aufgaben: 1) die Organisation der Arbeiterinnen und Arbeiter, die kämpferische Artikulation ihrer Interessen im Klassenkampf mit kapitalistischen Unternehmen und den Kampf für bessere Arbeitsbedingungen und Löhne; 2) die Bildung einer revolutionären Organisation, die durch einen Generalstreik die bisherige kapitalistische

292 Van der Walt / Schmidt 2013, S. 33. Siehe zur Unterscheidung in sozialen Anarchismus und Lifestyle-Anarchismus auch Bookchin 1995.

Ordnung überwindet, Fabriken besetzt und so eine Basis für eine Arbeiter_innenselbstverwaltung in der erhofften postkapitalistischen, staaten- und klassenlosen Gesellschaft bildet.

Die zweite Tendenz des Massenanarchismus bilden anarchistische Assoziationen, die vor allem auf Gemeindeebene agieren und Bäuerinnen und Bauern auf dem Land sowie Arbeitende in den Stadtvierteln organisieren. Dabei thematisieren sie nicht nur die Arbeitsverhältnisse, sondern auch andere gesellschaftliche Bereiche wie Bildung und Wohnen.

Der aufständische Anarchismus wiederum lehnt gewerkschaftliche Organisierung wegen ihrer Verhandlungsbereitschaft als reformistisch ab. Er basiert auf dem Zusammenschluss in kleinen Gruppen, die durch «Propaganda der Tat», das heißt durch spektakuläre direkte Aktionen (Anschläge, Attentate, Banküberfälle) den Massen Inspiration und Vorbild zum Aufstand sein wollen. Zu den wichtigsten Autoren zählt der italienische Anarchist Luigi Galleani (1861–1931). Seine Schriften inspirierten beispielweise Gaetano Bresci, der im Jahr 1900 den italienischen König Umberto I. ermordete. Weitere spektakuläre anarchistische Attentate waren die Ermordung des russischen Zaren Alexander II. und der österreichischen Kaiserin Sissi. Seine Hochphase innerhalb der anarchistischen Bewegung erlebte der aufständische Anarchismus im 19. Jahrhundert. Danach war er international zunehmend auf diverse kleinere aufständische Gruppen begrenzt. Da staatliche Repression nach Attentaten nicht zwischen anarchistischen Fraktionen unterschied, wurden aufständische Gruppen zunehmend auch von anderen Anarchistinnen und Anarchisten kritisiert.

Die Begeisterung für direkte Aktionen und Gewalt nicht nur im aufständischen sondern auch im syndikalistischen Milieu führte im 20. Jahrhundert schließlich auch dazu, dass sich einige Syndikalistinnen und Syndikalisten nach enttäuschten Revolutionshoffnungen von der Linken abwandten und der entstehenden faschistischen Bewegung anschlossen. Dabei folgten sie Georges Sorel (1847–1922), einem französischen Theoretiker der Gewalt, und ersetzten Klasse durch Nation und Volk sowie den Klassenkampf für die sozialistische Revolution durch den Kampf für die nationale Revolution.[293] Die anarchistischen Bewegungen bilden also ein weites Panorama unterschiedlicher

293 Siehe Sternhell/Sznaider/Asheri 1999.

Positionen, Aktionsformen und Organisierungsansätze. Exemplarisch sollen nun zwei Aspekte anarchistischer Staatskritik vorgestellt werden, die in den anarchistischen Debatten immer wieder eine zentrale Rolle spielen:

1) Die Interpretation des Staates als Zwangsverhältnis und die damit verbundene Verweigerung jeglicher Mitarbeit in den bestehenden staatlichen Institutionen sowie die Ablehnung der Regierungsübernahme nach revolutionären Umbrüchen. Die Praxis einer derartigen Staatskritik ist die aktive Zerschlagung staatlicher Strukturen durch Aufstände und/oder Generalstreiks.
2) Die Analyse des Staates als ein gesellschaftliches Verhältnis, das über Gewalt und Zwang hinausgeht und auch von Anarchistinnen und Anarchisten trotz ihrer staatskritischen Prinzipien durch ihr alltägliches Handeln aufrechterhalten wird. Staatskritik versteht sich unter dem zweiten Aspekt nicht so sehr als ein Aufruf zur Revolution sondern ist eher ein Appell zum Ausstieg und Aufbau alternativer nichtstaatlicher Strukturen der Selbstverwaltung. Beiden Motive sind in anarchistischen Texten allerdings meist keine konträren Positionen, sondern werden nur verschieden stark gewichtet.

Im folgenden sollen Bakunins Überlegungen zum Staat als Illustration der Kritik am Zwangscharakter dienen, während Landauers Broschüre *Entstaatlichung* und weitere Texte als frühe Bespiele für die Überlegungen zu gesellschaftlichen Alternativen zur staatlichen Ordnung herangezogen werden. Viele Aspekte, mit denen sich Landauer beschäftige, waren später auch Thema der Alternativbewegung und Gegenkultur der Neuen Linken nach 1968, ohne dass deren Protagonistinnen und Protagonisten sich immer selbst als anarchistisch definiert hätten oder ihnen die Schriften Landauers bekannt gewesen wären. Bakunin als «klassischer» Autor des Anarchismus und Landauer als einer der Pioniere der Alternativbewegung dienen hier als Beispiele für anarchistische Staatskritik, beide sind jedoch aufgrund der skizzierten Definitionsschwierigkeiten keineswegs repräsentativ für die komplette anarchistische Bewegung. Ähnliche Thesen lassen sich auch bei anderen anarchistischen Autor_innen finden und auch eine anarchistische Kritik an diesen Staatsvorstellungen.[294]

294 Einen Überblick über anarchistische Staatskritik gibt Seyferth 2015.

7.2 Staat als Zwang und Negation von Freiheit

«Wo der Staat beginnt,
endet die Freiheit des Individuums,
und umgekehrt.»[295]

Michail Bakunin (1814–1876) zählt zu den prominentesten Figuren der anarchistischen Bewegung. Seine Prominenz beruht sowohl auf seinen theoretischen und agitatorischen Schriften als auch auf seinem Aktivismus. Dieser führte ihn während der revolutionären Aufstände 1848/1849 zuerst auf diverse Barrikaden in Paris, Prag und Dresden und konfrontierte ihn anschließend mit Gefängnis, Flucht und Exil. Bakunins Kritik an Staat und Religion inspirierte Generationen von Anarchistinnen und Anarchisten seit dem 19. Jahrhundert. Seine Interpretation von staatlicher Herrschaft als Zwang findet sich in allen weiteren anarchistischen Staatskritiken. Bakunin gilt zudem als vehementer Kritiker von Karl Marx, wovon unter anderem die Auseinandersetzungen in der Internationalen Arbeiterassoziation zeugen, die sich aufgrund dieser Konflikte spaltete. Daher sind Bakunins Schriften nicht nur aufgrund der Kritik an liberalen Staatstheoretikern wie Rousseau und an der Herrschaft der zu seiner Zeit existierenden Staaten von Interesse, sondern als auch als Kritik an konkurrierenden linken Vorstellungen von künftigen postrevolutionären Staaten. Besonders deutlich wird dies an der Ablehnung des Begriffs von der Diktatur des Proletariats. Für Bakunin ist der Staat prinzipiell

«die Opferung der natürlichen Freiheit und der Interessen eines jeden, der einzelnen sowohl wie der Gemeinschaften, die im Verhältnis kleiner sind, die Verbände, Gemeinden und Provinzen, die Opferung zugunsten der Interessen und der Freiheit eines jeden, zur Wohlfahrt des großen Ganzen. Was aber ist dieses große Ganze in Wirklichkeit? Es ist die Anhäufung aller kleineren Gemeinschaften, welche in ihrer Gesamtheit das ausmachen, was man das Ganze nennt. Was ist das Ganze, das dafür angesehen wird, die einzelnen zu vertreten, von dem Augenblick an, wo alle persönlichen und lokalen Interessen, um dieses Ganze zu schaffen, um sich ihm unterzuordnen, geop-

295 Bakunin, zitiert nach Eckhardt 2015, S. 131.

fert werden müssen, in Wirklichkeit noch? Es ist keineswegs die lebendige Gemeinschaft, die jeden einzelnen nach seiner Weise leben lässt und die um so furchtbarer, mächtiger und freier wird, je ungehinderter sie in ihrem Schoße die volle Freiheit und Wohlfahrt jedes einzelnen sich entwickeln lässt; sie ist keineswegs die natürliche menschliche Gesellschaft, welche das Leben jedes einzelnen durch das Leben aller bestätigt oder erhöht; es ist im Gegenteil die Opferung jedes einzelnen und aller lokaler Gemeinschaften, die zerstörende Abstraktion der lebendigen Gesellschaft, die Beschränkung, oder besser gesagt, die vollständige Verneinung des Lebens und des Rechts aller *der* Teile, welche das Ganze ausmachen, und das alles zum sogenannten Wohle des Ganzen. Sie ist der Staat, der Altar der politischen Religion, auf dem die natürliche Gemeinschaft immer geopfert wird, eine verzehrende Universalität, die von menschlichen Opfern lebt wie die Kirche. Ich wiederhole es nochmals: der Staat ist der jüngere Bruder der Kirche.»[296]

Staat ist für ihn die Negation von Freiheit, sowohl der Freiheit der Individuen als auch der Freiheit lokaler Gemeinschaften. Im 19. Jahrhundert hatte das im zaristischen Russland eine gewisse Plausibilität. In vielen Regionen besonders auf dem Land existierten kaum staatliche Strukturen. Den Staat personifizierten vor allem Steuereintreiber, Soldaten und Polizisten. Staatliche Aufgaben wie der Ausbau der Infrastruktur in Form von Eisenbahn, Kanälen und Straßen, die Handel und Mobilität förderten oder die Entwicklung des Bildungswesens befanden sich erst am Anfang. Daher waren die Erfahrungen eines Großteils der Bevölkerung weniger von staatlicher Fürsorge geprägt als von polizeilicher und militärischer Repression – Niederschlagung von Protesten oder Zwangsrekrutierung zum Militär – und behördlicher Willkür – Erhöhung von Abgaben und Steuern und Korruption. Daher ist es keine anarchistische Verklärung, sondern eine durchaus realistische Darstellung, wenn Bakunin lokale Gemeinden, die ohne oder mit geringem Kontakt zur Obrigkeit die alltäglichen Belange ihrer Gemeindemitglieder regeln, dem Staat als einer von außen kommenden Zwangsinstanz gegenüberstellt.

Dennoch bleibt die Darstellung dieser Gemeinden aus anarchistischer Sicht widersprüchlich. Zwar kritisiert Bakunin die

296 Bakunin 1972, S. 114.

große Autorität der Kirche in den lokalen Gemeinschaften und die dort populären reaktionären Ideologien. Wie viele andere anarchistische Intellektuelle zeichnet aber auch er immer ein sehr positives Bild («lebendige Gemeinschaft») von vorkapitalistischen Verhältnissen, die noch nicht staatlicher Herrschaft und kapitalistischer Produktionsweise unterworfen sind. Wie bei Kropotkin, dem «anarchistischen Fürsten», führte bei Bakunin der Bruch mit der eigenen adeligen Herkunft zu einer bisweilen romantischen Idealisierung bäuerlicher und proletarischer Milieus. Die Ablehnung von Herrschaft neigt zum Optimismus bei der Beurteilung der Beherrschten, deren Bewusstsein und Handeln meist ein prinzipiell emanzipatorischer Charakter zugesprochen wird. Bakunin kritisiert an liberalen Staatstheorien, dass ihnen ebenso wie der Religion ein negatives Bild des Menschen zugrunde liege, welcher der Autorität und Führung bedürfe. Wie die Kirche sei der Staat daher Bevormundung. Daran ändere auch die parlamentarische Demokratie mit ihrem Angebot politischer Teilhabe nichts:

«Auf der einen Seite verleiht die höhere Position notwendigerweise ein Gefühl der Überlegenheit; auf der anderen Seite ist ein Minderwertigkeitsgefühl vorhanden, das sich aus der Überlegenheit des die exekutive oder die legislative Gewalt ausübenden Vormunds ergibt. [...] Dies ist die Geschichte der politischen Macht, seit diese Macht in der Welt etabliert worden ist. Es erklärt auch, wie und warum die Männer, die, solange sie der Masse angehörten, überzeugteste Demokraten, leidenschaftliche Revolutionäre waren, äußerst gemäßigte Konservative werden, sowie sie an die Macht gelangt sind. Man betrachtet ihren Gesinnungswandel gewöhnlich als Verrat. Das ist ein Irrtum. Der Hauptgrund ist der Wechsel der Perspektive und der Stellung. Und vergessen wir nie, daß die Stellungen und die Notwendigkeiten, die sich daraus ergeben, stets stärker sind als der Haß oder der schlechte Wille der Individuen. Ich bin von dieser Wahrheit so sehr durchdrungen, daß ich nicht davor zurückschrecke, die folgende Überzeugung zum Ausdruck zu bringen: Sollten morgen eine ausschließlich von Arbeitern zusammengesetzte Regierung und ein ausschließlich aus Arbeitern zusammengesetztes Parlament eingesetzt werden, so würden diese Arbeiter, die heute standhafte Sozialdemokraten sind, übermorgen zu entschlossenen Aristokraten, kühnen oder schüchternen Vertretern des Autoritätsprinzips, Unterdrückern und Ausbeutern.»[297]

Arbeiter würden sich trotz bester Absichten und großer Ideale durch die institutionellen Zwänge als Abgeordnete in bürgerliche Staatsmänner verwandeln, denn: «Vorrechte, jede bevorrechtigte Stellung, haben die Eigentümlichkeit, Geist und Herz der Menschen zu töten.»[298] So verwandele sich durch die Beteiligung an Wahlen und Parlamentsdebatten auch bei linken Abgeordneten die anfängliche Ablehnung des Staates und seiner Institutionen in eine konstruktiven Mitarbeit, die der Aufrechterhaltung der bestehenden Ordnung dient.

«Sobald die Arbeiterabgeordneten einmal in bürgerliche Existenzbedingungen und in eine Atmosphäre vollkommen bürgerlicher politischer Ideen versetzt sind, werden sie faktisch aufhören Arbeiter zu sein und statt dessen zu Staatsmännern werden, zu Bourgeois, die vielleicht bürgerlicher sind als die Bourgeois selbst. Denn die Menschen verändern nicht die Stellungen, sondern im Gegenteil: die Stellungen verändern die Menschen.»[299]

Diese Stärke staatlicher Institutionen gegenüber Individuen und ihre Kraft, ursprünglich radikale Positionen zu integrieren, gelte ausnahmslos für alle Staaten. Deshalb kritisierte Bakunin auch kommunistische Staats- und Revolutionstheorien, besonders die These von Marx und Engels, dass die Übernahme des Staates und die anschließende Diktatur des Proletariats Bedingungen für den Sozialismus seien.[300]

«Wir sind die natürlichen Feinde dieser Revolutionäre – künftiger Diktatoren, Reglementierer und Bevormunder der Revolution, die selbst bevor noch die monarchischen, aristokratischen und bourgeoisen Staaten der Gegenwart vernichtet sind, schon von der Errichtung neuer revolutionärer Staaten träumen, die ebenso zentralisierend und noch despotischer als die heutigen Staaten sein werden – sie sind so sehr an die von irgendeiner Autorität von oben herab geschaffene Ordnung gewöhnt und haben so große Abscheu vor dem, was ihnen als Unordnung erscheint und was nur der offene und natürliche Ausdruck des

297 Bakunin 1970, S. 28 f.

298 Bakunin 1995, S. 65.

299 Bakunin, zitiert nach Eckhardt 2015, S. 135.

300 Zum Konspekt von Marx zu Bakunins Werk *Staatlichkeit und Anarchie* siehe MEW 18, S. 597–642.

Volkslebens ist, – daß sie, noch bevor die Revolution eine gute, eine gesunde Unordnung hervorgebracht hat, schon von ihrem Ende und einer Maulkorbanlegung an sie träumen durch die Einwirkung einer nur dem Namen nach revolutionären Autorität, die in Wirklichkeit nur eine neue Reaktion wäre, da sie tatsächlich die durch Dekrete beherrschten Volksmassen von neuem zum Gehorsam, zur Unbeweglichkeit, zum Tod verurteilen würde, das heißt zu Sklaverei und Ausbeutung durch eine neue quasi revolutionäre Aristokratie.»[301]

Revolutionäre Diktaturen galten Bakunin als «verschleierte Wiederauferstehung des Staates».[302] Besonders der Zentralismus von Regierung und Verwaltung provozierte Bakunins Widerspruch. Stattdessen warb er für die Alternative der Föderation und verband seine Kritik an Marx mit einem Plädoyer für staatenlosen Sozialismus:

«Marx ist autoritärer und zentralistischer Kommunist. Er will, was wir wollen: den vollständigen Triumph der ökonomischen und sozialen Gleichheit, aber im Staate und durch die Staatsmacht, durch die Diktatur einer sehr starken und sozusagen despotischen provisorischen Regierung, das heißt durch die Negation der Freiheit [...] Wir wollen den gleichen Triumph der ökonomischen und sozialen Gleichheit durch die Abschaffung des Staates und von allem, was juridisches Recht genannt wird, und was nach unserer Ansicht die permanente Negation des menschlichen Rechtes ist. Wir wollen den Wiederaufbau der Gesellschaft und die Konstituierung der Einheit der Menschheit nicht von oben nach unten, durch irgendwelche Autorität und durch sozialistische Beamte, Ingenieure und andere offizielle Gelehrte – sondern von unten nach oben, durch die freie Föderation der von dem Joch des Staates befreiten Arbeiterassoziationen aller Art. Sie sehen, daß zwei Theorien schwer einander entgegengesetzter sein könnten.»[303]

Eine emanzipatorische Utopie kann für Bakunin nur auf einer emanzipatorischen Praxis basieren. Seine Ablehnung der Übernahme staatlicher Macht nach revolutionären Erhebungen zum Zwecke emanzipatorischer Veränderung beruht auch auf der Vorstellung von Staat und Gesellschaft als einem elementaren Gegensatz: Der Staat zerstört die gute «Ordnung» der

301 Bakunin, zitiert nach Eckhardt 2015, S. 136.
302 Bakunin, zitiert nach Eckhardt 2015, S. 137.
303 Bakunin, zitiert nach Eckhardt 2015, S. 140.

Gesellschaft, woraufhin sich im Anarchismus die Wiederherstellung der Gesellschaft vollziehen solle. Eine derartige Vorstellung enthält das Problem der Idealisierung einer vorstaatlichen «Gesellschaft» und Gemeinschaft und die Verharmlosung oder Ausblendung dortiger Herrschafts- und Zwangsverhältnissen. Diese Problematik findet sich auch beim zweiten zentralen Moment anarchistischer Staatskritik, der Frage nach der alternativen Organisation gesellschaftlicher Verhältnisse.

7.3 Staatliche Herrschaft als freiwillige Knechtschaft

«Organisationsform der freiwillig ertragenen Zwangsherrschaft»[304]

Gustav Landauer thematisiert wie viele andere anarchistische Autorinnen und Autoren die erstmals von Étienne de La Boétie (1530–1563) in seinem Aufsatz *Von der freiwilligen Knechtschaft* formulierte Frage nach der Akzeptanz von Herrschaft. Landauers Schriften setzen sich dabei mit zwei Aspekten auseinander, die später auch den italienischen Marxisten Antonio Gramsci beschäftigen: 1) die Zustimmung der beherrschten Massen zur Herrschaft und 2) die Notwendigkeit des Aufbaus von Gegenhegemonie. Staatskritik versteht sich so als Entlarvung des Herrschaftscharakters des Staates, als Aufruf zur Schaffung von Gegenmacht durch Aufklärung und Agitation sowie als Werben für gesellschaftliche Alternativen, bei Landauer in Form anarchistischer Gemeinschaften.

Landauer zufolge beruht Herrschaft stets nicht nur auf Zwang, sondern auch auf der Vorstellung einer legitimen Ordnung. Daher lässt sich staatliche Herrschaft nicht einfach militärisch in einem Putsch oder einer Revolution beseitigen. Vielmehr bedarf es neben der Delegitimierung und Überwindung der alten Ordnung auch der Schaffung einer neuen gesellschaftlichen Ordnung.

«Einen Tisch kann man umwerfen und eine Fensterscheibe zertrümmern; aber die sind eitle Wortmacher und gläubige

304 Landauer, zitiert nach Wolf 2015, S. 194.

Wortanbeter, die den Staat für ein Ding oder einen Fetisch halten, den man zertrümmern kann, um ihn zu zerstören. Staat ist ein Verhältnis, ist eine Beziehung zwischen den Menschen, ist eine Art, wie die Menschen sich zueinander verhalten; und man zerstört ihn, indem man andere Beziehungen eingeht, indem man sich anders zueinander verhält. Der absolute Monarch konnte sagen: Ich bin der Staat. Wir, die wir den absoluten Staat uns selbst gefangen gesetzt haben, wir müssen die Wahrheit erkennen: Wir sind der Staat – und sind es solange, als wir nichts anderes sind, als wir die Institutionen nicht geschaffen haben, die eine wirkliche Gemeinschaft und Gesellschaft der Menschen sind.»[305]

Freiwillige Knechtschaft begründet Landauer in Gewohnheit, wobei auch die Akzeptanz von Herrschaft in der Vergangenheit von Bedeutung für die Gegenwart ist.[306] In der Einsicht in den Zwangscharakter des Staates liegt nach Landauer das Potenzial für die Schaffung alternativer gesellschaftlicher Verhältnisse. Die Menschen müssten mit der Akzeptanz der Herrschaft brechen und beginnen, neue Verhältnisse zwischen den Menschen zu schaffen, die nicht auf Herrschaft und Knechtschaft basieren. Freiwillige Assoziationen und Bünde der «unstaatlich Geeinten»[307] sollten einen Exodus aus den etablierten staatlichen und ökonomischen Strukturen vollziehen: «Austritt aus dem Staat, aus allen Zwangsgemeinschaften; radikaler Bruch mit den Überlieferungen des Privateigentums, der Besitzehe, der Familienautorität, des Fachmenschentums, der nationalen Absonderung und Überhebung.»[308]

Damit entwirft Landauer bereits zu Beginn des 20. Jahrhunderts eine programmatische Skizze des sogenannten Aussteigens. Er repräsentiert damit die anarchistische Variante der Lebensreformbewegung mit ihrer Ablehnung von Industrialisierung und Urbanisierung und der Rückkehr zur Natur. Jahrzehnte später werden ähnliche Überlegungen für die Gegenkultur der Hippies, die Kommunebewegung und in den theoretischen Diskussionen und praktischen Aktionen der autonomen Linken von zentraler Bedeutung sein. Landauer unterstützte selbst konkrete Gemeinschaftsprojekte und verband mit ihnen das

305 Landauer, zitiert nach Wolf 2015, S. 193.
306 Vgl. Wolf 2015, S. 192.
307 Landauer, zitiert nach Wolf 2015, S. 196.
308 Landauer, zitiert nach Wolf 2015, S. 196.

Ideal eines neuen Menschen: «Fort vom Staat, soweit er uns gehen lässt oder soweit wir mit ihm fertig werden, fort von der Waren- und Handelsgesellschaft [...] Schaffen wir, wir Wenigen [...] eine kleine Gemeinschaft in Freude und Tätigkeit, schaffen wir uns um als vorbildlich lebende Menschen.»[309]

In seiner Broschüre *Entstaatlichung* formuliert Landauer seine Überlegungen zur Schaffung von Alternativen zur staatlichen Ordnung thesenartig aus. Ähnlich wie Bakunin findet sich bei ihm die Vorstellung einer gesellschaftlichen Harmonie, die mit der Durchsetzung der kapitalistischen Produktionsweise und der staatlichen Ordnung zerstört wurde.

«Früher einmal gab es Gemeinden, Stammesbünde, Gilden, Brüderschaften, Korporationen, Gesellschaften, und sie alle schichteten sich zur Gesellschaft. Heute gibt es Zwang, Buchstaben, Staat. Und dieser Staat, der überdies ein Nichts ist und sich, um das Nichts zu verhüllen, lügnerisch mit dem Mantel Nationalität bekleidet und diese Nationalität, die ein Feines, Geistiges zwischen den Menschen ist, lügnerisch verbindet mit einer Land- und Bodengemeinschaft, die nichts damit zu tun hat und die nicht da ist: dieser Staat will also ein Geist und ein Ideal, ein Jenseitiges und wie Unbegreifliches sein, für das Millionen enthusiastisch und todestrunken einander hinschlachten. Das ist die äußerste, die höchste Form des Ungeistes, der sich eingestellt hat, weil der wahre Geist der Verbindung dahin und zu Grunde gegangen ist.»[310]

Die Beseitigung früherer Gemeinschaften durch Staat und Kapital erfordert daher die Schaffung neuer Gemeinschaften. Zweckverbände sieht Landauer als Alternative zu staatlicher Gewalt und Regelung. Er unterscheidet prinzipiell zwei Formen gesellschaftlicher Organisation: bürokratische und zentralistische Organisationen, die auf Zwang beruhen und überwunden werden müssen, und freiwillige Organisationen, einen «Bund von Bünden oder Gruppen, deren Glieder zur Selbsttätigkeit entschlossen sind».[311] Wie Bakunin und andere Anarchistinnen und Anarchisten bedarf es für Landauer einer Übereinstimmung von angestrebtem Ideal einer künftigen freien Gesellschaft und der Praxis, die auf die Umsetzung dieses Ideals zielt: «Wenn man ein Ziel erreichen will, müssen die Mittel schon von derselben

309 Landauer, zitiert nach Wolf 2015, S. 196.
310 Landauer 1978, S. 23 f.
311 Landauer 1978, S. 31.

Art sein wie das Ziel. Niemals kommt man durch Unfreiheit zur Freiheit, durch Bürokratie zur Selbstständigkeit, durch Gedankenlosigkeit zum Denken, durch Verzicht und Ohnmacht zur Macht.»[312]

Daher warb Landauer für die Gründung von Gemeinschaften, vor allem Siedlungen auf dem Lande. Dort sollte in Landwirtschaft und Handwerk nach Möglichkeit alles selbst produziert werden, was die Siedlungsmitglieder an für das tägliche Leben brauchen. Dadurch würde auch wieder eine Ordnung hergestellt, die mit der Durchsetzung des Kapitalismus und der Verwandlung von Bäuerinnen und Bauern in Arbeiterinnen und Arbeiter zerstört worden war. Die Massen wurden Landauer zufolge aus zwei Motiven von ihrem Land vertrieben: «Landjunker hatten Landhunger» und «Industrieherren und Schlotbarone hatten Menschenhunger».[313] In den neuen Gemeinden würden die Menschen von den destruktiven Einflüssen der kapitalistischen Verhältnisse befreit und zu neuen Menschen werden.

«Die Gemeinden werden sich in ihrer Gemarkung umsehen, und die Ältesten werden begehrlich und mahnend von alten Zeiten erzählen; die Stadtproletarier werden ihr Blut wieder in sich rauschen fühlen und werden spüren, daß es Bauernblut ist, und viele, viele werden wieder mit Sack und Pack in die Dörfer und kleinen Städte ziehen, und dort in den Dorffabriken, den Werkstätten und zugleich in den Feldern und den Gärten arbeiten. Die Bauern brauchen Menschen, Geist, Bildung, Regsamkeit, Freiheit; und die heute entwurzelten und haltlosen Proletarier brauchen Land, Charakter, Verantwortlichkeit, Natur und Liebe zur Arbeit und Freiheit. Und auch die Menschen der geistigen Arbeit werden kommen, die Künstler, die Gelehrten, die Stubenhocker, die Tagelöhner und Prostituierten des Geistes. Sie werden wieder solche werden, die ihre Feierstunden und ihren Aufschwung und ihre Einsamkeit für sich haben, die aber in den vielen langen Stunden des Alltags ihr Wissen, ihre Technik, ihre Arbeit mit ihren Menschenbrüdern in der Gemeinde vereinigen werden.»[314]

Die Siedlungen auf dem Land sind nicht nur eine Alternative zur Lohnarbeit und als freiwillige Gemeinschaft ein Gegenentwurf zu etablierten staatlichen Strukturen. Sie besitzen zu-

312 Landauer 1978, S. 33.
313 Landauer 1978, S. 47.
314 Landauer 1978, S. 49.

gleich eine erzieherische Funktion, um den «entwurzelten und haltlosen Proletariern» wieder zu Charakter und Gesundheit zu verhelfen. Der Kontrast von positiv bewerteten kleinen, meist ländlichen Gemeinschaften und negativ empfundenen Metropolen ist nicht nur in der anarchistischen Siedlungsbewegung ein wichtiges Thema, sondern auch im völkischen Antisemitismus der damaligen Zeit. In der Geschichte der Linken finden sich ähnliche Vorstellungen, etwa die von autonomen Zentren, besetzten Häusern, Wagenplätze oder Landkommunen als Freiräumen in einer ansonsten bedrohlichen Umwelt. Solche Bilder waren in den Alternativbewegungen der 1970er-Jahre und der autonomen Bewegung seit den 1980er-Jahren weit verbreitet. Nicht alle teilen dabei jedoch Landauers Kulturpessimismus. Seine Kritik an den negativen Aspekten von Zivilisation und Urbanität unterscheidet sich wenig von der antimodernen Haltung der zeitgenössischen Rechten und ihrer romantischen Verklärung ländlicher Idylle.

So steht Landauer exemplarisch für die Widersprüche anarchistischer Experimente. Einerseits folgen diese mit den auf freier Entscheidung basierenden Assoziationen und Siedlungen emanzipatorischen Idealen der Selbstorganisation und der Ablehnung von Delegation und Hierarchie. Andererseits sind die konkreten Gemeinschaftsutopien nicht frei von antimodernen Ressentiments und romantischer Verklärung des ländlichen Lebens. So verwundert es wenig, dass in den damaligen Siedlungsprojekten ein sehr heterogenes lebensreformerisches Milieu zusammenkam. Neben Anhängerinnen und Anhängern der anarchistischen Bewegung und des Pazifismus, die vor dem Militärdienst flohen, zogen Siedlungen wie am Monte Verita bei Ascona in der Schweiz auch anthroposophische und antisemitische Individuen an. Erich Mühsam hat diese «deutsche Sonderlings-Kolonie» in seiner Broschüre *Ascona* anschaulich portraitiert und ihr seinen *Gesang der Vegetarier* gewidmet.[315]

Wie auch Mühsam unterstützte Landauer die bayrische Revolution 1918 und war 1919 Beauftragter für Volksaufklärung der Bayrischen Räterepublik. Bei deren Niederschlagung im Frühling 1919 wurde Landauer von Freikorpssoldaten ermordet.

315 Mühsam 1978, S. 20 sowie Mühsam 2014, S. 60 f. Eine weitere empfehlenswerte Lektüre sind die Tagebücher von Erich Mühsam, nicht zuletzt als eine interessante Quelle für frühe Formen von Gegenkultur und einer anarchistischen Variante des Bohemelifestyles.

Während der nur wenige Tage bestehenden Räterepublik hatte er Silvio Gesell (1862–1930) zum Kollegen, der den Posten des Volksbeauftragten für Finanzen innehatte. Wie zuvor Proudhon (1809–1865) formulierte auch Gesell eine Variante der Kapitalismuskritik, die vor allem auf Zinskritik aufbaute.[316] Sie schiebt die Verantwortung für die negativen Aspekte der kapitalistischen Moderne wie Arbeitslosigkeit und Krisen allein der Zirkulationssphäre (Geld, Kredit, Zins) zu und leugnet die reale Einheit von Produktion und Zirkulation in der kapitalistischen Ökonomie. Stattdessen unterscheidet sie zwischen der produktiven Sphäre der Produktion und der unproduktiven Sphäre der Zirkulation.

Die nationalsozialistische Bewegung brachte mit diesem vermeintlichen Gegensatz später in ihrer Propaganda von «raffendem» und «schaffenden» Kapital ihre reaktionäre Variante des Antikapitalismus zum Ausdruck.[317] Während sich bei Proudhon auch antisemitische Identifikationen von Geld und Zins mit jüdischen Menschen finden, fehlen bei Gesell solche direkten antisemitischen Zuschreibungen. Dessen Thesen waren dennoch anschlussfähig für antisemitische Debatten. So schrieb der Nationalsozialist Gottfried Feder (1883–1941) unter dem Einfluss von Gesells Freigeldlehre 1918 sein *Manifest zur Brechung der Zinsknechtschaft*. Im Gegensatz zu Gesell war die politische Linke daran jedoch weniger interessiert als die politische Rechte. Feder machte in der nationalsozialistischen Bewegung Karriere als Finanzexperte und die NSDAP nahm die Parole von der «Brechung der Zinsknechtschaft» in ihr Parteiprogramm auf. Gesells Ideen, Zinskritik mittels Tauschringen und Schwundgeld praktisch umzusetzen, fanden im linken Milieu allerdings durchaus Zustimmung, wie nicht nur das historische Beispiel der Bayrischen Räterepublik zeigt. Anarchistische Bewegungen befanden sich also mit ihren theoretischen Überlegungen und praktischen Versuchen, Alternativen zu Staat und Kapitalismus zu schaffen, bisweilen in politisch recht diffuser Gesellschaft – nicht nur zu Beginn des 20. Jahrhunderts, auch zu anderen Zeiten.

---

316 *Das Elend der Philosophie* ist die Marx'sche Antwort auf Proudhons Werk *Philosophie des Elends.* Siehe MEW 4. Aber auch in den *Grundrissen und im Kapital* formuliert Marx eine Kritik an der Zinskritik von Proudhon. Siehe dazu auch Rakowitz 2000 und 2010. Zur Kritik an Gesell siehe Bierl 2012.

317 Zur Kritik des reaktionären Antikapitalismus siehe Postone 2005.

7.4 Attitüde statt Analyse – die Attraktivität des anarchistischen Lifestyles und die Schwäche staatskritischer Theorieproduktion

Die Attraktivität der anarchistischen Bewegung basiert weniger auf detaillierten theoretischen Analysen und brillianten politischen Programmen sondern vor allem auf ihren Idealen von Selbstverwaltung, Basisdemokratie, Rätestrukturen und direkter Aktion – sowie ihrer Kritik an Staat und Kapital, bürokratischen Strukturen und autoritären Avantgardemodellen. Erich Mühsam hat in seiner programmatischen Broschüre *Befreiung der Gesellschaft vom Staat* diese anarchistischen Essentials anschaulich ausbuchstabiert. Obwohl die Ablehnung des Staates ein zentrales Motiv ist, fehlt eine ausgearbeitete anarchistische Staatskritik. Zwar gibt es diverse Texte, die sich mit der Kritik des Staates beschäftigen, aber selten werden deren Widersprüche diskutiert oder Aktualisierungen entworfen.[318] Es überwiegt dabei eine sehr allgemeine Kritik staatlicher Herrschaft, der Despotie des russischen Zaren im 19. Jahrhundert ebenso wie der parlamentarischen Demokratie in Deutschland oder den USA im 20. Jahrhundert. Als Beispiel sei Horst Stowasser (1951–2009) zitiert:

«Idi Amin und Konrad Adenauer, Josef Stalin und Winston Churchill, Hitler und Kennedy sind letztlich Vertreter derselben Struktur. Die Unterschiede zwischen verschiedenen Regimen sind keine prinzipiellen Unterschiede, sie sind lediglich andere Erscheinungsformen ein und derselben Idee: der Staatlichkeit.»[319]

Eine derartig pauschale Staatskritik ignoriert die elementaren Differenzen so verschiedener Herrschaftsformen wie Demokratie und Diktatur. Für die anarchistische Staatskritik mögen die Unterschiede irrelevant sein, für die unter der jeweiligen Herrschaft sich befindenden Menschen waren und sind sie jedoch von gewaltiger Bedeutung. Linke und damit auch anarchistische Agitation und Organisation mochte unter der Regierung Adenauers mit Einschränkungen und Repression konfrontiert gewesen sein, wie beispielweise das Verbot der KPD zeigt. Mit

318 Vgl. Kasakow 2014.
319 Stowasser 2007, S. 38.

der Verfolgung bis hin zur Ermordung der linken Opposition durch das nationalsozialistische Regime ist das jedoch keineswegs vergleichbar. Ganz zu schweigen von der Verfolgung und Vernichtung des europäischen Judentums durch den Nationalsozialismus.

Der Fokus einer prinzipiellen Ablehnung des Staates liegt meist auf der Betonung des Zwangscharakters des Staates. Dessen historische Veränderungen werden dagegen selten detailliert analysiert. So haben sich staatliche Aufgaben seit dem 19. Jahrhundert massiv ausgeweitet: Nicht allein die repressiven Staatsapparate wie Polizei, Militär und Justiz sind in puncto Infrastruktur, Personal und Befugnissen ausgebaut worden, sondern auch der Sozialstaat mit seinem Sozialversicherungssystem (Arbeitslosenversicherung, Krankenversicherung, Rentenversicherung, Pflegeversicherung, Unfallversicherung) und die demokratischen Partizipationsmöglichkeiten (Wahlrecht, Bürger_innenbegehren und -entscheide) – auch wenn dies in bestimmten Bereichen wieder eingeschränkt wurde und wird. Die Kritik an staatlichen Institutionen und der politischen Logik wie dem Parlamentarismus ist der zentrale Aspekt anarchistischer Staatskritik. Die anarchistische Warnung vor der Integrationskraft staatlicher Institutionen wurde durch die Geschichte der Linken empirisch bestätigt, wie die Beispiele der Sozialdemokratie, der kommunistischen Parteien, der Grünen und aktuell neuen linken Parteien wie der deutschen Linkspartei oder von Syriza in Griechenland zeigen. Aber im Gegensatz zur marxistischen Parlamentarismuskritik wie etwa bei Agnoli existieren kaum anarchistische Analysen dieser Integrationsmechanismen. Solche theoretischen Schwächen resultieren sowohl aus einer als undogmatisch missverstandenen Theoriefeindlichkeit, als auch aus einem Aktionismus, der praktisches Engagement oft mit einer Entscheidung zwischen Theorie oder Praxis verbindet. Stand nicht schon Bakunin mit geballter Faust auf den Barrikaden europäischer Metropolen, während Marx in der British Library in London einsam seine ökonomiekritischen Studien betrieb? Wo vor allem revolutionärer Aktivismus zählt, gilt die anarchistische Beteiligung an der globalisierungskritischen Bewegung oder den Krisenprotesten der Occupy-Bewegung mehr als die Publikation und Diskussion theoretischer Analysen. Daher werden theoretische Defizite von anarchistischen Intellektuellen auch kaum als Problem verstanden. So lässt sich konstatieren, dass die

«Staatstheorieproduktion des Anarchismus erstaunlich schwach ist, insbesondere im Vergleich zu Weltanschauungen, die zwischen Staatsbejahung und Staatskritik oszillieren (Liberalismus und Marxismus). Polemisch könnte man es so ausdrücken: Dem Flaneur ist es egal, in wessen Hundes Kot er tritt – er ist einfach dagegen und versucht das möglichst zu vermeiden. Der Koprophile hingegen schaut sich alles genau an und kommt eines Tages womöglich auf die Idee, dass das, wofür er sich interessiert, eklig ist. Er gilt dem Flaneur als ein Perverser, aber von dieser ästhetischen Bewertung abgesehen ist er doch der Experte, während der Flaneur vergleichsweise wenig Ahnung von dem hat, was er nicht mag.»[320]

Dieses Bild dürfte wohl marxistischen Kritiker_innen als auch anarchistischen Militanten gefallen. Was den einen ihre Kritik an fehlender theoretischer Auseinandersetzung illustriert, bestätigt die anderen in ihrer Ablehnung akademischer Diskussion ohne unmittelbaren Praxisbezug. Dem anarchistischen Flaneur mangelt es zwar an Expertise, aber quasi instinktiv scheint er auf emanzipatorischen Pfaden zu wandeln. Die Sympathie für Selbstorganisation ist weniger Resultat theoretischer Reflexion als vielmehr Ausdruck von prinzipieller Skepsis gegenüber staatlichen Institutionen und politischen Parteien. Es verwundert daher nicht, dass der Anarchismus immer wieder als Attitüde, Gefühl, Lifestyle und Lebensform beschrieben wird, der versuche die Ablehnung der «Herrschaft von Menschen über Menschen» praktisch umzusetzen. So sind die Interpretation des Staates als Zwang und Negation von Freiheit sowie der Staatlichkeit als freiwilliger Knechtschaft zwei zentrale Motive anarchistischer Staatskritik. Beide Aspekte sind verbunden mit dem Plädoyer für den Aufbau alternativer gesellschaftlicher Strukturen. Kropotkin (1842–1921) formulierte mit *Die Eroberung des Brotes* bereits Ende des 19. Jahrhunderts einen konkreten Entwurf für die Umsetzung der anarchistischen Utopie einer Gesellschaft ohne Staat, inklusive detaillierter Überlegungen zu Ackerbau, Kleidungsproduktion und Wohnungsbau. Landauer warb zu Beginn des 20. Jahrhunderts für die Gründung von Gemeinschaften und Siedlungen und linke Bewegungen beschäftigen

320 Seyferth 2015, S. 23.

sich seitdem mit Alternativökonomie und Gegenkultur in Kollektiven, Kommunen, Kooperativen und Genossenschaften. Anarchistische Gruppen in Spanien gründeten in der ersten Hälfte des 20. Jahrhunderts zahlreiche anarchistische Bibliotheken, Kulturzentren und Schulen, nach 1968 entstanden selbstverwaltete Kinderläden und freie Schulen nicht nur in Metropolen wie Athen, Barcelona und Berlin, sondern auch in provinziellen Kleinstädten existieren heute selbstverwaltete Strukturen von autonomen Zentren, besetzten Häusern und Bauwagenplätzen. All diese Projekte versuchen unabhängig von staatlicher Unterstützung oder Förderung von Parteien und Gewerkschaften Orte des gemeinsamen Arbeitens, Wohnens und Lebens zu schaffen. Sie sind Experimente mittels Basisdemokratie und Selbstverwaltung kollektive Alternativen zur bestehenden Ordnung zu schaffen. Graebers Studie *Direkte Aktion. Ein Handbuch* ist eine aktuelle Hommage auf diese Praxis.[321]

Die anarchistische Bewegung versteht sich als antiautoritäre Alternative zur sozialdemokratischen und kommunistischen Linken und deren autoritärem Staatsverständnis, bürokratischen Organisationen und elitären Parteikonzepten. Das Ideal der Herrschaftskritik birgt jedoch die Gefahr, dass durch den Wunsch nach Veränderung Bewegungen und Kämpfe gegen die herrschende Ordnung romantisiert werden – Kämpfe, die oft eher auf die Auswechslung der Herrschaft als auf ihre Abschaffung zielen. Außerdem schützt die Kritik offizieller Hierarchien nicht automatisch vor der Entstehung informeller Hierarchien. Die feministische Autorin Jo Freeman warnte daher vor der «Tyrannei der Strukturlosigkeit», wenn es in Bewegungen und Projekten an Transparenz und allgemein bekannten Regeln und Strukturen mangele.[322] Eine emanzipatorische Alternative sind direkte Aktion, Basisdemokratie und Selbstorganisation also keineswegs automatisch. Vollversammlungen und Rätestrukturen allein garantieren keine emanzipatorische Praxis. Allgemeines Rederecht auf Versammlungen ermöglicht auch die Artikulation antiemanzipatorischer – beispielsweise rassistischer oder sexistischer – Positionen, was antirassistische und feministische Reaktionen erfordert. Direkte Demokratie und Ablehnung des Parlamentarismus sind ebenso ambivalent, denn anarchistische Appelle zur freiwilligen Assoziationen sind nicht

321 Graeber 2013.

322 Siehe Van der Walt / Schidt 2013, S. 301.

deren einzige praktische Konsequenz. Auch rassistische Mobilisierungen gegen Unterkünfte von Geflüchteten sind spontane, nicht parteiförmige Initiativen, die sich als Stimme der Bevölkerung und Protest gegen die etablierten Parteien verstehen. Zuletzt existiert die Problematik der Machtübernahme durch die Kritiker_innen der Macht. In historischen Situationen, in denen anarchistische Bewegungen ihre Marginalität überwinden konnten und wie im Spanischen Bürgerkrieg (1936–1939) ein politisch relevanter Faktor wurden, waren sie nicht vor autoritären Tendenzen gefeit. So beteiligte sich die anarchosyndikalistische Gewerkschaft CNT im Kampf gegen den Faschismus in Katalonien sogar an der Regierung.[323] All dies zeugt für die Notwendigkeit von theoretischen Debatten und der kritischen Reflexion historischer Erfahrungen.

Ähnliche Widersprüche wie in der anarchistischen Staatskritik finden sich auch in der anarchistischen Kapitalismuskritik.[324] Neben Bezügen auf die Marx'sche Ökonomiekritik finden sich immer wieder problematischen Ansätze wie die Zinskritik bei Proudhon, in dessen Schriften sich neben antisemitischen Positionen auch antifeministische und andere reaktionäre Vorstellungen finden. Proudhons populäre Parole «Eigentum ist Diebstahl» ist ein beliebtes Zitat in anarchistischen Texten. Seine Kapitalismuskritik richtet sich jedoch vor allem gegen Eigentum, das auf fremder Arbeit basiert, nicht aber gegen Eigentum generell. Sein gesellschaftliches Ideal ist eine Welt, in der Arbeiterinnen und Arbeiter zu kleinen Eigentümerinnen und Handwerkern werden, keineswegs aber ein kommunistisches Ideal kollektiver Produktion und Verteilung. Andererseits teilt die Strömung des kollektivistischen Anarchismus mit der marxistischen Linken das Ideal einer staaten- und klassenlosen Gesellschaft. Trotz aller sonstigen Differenzen lobte beispielsweise Bakunin die Marx'sche Ökonomiekritik in höchsten Tönen als «eine so tiefe, so klare, so wissenschaftliche, so entscheidende und [...] so unerbittlich demaskierende Analyse der Bildung des bürgerlichen Kapitals», die bislang noch von keinem Anhänger des Kapitalismus wiederlegt worden sei.[325] Nicht zuletzt solche Zitate inspirieren aktuelle Bemühungen um einen Dialog zwi-

323 Siehe Seidman 2011.

324 Vgl. Bierl 2015a und 2015b.

325 Van der Walt / Schmidt 2013, S. 112.

schen anarchistischen und marxistischen Linken.[326] Inwiefern sich jedoch Anarchistinnen und Anarchisten die Empfehlung zur Marxlektüre zu Herzen nehmen bleibt ebenso abzuwarten, wie die Antwort auf die Frage, ob es innerhalb der marxistischen Linken zu einer Renaissance von Staats- und Parlamentarismuskritik kommt.

326 Siehe dazu Kellermann 2011, 2012, 2014.

8 Schluss

8.1 Resümee der vorgestellten Staatsverständnisse

Die vorgestellten linken Interpretationen des Staates sind gewiss nicht die einzigen, aber sicher die bekanntesten. Der vorliegende skizzenhafte Überblick soll eine erste theoretische Orientierung ermöglichen und hat nicht den Anspruch, alles zu präsentieren, was bereits kritisch zum Staat gesagt wurde. Die Einführung soll nicht als Rezeptbuch verstanden werden, sondern vielmehr als Appetitanreger und Hilfestellung für weitere Lektüre, Debatte und Theorieaneignung. Nach Agnoli ist die Aufgabe kritischen Denkens die Analyse und Subversion von Herrschaftsverhältnissen mit dem Ziel ihrer emanzipatorischen Überwindung. Dem Staat als Herrschaftsverhältnis wollte Marx im Rahmen seiner *Kritik der politischen Ökonomie* ein eigenes Buch widmen, konnte dies vor seinem Tod aber nicht mehr realisieren. Dennoch finden sich in seinen Schriften an verschiedenen Stellen Passagen zu Politik und Staat. Den verschiedenen Strömungen der marxistischen Linken dienten diese seit dem 19. Jahrhundert als willkommener Zitatenschatz. In der sozialdemokratischen Linken war aber Engels' Interpretation des Staats als Instrument der Klassenherrschaft mindestens ebenso populär wie das Marx'sche Werk. Später erlangte das von Engels formulierte instrumentelle Staatsverständnis auch links der Sozialdemokratie in der kommunistischen Bewegung eine immense Bedeutung.

Die Konzentration auf den Aspekt der staatlichen Repression bei Lenin lieferte jedoch wenig Neues für eine fundierte Analyse und Kritik der Herrschaftsverhältnisse im 20. Jahrhundert. Die aus ihm folgende Praxis autoritärer Avantgardekonzepte dient noch weniger als Vorbild für emanzipatorische Bemühungen. Fragwürdig ist die Revolutionstheorie als simpler Staatsstreich schon aus historischen Gründen. Erneute leninistische Revolutionsversuche wider besseres historisches und theoretisches

Wissen 100 Jahre nach der Russischen Revolution sollte die Linke daher weniger wünschen als vielmehr fürchten. Obwohl die Renaissance des Leninismus momentan nur eine bescheidene gesellschaftliche Relevanz besitzt, bleibt eine Kritik der Thesen Lenins weiterhin unerlässlich.

Die staatstheoretischen Überlegungen des Westlichen Marxismus gingen über die Lenin'sche Reduzierung des Staates auf Repression hinaus und thematisierten die ideologische Legitimierung von Herrschaft sowie ihre Akzeptanz durch die Beherrschten. Dabei untersuchten Gramsci, Althusser und Poulantzas stets auch den Wandel staatlicher Herrschaft und fragten nach Potenzialen und Grenzen sozialer Bewegungen und Kämpfe. Dies macht ihre Texte heute sowohl für Anhänger_innen und Funktionär_innen linker Parteien als auch für Aktivistinnen und Aktivisten sozialer Bewegungen zu einer interessanten Lektüre. Sie sind ebenso für einen Reformismus aus Überzeugung attraktiv wie für einen Reformismus aus taktischem Pragmatismus, der Realpolitik nicht aus Leidenschaft betreibt, sondern zur Verbesserung der Bedingungen zukünftiger Revolutionen. Kämpfe um Hegemonie lassen sich dabei im Parlament wie auf den Straßen ausfechten. Gramsci und Poulantzas wurden und werden daher ebenso auf Parteischulungen linker Parteien gelesen wie in Seminaren linker Bewegungen.

Konzentrierte sich Lenin auf das repressive Moment des Staates und der Westliche Marxismus auf die Momente von Legitimation, Reproduktion und Wandel von Herrschaftsverhältnissen, so richtete Paschukanis mit seiner Formanalyse des Staates den Fokus auf den besonderen Charakter von Herrschaft in kapitalistischen Verhältnissen und beschäftigte sich mit dem Zusammenhang von Ware, Recht und Staat. Die an diese Thesen anknüpfende Feststellung Agnolis, der bürgerliche Staat sei «Staat des Kapitals» und nicht Staat der Kapitalist_innen, hat als Kritik an personalisierenden Staatsvorstellungen nichts an Aktualität verloren. Dies zeigen beispielsweise die wiederkehrenden Hoffnungen einer sozialdemokratischen und grünen Linken, den Staat im Sinne des Allgemeinwohls besser lenken zu können als ihre liberale oder konservative Konkurrenz. Auch bei Mobilisierungen der globalisierungskritischen Bewegung oder aktuellen Krisenprotesten werden amtierende Regierungspolitiker_innen gern als unfähig und korrupt kritisiert. Dabei werden die systemischen Zwänge von Regierungsämtern als individuelles Versagen oder gar persönliche Gier und Bosheit missverstanden. Als «nationale Wettbewerbsstaaten» (Hirsch) konkurrieren Staaten jedoch auf dem Weltmarkt um Kapitalinvestitionen oder versuchen, bereits investiertes Kapital auf ihrem Territorium auch in Zukunft zu fixieren. Damit sind auch linke Regierungen konfrontiert, die bei zu massiven Regulierungsversuchen wie Verstaatlichungen und Steuererhöhungen oder zu umfangreichen Reformen in puncto Arbeitsrecht und Umweltschutz stets fürchten müssen, dass das Kapital abwandert, künftige Investitionen und Steuereinnahmen ausbleiben und ihre Regierungsbilanz und damit die Chancen einer Wiederwahl schlecht aussehen. Eine kritische Auseinandersetzung mit den theoretischen Überlegungen und praktischen Experimenten historischer Bewegungen ist also für eine heutige Linke von elementarer Bedeutung, will sie deren Fehler nicht wiederholen.

Doch nicht nur die Reflexion über linke Geschichte, sondern auch eine Auseinandersetzung mit eigenen vermeintlichen Gewissheiten sind Herausforderungen für eine kritische Linke. Lange glaubte die Linke ein Monopol auf die Kritik der herrschenden Zustände zu haben und ignorierte oder verharmloste dabei reaktionäre Protestbewegungen. Antisemitismus galt als «Sozialismus der dummen Kerls», der durch linke Nachhilfe zu einem «gescheiten» Sozialismus korrigierbar sei. Ähnlich verhält es sich gegenwärtig häufig mit diffusen bis reaktionären Varianten des Antikapitalismus, die etliche Linke zwar als «verkürzt», aber insgeheim gut gemeint, und durch überzeugende Argumente im Sinne der eigenen Sache «verlängerbar» ansehen. Mit Blick auf die Geschichte lässt sich sagen, dass es neben emanzipatorisch intendierten stets auch reaktionäre bis faschistische Kritiken des bürgerlichen Staates gab, die aktuell angesichts der Krise und des massenhaften Bedürfnisses nach autoritärer Krisenlösung wieder an Popularität gewinnen. Daher bleiben die Auseinandersetzung mit der faschistischen Kritik der bürgerlichen Herrschaft und die Lektüre und Weiterentwicklung linker Analysen über die faschistische und nationalsozialistische Herrschaft weiter zentrale Aufgaben linker Theorie und Praxis.

Die wohl vehementeste Kritik des Staates in der Linken wurde von der anarchistischen Strömung propagiert. Parolen wie «Kein Gott, kein Staat, kein Vaterland» drücken eine fundamentale Ablehnung des Staates aus, doch kann ihre Vehemenz analytische Schwächen nicht kaschieren. Klassische Texte anarchistischer Staatskritik widmen sich vor allem zwei prinzipiellen Aspekten: dem Staat als Zwang und Negation von Freiheit sowie der staatlichen Herrschaft als freiwilliger Knechtschaft. Reflexionen über den Wandel staatlicher Herrschaft sind selten. So resultiert die Attraktivität anarchistischer Bewegungen weniger aus fundierter Analyse als vielmehr aus einem rebellischen Lifestyle, der auf Ablehnung jeglicher Herrschaft von Menschen über Menschen und den Idealen von Basisdemokratie und Selbstverwaltung beruht. Daraus werden ganz unterschiedliche Konsequenzen gezogen: die einen verklären theoretische Schwächen aufgrund von Theoriefeindschaft und antiintellektuellen Ressentiments, die anderen erkennen theoretische Mängel als gravierendes Problem an und zeigen sich offen gegenüber komplexeren theoretischen Ansätzen wie beispielsweise marxistischen Positionen.

8.2 Aktuelle Herausforderungen für theoretische Weiterentwicklungen

Die Bilanz historischer linker Praxis – sei es die Sozialdemokratie, der Partei- und Rätekommunismus, die anarchistische Bewegung oder die Neue Linke – zeigt eine Geschichte des Scheiterns, bisweilen aber auch des «erfolgreichen Scheiterns». Die sich um 1968 konstituierende Neue Linke scheiterte gemessen an ihren revolutionären Parolen, veränderte die Gesellschaft aber dennoch nachhaltig, etwa indem sie die Liberalisierung der Geschlechterverhältnisse und Sexualmoral bewirkte. Auch soziale Bewegungen wie die Antiatombewegung konnten selten ihre Maximalforderungen durchsetzen, aber Umweltschutz wurde von allen politischen Parteien in ihre Programme und Reden übernommen. Die Endlichkeit von Ressourcen und Nachhaltigkeit sind nicht länger nur Thema in kleinen Zirkeln, sondern zum Gegenstand globaler Konferenzen, neuer universitärer Lehrstühle und zahlreicher Veröffentlichungen geworden. Linke Partei- und Bewegungsgeschichte liefert prinzipiell weniger eine Handlungsanleitung für heutiges Engagement als vielmehr Anlass zu kritischer Reflexion. Ebenso wie aus der Geschichte linker Praxis lässt sich auch aus der Geschichte linker Theorie für aktuelle Auseinandersetzungen lernen. Die präsentierten Texte sind nach wie vor eine Lektüre wert, auch wenn sie wie bei Marx bereits vor gut 150 Jahren verfasst wurden. Die von Hirsch formulierte Definition materialistischer Staatskritik als Analyse staatlicher Herrschaft, Kritik affirmativer Theorien und Subversion von Herrschaftsverhältnissen hat nichts an Gültigkeit verloren und ist weiterhin aktuell.[327] Es empfiehlt sich bei der Lektüre jedoch, Rücksicht auf den historischen Kontext zu nehmen, in dem die Texte verfasst wurden. So erklärt sich beispielsweise die enorme Popularität von Lenins Staatsverständnis trotz gravierender theoretischer Schwächen in erster Linie durch den Erfolg der Russischen Revolution. Aber auch im Falle von Agnolis Parlamentarismuskritik ist zu prüfen, ob seine Kritik an der parlamentarischen Praxis von KPD, SPD und Grünen auch auf heutige Parteien wie Die Linke in Deutschland, Syriza in Griechenland oder Podemos in Spanien übertragbar ist.

Neben der kollektiven Aneignung und Bewahrung klassischer Texte bedarf es zusätzlicher Anstrengungen, um sie zu aktualisieren oder zurückzuweisen. Besonders die als Globalisierung beschriebenen Transformationsprozesse der letzten Jahrzehnte stellen eine Herausforderung für eine kritische Analyse des Staates dar. Inwiefern haben sich die Grenzen nationalstaatlicher Regulierung verändert? Was sind die Möglichkeiten der parlamentarischen Linken angesichts eingeschränkter nationaler Souveränität in Staatenbündnissen wie der Europäischen Union? Weitere wichtige Fragen gelten Debatten, die in diesem Buch aus Platzgründen nicht näher thematisiert werden konnten. Dazu zählen vor allem folgende Themen:

- Gouvernementalität beziehungsweise Internalisierung von Herrschaft und permanente Selbstoptimierung für die kapitalistische Konkurrenz: Sind die Arbeiten von Michel Foucault und anderen zu Gouvernementalität eine mögliche Ergänzung zu materialistischer Staatskritik? Oder sind die beiden Ansätze schwer vereinbar?
- Staat und Nation: Wie lassen sich die Analyse von staatlichen Strukturen und Ideologien wie Nationalismus verbinden? Welchen Einfluss hat Nationalismus auf die Verfasstheit von Staaten?
- Staat und Weltmarkt: Welche Rolle spielt der Weltmarkt bei den internationalen Beziehungen der einzelnen Staaten?

327 Vgl. Hirsch 2005, S. 15–19.

- Staat und Geschlecht: Welche Bedeutung haben Geschlechterverhältnisse, patriarchale Strukturen und Ideologien in politischen Auseinandersetzungen?[328]

Das Ende der Blockkonfrontation bedeutete auch das Ende eines Klassenkompromisses in Form des fordistischen Wohlfahrtsstaates im Westen. Denn ohne Konkurrenz des Realsozialismus waren politische und materielle Zugeständnisse an die Arbeitenden nicht mehr im bisherigen Umfang erforderlich. Die schrittweise Demontage sozialstaatlicher Standards in allen westlichen Staaten, aber auch die Durchsetzung kapitalistischer Verhältnisse in den ehemaligen realsozialistischen Staaten des Ostens haben zu wachsender Armut, Elend und Perspektivlosigkeit geführt. Der Rückzug des Staates ist jedoch nicht automatisch ein Zeichen für weniger gesellschaftliche Herrschaft und Zwang. Wo lange staatliche Institutionen die negativen Folgen des Kapitalismus durch Arbeitslosenhilfe, Sozialhilfe und staatliche Krankenversicherung zu lindern versuchten, übernehmen zunehmend religiöse, nationalistische und faschistische Bewegungen und ihre sozialen Einrichtungen diese bisherigen Staatsfunktionen. Mit ihrer Unterstützung bei Armenspeisung, gesundheitlicher Vorsorge und Behandlung, Obdachlosigkeit und Ähnlichem stellen sie eine ernsthafte und häufig erfolgreiche Konkurrenz für die Linke dar. Es wird sich zeigen, ob sich ein linkes universalistisches Ideal eines guten Lebens für alle Menschen ungeachtet ihrer Herkunft gegenüber den politischen Programmen reaktionärer Bewegungen durchsetzen kann, die lediglich die partikularen Interessen ihrer jeweiligen Klientel – wahlweise Glaubensgemeinschaft, Nation oder «Rasse» – auf Kosten anderer durchsetzen möchte. Dies wird auch davon abhängen, wie sich linke Strukturen entwickeln: Bleiben selbstverwaltete Initiativen Orte linksradikaler Selbstreferenz, die durch Habitus, Dresscode und Sprache nicht selten obskur und abweisend auf Außenstehende wirken, oder gelingt eine solidarische Öffnung gegenüber anderen Milieus, die ebenfalls unter den gesellschaftlichen Zumutungen leiden?

---

328 Siehe zum Thema Gouvernementalität Foucault 2004a und 2004b, Lemke 1997, Loick 2012. Zum Thema Staat und Nation siehe Salzborn 2011, Keil 2015, Mense 2016. Bzgl. Weltmarkt und Imperialismus siehe Heinrich 2006, ten Brink 2008. Zu Staat und Geschlechterverhältnissen siehe Sauer 2009.

8.3 Über die Notwendigkeit einer Verbindung von Staatskritik und Kritik reaktionärer Ideologien und Bewegungen

Geschichte ist keine kontinuierliche Entwicklung in Richtung zunehmender gesellschaftlicher Emanzipation. Besonders die Kolonialgeschichte, die beiden Weltkriege und die Vernichtung des europäischen Judentums durch das nationalsozialistische Regime haben dies gezeigt. Statt eines permanenten gesellschaftlichen Fortschritts gehören Konflikte, Krisen und Kriege auch heute zur gesellschaftlichen Realität oder drohen in der Zukunft. Es gibt auch keine Garantie, dass der moderne bürgerliche Staat nicht durch autoritärere Alternativen ersetzt werden könnte. So wie parlamentarische Demokratie und bürgerliche Rechte Errungenschaften historischer Kämpfe sind, können sie auch durch neue Kämpfe wieder abgeschafft werden. Postone zufolge hat der Nationalsozialismus die Linke in drastischer Weise gelehrt, dass sie kein Monopol auf Antikapitalismus besitzt.[329]

Ebenso gibt es kein linkes Monopol auf die Kritik des bürgerlichen Staates, wie die aktuellen rassistischen Massenmobilisierungen etwa von Pegida in Deutschland und die Wahlerfolge rechtspopulistischer bis neofaschistischer Parteien in zahlreichen europäischen Staaten wie Ungarn, Österreich oder Frankreich zeigen. Die ökonomische Krise der letzten Jahre ist zunehmend auch zu einer politischen Krise geworden. Dies ist nicht nur eine Chance für eine linke Kritik an Staat und Kapitalismus, sondern auch für reaktionäre Bewegungen, die autoritäre Krisenlösungen anstreben, welche die amtierenden Regierungen durch eine noch autoritärere Herrschaft ersetzen wollen. Die Linke in all ihren Spielarten ist mit zunehmender Konkurrenz nationalistischer, religiöser und faschistischer Bewegungen konfrontiert, welche die bislang regierenden sozialdemokratischen, liberalen und konservativen Parteien herausfordern. Ökonomie- und Staatskritik alleine reicht also nicht für den Entwurf gesellschaftlicher Verhältnisse, die nicht auf Zwang beruhen. Es bedarf einer Ergänzung um die Kritik reaktionärer Bewegungen und Ideologien. Dabei sind vor allem vier Punkte zu nennen:

329 Vgl. Postone 2005, S. 194.

Religionskritik, Nationalismuskritik, Antifaschismus und Kritik an Querfrontstrategien.

Zur Illustration des ersten Punktes sei auf Thesen von Marx aus dem 19. Jahrhundert verwiesen, die auch im 21. Jahrhundert als Inspiration einer linken Religionskritik dienen können. Marx schreibt in der Einleitung von *Zur Kritik der Hegelschen Rechtsphilosophie:* «die Kritik der Religion ist die Voraussetzung aller Kritik.»[330] Die Marx'sche Religionskritik basiert auf folgendem Postulat: «Das Fundament der irreligiösen Kritik ist: *Der Mensch macht die Religion*, die Religion macht nicht den Menschen.»[331] Religion bietet den Menschen eine populäre und spiritualistische Deutung der Welt. Sie rechtfertigt die herrschenden Verhältnisse und bietet zugleich Trost gegenüber deren Zumutungen. So schreibt Marx:

«Das *religiöse* Elend ist in einem *Ausdruck* des wirklichen Elends und in einem die *Protestation* gegen das wirkliche Elend. Die Religion ist der Seufzer der bedrängten Kreatur, das Gemüt in einer herzlosen Welt, wie sie der Geist geistloser Zustände ist. Sie ist das *Opium* des Volkes. Die Aufhebung der Religion als des *illusorischen* Glücks des Volkes ist die Forderung seines *wirklichen* Glücks. [...] Die Kritik des Himmels verwandelt sich damit in die Kritik der Erde, die *Kritik der Religion* in die *Kritik des Rechts*, die Kritik der Theologie in die *Kritik der Politik*.»[332]

Marx formuliert im Rahmen seiner Religionskritik seinen vielzitierten kategorischen Imperativ für eine emanzipatorische Praxis:

«Die Waffe der Kritik kann allerdings die Kritik der Waffen nicht ersetzen, die materielle Gewalt muß gestürzt werden durch materielle Gewalt, allein auch die Theorie wird zur materiellen Gewalt, sobald sie die Massen ergreift. [...] Die Kritik der Religion endet mit der Lehre, daß der *Mensch das höchste Wesen für den Menschen* sei, also mit dem *kategorischen Imperativ, alle Verhältnisse umzuwerfen*, in denen der Mensch ein erniedrigtes, ein geknechtetes, ein verlassenes, ein verächtliches Wesen ist».[333]

Auch materialistische Staatskritik bezieht sich in ihrer Kritik an staatlichen Zwangsverhältnissen auf diesen Imperativ. In den

330 MEW 1, S. 378.

331 MEW 1, S. 378; Hervorhebung im Original.

332 MEW 1, S. 378 f.; Hervorhebung im Original.

333 MEW 1, S. 385; Hervorhebung im Original.

Arbeiterinnen und Arbeitern sah Marx diejenige Gruppe von Menschen, welche dieses Programm umsetzen sollte:

«Wenn das Proletariat die *Auflösung der bisherigen Weltordnung* verkündet, so spricht es nur das *Geheimnis seines eignen Daseins aus*, denn es ist die *faktische* Auflösung dieser Weltordnung. Wenn das Proletariat die *Negation des Privateigentums* verlangt, so erhebt es nur zum Prinzip der Gesellschaft, was die Gesellschaft zu seinem Prinzip erhoben hat, was in ihm als negatives Resultat der Gesellschaft schon ohne sein Zutun verkörpert ist. [...] Wie die Philosophie ihre *materiellen*, so findet das Proletariat seine *geistigen* Waffen, und sobald der Blitz des Gedankens gründlich in den naiven Volksboden eingeschlagen ist, wird sich die Emanzipation der *Deutschen zu Menschen* vollziehen.»[334]

Diese Erwartungen wurden nicht erfüllt: Der «Blitz des Gedankens» hat bislang nicht in den «naiven Volksboden» eingeschlagen – weder die Arbeiter_innenklasse noch eine andere gesellschaftliche Gruppe haben die prophezeite «Negation des Privateigentums» realisiert und die staaten- und klassenlose Gesellschaft geschaffen. Religionskritik ist weiterhin eine zentrale Herausforderung für linke Theorie und Praxis. Dies belegen vor allem der islamistische Djihadismus, aber auch andere religiöse Strömungen wie evangelikale Bewegungen in Nord- und Südamerika und der Hinduismus in Indien, sowie die andauernde Bedeutung des Katholizismus in Europa. In vielen Ländern wächst nach Jahren oder Jahrzehnten liberaler Gesetzgebung wieder eine religiös motivierte Kritik an den geltenden gesetzlichen Regulierung von Geschlechterverhältnissen – wie die straffreie Möglichkeit zur Abtreibung, das Recht auf Scheidung, Ehe für alle, fortschrittlicher Sexualunterricht. Mühsam erkämpfte Rechte von Frauen, LGBTQ sind in den letzten Jahren in unterschiedlicher Weise Angriffen von Kirchen, religiösen Bewegungen und Medien ausgesetzt und wurden in manchen Ländern eingeschränkt oder gar abgeschafft. Hinzukommt die Problematik des Kulturrelativismus, der speziell eine Kritik am Islamismus verhindert und so eine Akzeptanz und Etablierung religiöser Normen neben staatlichen Gesetzen fördert.

Die Religionskritik basiert auf der Kritik des Glaubens an eine göttliche Macht und eine daraus resultierende Ordnung.

334 MEW 1, S. 391; Hervorhebung im Original.

In gleicher Weise gründet auch die Kritik des Nationalismus auf der Kritik am Glauben an nationale Mythen und Traditionen. Doch weder die historische Forschung zu Nationen als «imagined communities» (erfundene, imaginäre Gemeinschaften)[335] noch die linke Nationalismuskritik konnten bislang die massenhafte Identifikation mit nationalen Kollektiven erfolgreich infrage stellen. Diverse nationale Unabhängigkeitsbewegungen streben nach neuen eigenen Staaten und damit auch nach mehr Grenzen und Ausschlüssen. Zuletzt erleben auch faschistische Ideologien und Bewegungen in Krisenzeiten eine Renaissance. Als autoritäre Krisenlösung erfreuen sie sich in autoritär verfassten Milieus zunehmender Popularität. Doch Kritik an Prinzipien von Führung und Gefolgschaft und dem Ideal der Volksgemeinschaft sind keine linke Selbstverständlichkeit. Stattdessen gibt es nicht wenig Linke, die in ihrer Kritik am globalen Kapitalismus ebenfalls eine Stärkung nationaler Souveränität predigen und dabei für Querfronten mit der politischen Rechten werben. Mit dieser teilen sie oft auch ein Faible für Populismus und charismatische Herrschaft. Im Interesse der erstrebten Massenmobilisierung und -rekrutierung wird offen für solche Bündnisse mit reaktionären Gruppen und Parteien geworben oder die Beteiligung solcher Gruppierungen an heterogenen Bewegungen wie der Globalisierungskritik oder Occupy bagatellisiert. Bei Antisemitismus, Nationalismus und Verschwörungstheorien braucht es jedoch keine Nachhilfe, sondern konsequente Kritik.[336]

8.4 Postkapitalismus als Projekt der Selbstorganisation

Kapitalistische Verhältnisse sind stets Gegenstand von Kritik gewesen, jedoch nicht immer mit emanzipatorischem Potenzial. Neben der Marx'schen Kritik der politischen Ökonomie erfreuten sich im neunzehnten Jahrhundert in der Linken auch antiemanzipatorische Entwürfe großer Beliebtheit. So wie Marx zeitgenössische Kapitalismuskritik von Autoren wie Proudhon vehement kritisierte, so ist es auch heute nötig, sich kritisch mit

335 Anderson 1996. Eine Einführung zur Kritik des Nationalismus bietet Mense 2016.

336 Zur Kritik an Querfrontstrategien siehe Ebermann 2015 und 2016.

populären Veröffentlichungen auseinanderzusetzen. Besonders Spielarten der Wachstumskritik fordern Kritik heraus. Manche ihrer Vertreter_innen rufen nicht zur Emanzipation und der Beseitigung von Mangel und Zwängen auf, sondern dazu, sich mit den gesellschaftlichen Verhältnissen durch Bescheidenheit und Verzicht zu arrangieren. So zeichnet etwa der Wachstumskritiker Niko Paech in seiner Schrift *Befreiung vom Überfluss* das Bild einer Postwachstumsökonomie, die einen Mix aus Konsumverzicht, Rückkehr zur Subsistenz und Regionalwährungen darstellt. Dazu gehört ein Staat, der wohltätig ein bescheidenes Grundeinkommen gewährt (aber keinen Mindestlohn) und autoritär Infrastruktur wie Autobahnen und Flughäfen demontiert. Postwachstumsökonomie wird vor allem als Lebensstil verstanden: «... kein Unterfangen zusätzlichen Bewirkens, sondern des kreativen Unterlassens. [...] Reduktionen und selbstbegrenzende Handlungsmuster haben den Charme, weder Kapital noch Neuerfindungen, noch politische Weichenstellungen zu benötigen. Sie sind in aller Regel voraussetzungslos und kosten nichts – mehr noch: Sie sparen sogar Geld. Die günstigste und zugleich ökologischste Flugreise ist noch immer die, die nicht stattfindet. Das gilt für Handys, Flachbildschirme, Häuser, Autobahnen und Agrarsubventionen nicht minder. Pures Weglassen ist überall, unilateral und kurzfristig umsetzbar.»[337]

Konsumkritik ersetzt in diesem Beispiel die Kritik an kapitalistischen Eigentums- und Produktionsverhältnissen. Konsequenterweise kritisiert Paech Gewerkschaften nicht für deren mangelnde Kapitalismuskritik und Streikbereitschaft, sondern wegen ihrer «Komplizenschaft» mit den Unternehmen bei der «Ressourcenplünderung».[338] Beispiele für linke Entwürfe postkapitalistischer Verhältnisse sind hingegen Veröffentlichungen wie *Empire. Die neue Weltordnung* von Michael Hardt und Antonio Negri, *Die Welt verändern, ohne die Macht zu ergreifen* von John Holloway sowie *Postkapitalismus. Grundrisse einer kommenden Ökonomie* von Paul Mason. Statt Appellen zu Verzicht und Technikfeindschaft finden sich hier Überlegungen, wie die gesellschaftlichen Produktivkräfte zum Zwecke gesellschaftlicher Bedürfnisbefriedigung und nicht im Sinne kapitalistischer Akkumulation genutzt werden können. Alle genannten Autoren rufen nicht zum revolutionären Bruch und zur Übernahme

337 Paech 2012, S. 144 f.

338 Paech 2012, S. 44.

der Staatsmacht auf, sondern plädieren auf unterschiedliche Weise für den Aufbau alternativer gesellschaftlicher Beziehungen. Hardt/Negri sprechen vom Exodus, Holloway fordert: «Aufhören, den Kapitalismus zu machen» und Mason plädiert für die Erweiterung existierender und den Aufbau neuer Strukturen der Selbstverwaltung.

Selbstorganisation ist allerdings kein Patentrezept zur gesellschaftlichen Emanzipation. Die Entwicklung in verschiedenen Bereichen der Sharing Economy zeigt, dass die ursprüngliche Idee einer nicht marktförmigen Ökonomie nicht gefeit ist vor dem Risiko der Kommodifizierung und Verwandlung von gemeinschaftlichem Eigentum in Privateigentum. So inspirierte etwa ein Projekt wie Couchsurfing, das ursprünglich nicht auf dem Prinzip des Austauschs von Dienstleistungen gegen Geld beruhte, sondern sich als kostenloses Angebot verstand, neue erfolgreiche Dienstleistungsunternehmen wie Airbnb. Ähnliche Entwicklungen lassen sich beim Carsharing und anderen Formen der Sharing Economy beobachten.[339]

Ansätze der Selbstorganisation in Kooperativen und Kollektivbetrieben haben mit ihrer Kritik an staatlicher Bürokratie und autoritärem Fabrikregime vielfach unfreiwillig zur Modernisierung der kapitalistischen Produktionsweise und Erschließung neuer Märkte beigetragen. Zugleich resultierte aus dem Rückzug der Politik aus Bereichen der Sozial- und Gesundheitspolitik eine Steigerung von Selbstverantwortung. Persönliche Probleme gelten nicht länger als Resultat struktureller Probleme und Ungleichheit, die aus kapitalistischen Eigentumsverhältnissen resultiert, sondern als Ausdruck individuellen Scheiterns und mangelnden Engagements.

«Eine bessere Welt zu schaffen ist nicht mehr ein Gegenstand öffentlicher Diskussion. Es wird zu einer Frage der Wahl des persönlichen Lebensstils. Der tiefe Zynismus der Leute, was die größeren Institutionen betrifft, geht einher mit einem naiven Enthusiasmus für die Verbesserung des Lebens durch einen veränderten Lifestyle. Unmittelbares Handeln ist an der Tagesordnung. Und meistens ist das Ziel dieser direkten Aktion der eigene Körper. Als Hilfsmittel bei solchen Kampagnen dienen Fitnessprogramme, Diäten, Lifestyle-Fernsehshows und Programme über positives Denken. Die großartigen Gestalten sind

339 Siehe dazu Slee 2016.

nicht mehr Politiker, Aktivisten oder Intellektuelle. Heute sind es Promiköche, Glücksgurus und begeisterte Startup-Gründer. Die kernigen Schlagworte dieser Kampagnen heißen Gesundheit und Glück.»[340]

Linke Biografien beginnen oft mit diffuser Empörung und Unzufriedenheit und selten mit ausgefeilten Gesellschaftsanalysen. Dabei darf aber individuelles und kollektives Engagement nicht stehenbleiben. Statt kritische Analysen der herrschenden Verhältnisse aufgrund von Theoriefeindlichkeit und antiintellektuellen Ressentiments zu ignorieren, muss es die Potenziale und Grenzen des eigenen Handelns kritisch reflektieren, sonst wird es über blinden Aktionismus nicht hinauskommen. Selbstorganisation und Basisdemokratie allein garantieren noch keine emanzipatorische Veränderung der gesellschaftlichen Verhältnisse. Staatsferne autonome Bewegungen, die sich etwas Besseres als Staat und Nation vorstellen können, wollen den Staat nicht reformieren und richten keine Erwartungen und Forderungen an ihn. Solche Bewegungen und Kämpfe können erste Experimente sein, im Kleinen nicht länger nach der Logik von Staat und Kapital, sondern nach den gesellschaftlichen Bedürfnissen die Verhältnisse zu gestalten. Sie sind jedoch nicht frei von der Gefahr, zu Formen von Selbstausbeutung, alternativer Elendsverwaltung und selbstbezogenem Aktionismus «militanter Lobbys» zu mutieren. Pohrts Kritik der Hausbesetzungsbewegung der 1980er-Jahre ist diesbezüglich in vielerlei Hinsicht auch auf andere autonome Bewegungen übertragbar:

«Während eine revolutionäre Bewegung für einen Umsturz kämpft, welcher ganz allgemein die Lage der Menschen verbessert, oder doch zumindest die Lage einer bestimmten Klasse, der Arbeiter oder der Bauern, währenddessen also sind bei den Hausbesetzern tendenziell Kämpfer und Nutznießer des Kampfes unmittelbar identisch. Die Hausbesetzer sind, unter diesem Gesichtspunkt keine sozialrevolutionäre Bewegung, sondern eher eine Bande, oder vornehmer ausgedrückt: eine militante Lobby. Sie setzen sich für private Zwecke unter kräftigem Gebrauch des Ellenbogens und nicht ohne Risiko über die Spielregeln dieser Gesellschaft hinweg, ohne diese Spielregeln generell angreifen oder außer Kraft setzen zu wollen – besonders der verhandlungsbereite Flügel. Wenn die Starken,

340 Cederström/Spicer 2016, S. 44.

die Kampfeslustigen nicht für allgemeine Zwecke, sondern für ihre eigenen Zwecke, für ihre Wohnung kämpfen, dann ist das keine Revolution, sondern Darwinismus, survival of the fittest, freie Konkurrenz oder Bandenkrieg. [...] Und dem mafiösen Charakter des Ganzen entsprechen dann auch die Kategorien, in denen es gedacht wird: keine politische Theorie, sondern ein Moralkodex von Treue, Verrat, Ehre.»[341]

Wie sich kommende Bewegungen entwickeln, lässt sich nicht vorhersagen. Gewiss ist nur, dass theoretische Reflexion – auch über den Staat – schlecht als simple Praxis- und Revolutionsanleitung direkt anwendbar und umsetzbar ist. Mit «Geduld und Ironie» (Agnoli) kann die Aneignung und Diskussion materialistischer Staatskritik aber zumindest zu einem besseren Verständnis der herrschenden Verhältnisse beitragen. Vielleicht sogar ein wenig zu ihrer Subversion. Und das wäre angesichts der Marginalität und des prekären Zustands der Linken ja schon einiges wert.

341 Pohrt 2010, S. 113 f.

Literatur

Die Werke von Karl Marx und Friedrich Engels werden zitiert nach den Marx-Engels Werken MEW, Berlin 1956 ff.
Die Werke von Antonio Gramsci werden zitiert nach den Gefängnisheften GH, Berlin 2012 (EA: ital. 1975, dt. 1991 ff).
Die Werke von Wladimir I. Lenin werden zitiert nach Lenin Werke LW, Berlin 1955 ff.

Engels, Friedrich: Der Ursprung der Familie, des Privateigentums und des Staates, in: MEW 21.
Engels, Friedrich: Brief an Johann Philipp Becker, in: MEW 36, S. 218–219.
Gramsci, Antonio: Gefängnishefte GH, Berlin 2012.
Lenin, Wladimir Illitsch: Was tun? Brennende Fragen unserer Bewegung, in: LW 5, S. 355–551, Berlin 1958 (EA russ. 1902).
Lenin, Wladimir Illitsch: Staat und Revolution. Die Lehre des Marxismus vom Staat und die Aufgaben des Proletariats in der Revolution, in: LW 25, S. 393–537, Berlin 1960 (EA russ. 1917).
Lenin, Wladimir Illitsch: Der Imperialismus als höchstes Stadium des Kapitalismus, in: LW 22, S. 191–309, Berlin 1960 (EA russ. 1917).
Lenin, Wladimir Illitsch: Die sozialistische Weltrevolution und das Selbstbestimmungsrecht der Nationen, in: LW 22, S. 144–159, Berlin 1960 (EA russ. 1916).
Lenin, Wladimir Illitsch: Über den Staat, in: LW 29, S. 460–479, Berlin 1963 (EA russ. 1929).
Lenin, Wladimir Illitsch: Thesen zur nationalen und kolonialen Frage, Berlin 1966, in: LW 31, S. 132–139 (EA russ. 1920).
Marx, Karl: Zur Kritik der Hegelschen Rechtsphilosophie. Einleitung, in: MEW 1, Berlin, S. 373–391.
Marx, Karl: Das Elend der Philosophie. Antwort auf Proudhons «Philosophie des Elends», in: MEW 4.
Marx, Karl: Zur Kritik der politischen Ökonomie, in: MEW 13.
Marx, Karl: Konspekt zu Bakunins Buch «Staatlichkeit und Anarchie», in: MEW 18, S. 597–642.
Marx, Karl: Kritik des Gothaer Programms, in: MEW 19, S. 11–32.
Marx, Karl: Das Kapital. Kritik der politischen Ökonomie. Erster Band, in: MEW 23.
Marx, Karl: Das Kapital. Kritik der politischen Ökonomie Dritter Band, in: MEW 25.

Adamczak, Bini: Gestern morgen. Über die Einsamkeit kommunistischer Gespenster und die Rückkehr der Zukunft, Münster 2008.
Agnoli, Johannes: Die Transformation der Demokratie, in: Agnoli, Johannes / Brückner, Peter: Die Transformation der Demokratie, Frankfurt am Main 1968, S. 3–87.
Ders.: Der Staat des Kapitals und weitere Schriften zur Kritik der Politik, Freibung 1995 (EA 1975).

Ders.: Faschismus ohne Revision, Freiburg 1997.
Ders.: Marx, der Staat, die Anarchie, in: ders.: 1968 und die Folgen, Freiburg 1998a (EA 1984), S. 211–222.
Ders.: Und noch immer kein Staatsfreund, in: ders.: 1968 und die Folgen, Freiburg 1998b (EA 1988), S. 235–248.
Ders.: Subversive Theorie. «Die Sache selbst» und ihre Geschichte, Freiburg 1999.
Ders.: Das negative Potential, Freiburg 2002.
Althusser, Louis: Ideologie und ideologische Staatsapparate, 1. Halbband, Hamburg 2010 (EA frz. 1970).
Ders.: Über die Reproduktion. Ideologie und ideologische Staatsapparate, 2. Halbband, Hamburg 2012 (EA frz. 2011).
Altvater, Elmar: Zu einigen Problemen des Staatsinterventionismus, in: PROKLA. Zeitschrift für politische Ökonomie und sozialistische Politik 3, 1972, S. 1–53.
Anderson, Perry: Über den Westlichen Marxismus, Frankfurt am Main 1978 (EA engl. 1976).
Ders.: Antonio Gramsci. Eine kritische Würdigung, Berlin 1979.
Anderson, Benedict: Die Erfindung der Nation. Zur Erfindung eines folgenreichen Konzepts, Frankfurt am Main 1996 (EA engl. 1983).
Arps, Jan Ole: Frühschicht. Linke Fabrikintervention in den 70er Jahren, Hamburg/Berlin 2011.
Balibar, Etienne: Rassismus und Nationalismus, in: Balibar, Etienne / Wallerstein, Immanuel: Rasse, Klasse, Nation. Ambivalente Identitäten, Berlin/Hamburg 1990, S. 49–86.
Bakunin, Michail: Die Berner Bären und der Bär von Petersburg, Zürich 1970 (EA frz. 1879).
Ders.: Staatlichkeit und Anarchie und andere Schriften, Frankfurt am Main/Berlin/Wien 1972.
Ders.: Gott und der Staat, Grafenau 1995 (EA 1882).
Bauer, Otto: Der Faschismus, in: Bauer, Otto / Marcuse, Herbert / Rosenberg, Arthur: Faschismus und Kapitalismus. Theorien über die sozialen Ursprünge und die Funktion des Faschismus. Herausgegeben von Wolfgang Abendroth, Frankfurt am Main 1967, S. 143–167.
Becker, Florian / Candeias, Mario / Niggemann, Janek / Steckner, Anne (Hg.): Gramsci lesen. Einstiege in die Gefängnishefte, Hamburg 2013.
Behrens, Diethard / Hafner, Kornelia: Westlicher Marxismus, Stuttgart 2017.
Benicke, Jens: Von Adorno zu Mao. Über die schlechte Aufhebung der antiautoritären Bewegung, Freiburg 2010.
Berger, Axel: Liebling Gramsci, in: Jungle World Nr. 25, 20.6.2007, S. 20–21.
Bieler, Andreas / Morton, Adam David: Neo-Gramscianische Perspektiven, in: Schieder, Siegfried / Spindler, Manuela (Hg.): Theorien internationaler Beziehungen, Opladen 2003, S. 337–362.
Bierl, Peter: Schwundgeld, Freiwirtschaft und Rassenwahn. Kapitalismuskritik von rechts: Der Fall Silvio Gesell, Hamburg 2012.
Ders.: Making Anarchism a Threat again? Eine kritische Auseinandersetzung mit aktuellen anarchistischen Debatten, in: associazione

delle talpe / Rosa-Luxemburg-Intiative Bremen (Hg.): Maulwurfsarbeit III, Berlin 2015a, S. 87–96.
Ders.: Bakunin empfiehlt Marx. Der Anarchismus zwischen Kommunismus und Marktverherrlichung, in Phase 2, Nr. 50, 2015b, S. 10–12.
Blanke, Bernhard / Jürgens, Ulrich / Kastendiek, Hans: Zur neueren marxistischen Diskussion über die Analyse von Form und Funktion des bürgerlichen Staates. Überlegungen zum Verhältnis von Politik und Ökonomie, in: Prokla 14/15, 1974, S. 51–102.
Bösch, Robert: Die wundersame Renaissance des Antonio Gramsci, in: Krisis Nr. 13, 1993, http://www.krisis.org/r-boesch_antonio_gramsci_krisis13.html
Bonefeld, Werner / Tischler, Sergio (Hg.): What is to be Done? New Times and the Anniversary of a Question, Aldershot 2003.
Bonefeld, Werner / Heinrich, Michael: Kapital und Kritik. Nach der «neuen» Marx-Lektüre, Hamburg 2011.
Bonefeld, Werner: Critical Theory and the Critique of Political Economy, London 201
Bookchin, Murray: Social Anarchism or Lifestyle Anarchism. An Unbridgeable Chasm, Stirling 1995.
Brand, Ulrich: Gegen-Hegemonie. Perspektiven globalisierungskritischer Strategien, Hamburg 2005.
Bretthauer, Lars / Gallas, Alexander / Kannankulam, John / Stützle, Ingo (Hg.): Poulantzas lesen. Zur Aktualität marxistischer Staatstheorie, Hamburg 2006.
Brosch, Mathias / Elm, Michael / Geissler, Norman / Simbürger, Brigitta Elisa / Von Wrochem, Oliver (Hg.): Exklusive Solidarität. Linker Antisemitismus in Deutschland, Berlin 2007.
Buckel, Sonja / Fischer-Lescano, Andreas: Hegemonie gepanzert mit Zwang. Zivilgesellschaft und Politik im Staatsverständnis Antonio Gramscis, Baden-Baden 2007.
Buckel, Sonja: Subjektivierung und Kohäsion. Zur Rekonstruktion einer materialistischen Theorie des Rechts, Weilerswist 2007.
Candeias, Mario: Neoliberalismus – Hochtechnologie – Hegemonie: Grundrisse einer transnationalen Produktions- und Lebensweise. Eine Kritik, Hamburg 2004.
Cederström, Carl / Spicer, Andre: Das Wellness-Syndrom. Die Glücksdoktrin und der perfekte Mensch, Berlin 2016.
Connell, Raewyn: Der gemachte Mann: Konstruktion und Krise von Männlichkeiten, Opladen 1999.
Cox, Robert: Gramsci, Hegemony and International Relations: An Essay in Method, in: Gill, Stephen (Hg.): Gramsci, Historical Materialism and International Relations, Cambridge 1993, S.49–66.
Dalla Costa, Mariarosa: Frauen und der Umsturz der Gesellschaft, Berlin 1973 (EA ital. 1971).
Dath, Dietmar (Hg.): Wladimir Iljitsch Lenin: Staat und Revolution, Hamburg 2012.
Demirovic, Alex: Nicos Poulantzas. Eine kritische Auseinandersetzung, Hamburg/Berlin 1987.
Ders.: Kulturelle Hegemonie von rechts. Antonio Gramsci – gesehen von der nouvelle droite, in: Die Neue Gesellschaft. Frankfurter Hefte 4, 1990, S. 352–357.

Ders.: Nicos Poulantzas – Aktualität und Probleme materialistischer Staatstheorie, Münster 2007a.

Ders.: Politische Gesellschaft – zivile Gesellschaft. Zur Theorie des integralen Staates bei Antonio Gramsci, in: Buckel, Sonja / Fischer-Lescano, Andreas: Hegemonie gepanzert mit Zwang. Zivilgesellschaft und Politik im Staatsverständnis Antonio Gramscis, Baden-Baden 2007b, S. 21–41.

Dimitroff, Georgi: Arbeiterklasse gegen Faschismus. Die Offensive des Faschismus und die Aufgaben der Kommunistischen Internationale im Kampfe für die Einheit der Arbeiterklasse gegen Faschismus, München 1972 (EA 1935).

Ebermann, Thomas: Mit Keynes für Deutschland, in konkret 10/2015, S. 22–25.

Ders.: Rechte Leute von links. Linke Politik im nationalen Interesse, der Kampf des Falschen gegen das Falsche und die Anfälligkeit deutscher Keynesianer für Querfronten, in: konkret 1/2016, S. 12–19.

Eckhardt, Wolfgang: Bakunin vs. Marx. Russland und andere Konfliktthemen in der Internationalen Arbeiterassoziation, in: Rolf Hecker u. a. (Hg.): Marx und Russland, Beiträge zur Marx-Engels-Forschung. Neue Folge 2012, Hamburg, S. 21–38.

Ders.: Staat ist Herrschaft durch Zwang. Bakunins Staatskritik, in: Seyferth, Peter (Hg.): Den Staat zerschlagen! Anarchistische Staatsverständnisse, Baden-Baden 2015, S. 127–142.

Elbe, Ingo: (K)ein Staat zu machen? Die sowjetische Rechts- und Staatsdebatte auf dem Weg zum adjektivischen Sozialismus, in: associazione delle talpe / Rosa-Luxemburg-Intiative Bremen (Hg.): Staatsfragen. Einführungen in die materialistische Staatskritik, Berlin 2009, S. 24–41.

Ders.: Warenform, Rechtsform, Staatsform. Paschukanis' Explikation rechts- und staatstheoretischer Gehalte der Marxschen Ökonomiekritik, in: grundrisse. Zeitschrift für linke theorie und debatte, Nr. 9, 2004, http://www.grundrisse.net/grundrisse09/9paschukanis.htm

Ders.: Thesen zu Staat und Hegemonie in der Linie Gramsi – Poulantzas, 2006, http://www.rote-ruhr-uni.com/texte/elbe_staat_hegemonie.shtml.

Ders.: Marx im Westen. Die neue Marx-Lektüre in der Bundesrepublik seit 1965, Berlin 2008a.

Ders.: Rechtsform und Produktionsverhältnisse. Anmerkungen zu einem blinden Fleck in der Gesellschaftstheorie von Nicos Poulantzas, in: Lindner, Urs / Nowak, Jan / Paust-Lassen, Pia (Hg.): Philosophieren unter anderen. Beiträge zum Palaver der Menschheit, Münster 2008b.

Ders.: «Umwälzungsmomente der alten Gesellschaft» – Revolutionstheorie und ihre Kritik bei Marx, in: associazione delle talpe / Rosa-Luxemburg-Initiative Bremen (Hg.): Maulwurfsarbeit. Aufklärung und Debatte, Kritik und Subversion, Berlin 2010, S. 132–144.

Ders.: Staat der Kapitalisten oder Staat des Kapitals? Rezeptionslinien von Engels' Staatsbegriff im 20. Jahrhundert, in: Salzborn, Samuel (Hg.): « ins Museum der Altertümer». Staatstheorie und Staatskritik bei Friedrich Engels, Baden-Baden 2012, S. 155–180.

Ders.: Zwischen Marx, Marxismus und Marxismen – Lesarten der Marxschen Theorie, in: associazione delle talpe / Rosa-Luxemburg-Initiative Bremen (Hg.): Maulwurfsarbeit III, Berlin 2015, S. 97–110.

Ders.: Politische Macht, Faschismus und Ideologie. Ernesto Laclaus Auseinandersetzung mit Nicos Poulantzas, in: Hetzel, Andreas (Hg.): Radikale Demokratie. Zum Staatsverständnis von Chantal Mouffe und Ernesto Laclau, Baden-Baden 2016.

Esser, Josef: Einführung in die materialistische Staatsanalyse, Frankfurt am Main / New York 1975.

Fanon, Frantz: Die Verdammten dieser Erde, Frankfurt am Main 2015 (EA: frz. 1961, dt. 1966).

Federici, Silvia: Aufstand aus der Küche. Reproduktionsarbeit im globalen Kapitalismus und die unvollendete feministische Revolution, Münster 2012.

Figes, Orland: Die Tragödie eines Volkes. Die Epoche der russischen Revolution 1891 bis 1924, Berlin 1998.

Fiori, Giuseppe: Das Leben des Antonio Gramsci. Eine Biographie, Berlin 2013 (EA: ital. 1966, dt. 1979).

Fischer, Anita: Von geschlechtlicher Arbeitsteilung über Geschlecht zum Staat. Eine geschlechtertheoretische Auseinandersetzung mit dem Staat bei Nicos Poulantzas, in: Wissel, Jens / Wöhl, Stefanie: Staatstheorie vor neuen Herausforderungen. Analyse und Kritik, Münster 2008, S. 50–69.

von Flatow, Sybille / Huisken, Freerk: Zum Problem der Ableitung des bürgerlichen Staates, in: PROKLA. Zeitschrift für politische Ökonomie und sozialistische Politik, Nr. 7, 1973, S. 83–153.

Foucault, Michel: Sicherheit, Territorium, Bevölkerung. Geschichte der Gouvernementalität I, Frankfurt am Main 2004a.

Ders.: Die Geburt der Biopolitik. Geschichte der Gouvernementalität II, Frankfurt am Main 2004b.

Fraenkel, Ernst: Vom monopol-kapitalistischen Charakter des Nazi-Staatsgebildes: Das Produkt des Grosskapitals, in: ders.: Gesammelte Schriften Band 2: Nationalsozialismus und Widerstand, Baden-Baden 1999.

Fraenkel, Ernst: Der Doppelstaat, Hamburg 2001 (EA: engl. 1941, dt. 1974).

Frei, Norbert (2001): Der Führerstaat. Nationalsozialistische Herrschaft 1933 bis 1945. Erweiterte Neuausgabe München 2001.

Friedländer, Saul: Das Dritte Reich und die Juden. Die Jahre der Verfolgung 19933–1939, München 1998.

Ders.: Das Dritte Reich und die Juden. Die Jahre der Vernichtung 1939–1945, München 2006.

Gallas, Alexander: «Das Kapital» mit Poulantzas lesen. Form und Kampf in der Kritik der politischen Ökonomie, in: Bretthauer, Lars / Gallas, Alexander / Kannankulam, John / Stützle, Ingo (Hg.): Poulantzas lesen. Zur Aktualität marxistischer Staatstheorie, Hamburg 2006, S. 101–119.

Gehrig, Thomas: Staat statt Revolution. Zum Staatsverständnis in der marxistischen Sozialdemokratie, in: Hirsch, Joachim / Kannankulam, John / Wissel, Jens: Der Staat der Bürgerlichen Gesellschaft. Zum Staatsverständnis von Karl Marx, Baden-Baden 2008, S. 65–91.

Genetti, Evi: Staat, Kapital und Geschlecht. Eine Bestandsaufnahme feministischer Kritik, in: grundrisse. Zeitschrift für linke Theorie und Debatte Nr. 4, 2002.

Dies.: Geschlechterverhältnisse im bürgerlichen Staat. Feministische Denkarten materialistischer Staatstheorien, in: Hirsch, Joachim / Kannankulam, John / Wissel, Jens (Hg.): Der Staat der Bürgerlichen Gesellschaft. Zum Staatsverständnis von Karl Marx, Baden-Baden 2008, S. 135–154.

Gerstenberger, Heide: Zur Theorie der historischen Konstitution des bürgerlichen Staates, in: PROKLA. Zeitschrift für politische Ökonomie und sozialistische Politik Nr. 8/9, 1973, S. 207–226.

Dies.: Klassenantagonismus, Konkurrenz und Staatsfunktionen, in: Gesellschaft. Beiträge zur Marxschen Theorie Nr. 3, 1975S. 7–26.

Dies.: Die subjektlose Gewalt. Zu Wesen und Entstehung bürgerlicher Staatsgewalt, Münster 2006 (EA 1990).

Dies.: Fixierung und Entgrenzung. Theoretische Annäherungen an die politische Form des Kapitalismus, in: Prokla. Zeitschrift für kritische Sozialwissenschaft Nr. 147, Juni 2007, S. 173–197.

Dies.: Der bürgerliche Staat. Zehn Thesen zur historischen Konstitution, in: associazione delle talpe / Rosa-Luxemburg-Initiative Bremen (Hg.): Staatsfragen. Einführungen in die materialistische Staatskritik, Berlin 2009a, S. 79–85.

Dies.: Staatsgewalt im globalisierten Kapitalismus, in: associazione delle talpe / Rosa-Luxemburg-Initiative Bremen (Hg.): Staatsfragen. Einführungen in die materialistische Staatskritik, Berlin 2009b, S. 93–100.

Dies.: Markt und Gewalt. Die Funktionsweise des historischen Kapitalismus, Münster 2017.

Görres-Agnoli, Barbara: Johannes Agnoli. Eine biographische Skizze, Hamburg 2004.

Graeber, David: Direkte Aktion. Ein Handbuch, Hamburg 2013.

Grigat, Stephan: Die Kritik der Politik, das Elend der Politikwissenschaft und der Staatsfetisch in der marxistischen Theorie, in: Bruhn, Joachim (Hg.): Kritik der Politik. Johannes Agnoli zum 75. Geburtstag, Freiburg 2000, S. 145–171.

Ders.: Transformation des Postnazismus. Der deutsch-österreichische Weg zum demokratischen Faschismus, Freiburg 2003.

Ders.: Der Hass der Antiglobalisierungsbewegung auf Israel – eine Kritik der No-Globals und ihrer Kritiker, in: Asta der Geschwister-Scholl-Universität München (Hg.): Spiel ohne Grenzen. Zu- und Gegenstand der Antiglobalisierungsbewegung, Berlin 2004, S. 295–318.

Ders.: Fetisch und Freiheit. Über die Rezeption der Marxschen Fetischkritik, die Emanzipation von Staat und Kapital und die Kritik des Antisemitismus, Freiburg 2007.

Gross, Raphael: Carl Schmitt und die Juden. Eine deutsche Rechtslehre, Frankfurt am Main 2005.

Gruber, Alex / Ofenbauer, Tobias: Der Wert des Souveräns. Zur Staatskritik von Eugen Paschukanis, in: Paschukanis, Eugen: Allgemeine Rechtslehre und Marxismus. Versuch einer Kritik der juristischen Grundbegriffe, Freiburg 2003, S. 7–30.

Gruppe Inex (Hg.): Nie wieder Kommunismus. Zur linken Kritik am Stalinismus und Realsozialismus, Münster 2012.
Harms, Andreas: Warenform und Rechtsform. Zur Rechtstheorie von Eugen Paschukanis, Freiburg 2009.
Hardt, Michael / Negri, Antonio: Empire. Die neue Weltordnung, Frankfurt am Main 2002 (EA engl. 2000).
Harvey, David: Der neue Imperialismus, Hamburg 2005.
Haury, Thomas: Zur Logik des bundesdeutschen Antizionismus, in: Poliakov, Leon: Vom Antizionismus zum Antisemitismus, Freiburg 1992, S. 125–159.
Ders.: Antisemitismus von links. Kommunistische Ideologie, Nationalismus und Antizionismus in der frühen DDR, Hamburg 2002.
Heinrich, Michael: Kritik der politischen Ökonomie. Eine Einführung, Stuttgart 2004.
Ders.: Imperialismustheorie, in: Schieder, Siegfried / Spindler, Manuel (Hg.): Theorien der internationalen Beziehungen, Opladen 2006, S. 295–324.
Ders.: Kapitalismus, Krise und Kritik. Zum analytischen Potential der Marxschen Theorie angesichts der gegenwärtigen Krise, in: Bude, Heinz u. a. (Hg.): Marx. Ein toter Hund?, Hamburg 2010, S. 124–148.
Ders.: Entstehungs- und Auflösungsgeschichte des Marxschen «Kapital», in: Bonefeld, Werner / Heinrich, Michael (Hg.): Kapital und Kritik. Nach der «neuen» Marx-Lektüre, Hamburg 2011, S. 155–193.
Ders.: Individuum, Personifikation und unpersönliche Herrschaft in Marx' Kritik der politischen Ökonomie, in: Elbe, Ingo / Ellmers, Sven / Eufinger, Jan (Hg.): Anonyme Herrschaft. Zur Struktur moderner Machtverhältnisse. Eigentum – Gesellschaftsvertrag – Staat III, Münster 2012, S. 15–34.
Henning, Eike / Hirsch, Joachim / Reichelt, Helmut / Schäfer, Gert: Materialien zur Rekonstruktion der marxistischen Staatstheorie, Frankfurt am Main 1974.
Hilberg, Raul: Die Vernichtung der europäischen Juden, 3 Bände, Frankfurt am Main 1990 (EA: engl. 1961, dt. 1982).
Ders.: Die bleibende Bedeutung des Behemoth, in: Iser, Mathias / Strecker, David (Hg.): Kritische Theorie der Politik. Franz L. Neumann – eine Bilanz, Baden-Baden 2002, S. 75–82.
Hildermeier, Manfred: Geschichte der Sowjetunion 1917–1991. Entstehung und Niedergang des ersten sozialistischen Staates, München 1998.
Hilferding, Rudolf: Das Finanzkapital, Frankfurt am Main 1910.
Hirsch, Joachim: Vom Sicherheitsstaat zum nationalen Wettbewerbsstaat, Berlin 1998.
Ders.: Tote Hunde wecken. Interview mit Joachim Hirsch, in: arranca Nr. 24, Sommer 2002, S. 20–23.
Ders.: Globalisierung und Internationalisierung des Staates – eine Herausforderung für die materialistische Staatstheorie, in: Kirchhoff, Christine / Meyer, Lars u. a.: Gesellschaft als Verkehrung. Perspektiven einer neuen Marx-Lektüre, Freiburg 2004, S.291–315.
Ders.: Materialistische Staatstheorie. Transformationsprozesse des kapitalistischen Weltsystems, Hamburg 2005.

Hirsch, Joachim / Jessop, Bob / Poulantzas, Nicos: Die Zukunft des Staates, Hamburg 2001.
Hirsch, Joachim / Kannankulam, John: Poulantzas und Formanalyse. Zum Verhältnis zweier Ansätze materialistischer Staatstheorie, in: Bretthauer, Lars / Gallas, Alexander / Kannankulam, John / Stützle, Ingo: Poulantzas lesen. Zur Aktualität marxistischer Staatstheorie, Hamburg 2006, S. 65–81.
Hirsch, Joachim / Kannankulam, John / Wissel, Jens: Der Staat der Bürgerlichen Gesellschaft. Zum Staatsverständnis von Karl Marx, Baden-Baden 2008.
Hobsbawm, Eric / Ranger, Terence (Hg.): The Invention of Tradition, Cambridge 1998.
Hobson, John: Der Imperialismus, Köln 1968 (EA engl. 1902).
Hoff, Jan: Befreiung heute. Emanzipationstheoretisches Denken und historische Hintergründe, Hamburg 2016.
Holloway, John / Piciotto, Sol (Hg.): State and Capital. A Marxist Debate, London 1978.
Holloway, John: Reform des Staates: Globales Kapital und nationaler Staat, in: Prokla. Zeitschrift für kritische Sozialwissenschaft, Heft 90, 1993, S. 12–33.
Ders.: Die Welt verändern, ohne die Macht zu übernehmen, Münster 2002.
Ders.: Kapitalismus aufbrechen, Münster 2010.
Horkheimer, Max / Pollock, Friedrich / Neumann, Franz / Kirchheimer, Otto / Gurland, Arkadi: Wirtschaft, Recht und Staat im Nationalsozialismus. Analysen des Instituts für Sozialforschung 1939–1942. Herausgegeben von Helmut Dubiel und Alfons Söllner, Frankfurt am Main 1981.
Horkheimer, Max: Autoritärer Staat, in: ders.: Gesammelte Schriften Band 5, S. 293 ff., Frankfurt am Main 1987.
Huhn, Willy: Der Etatismus der Sozialdemokratie. Zur Vorgeschichte des Nationalsozialismus, Freiburg 2003.
Iser, Mathias / Strecker, David: Kritische Theorie der Politik. Franz L. Neumann – eine Bilanz, Baden-Baden 2002.
Jay, Martin: Dialektische Phantasie. Die Geschichte der Frankfurter Schule und des Instituts für Sozialforschung, 1923–1950. Vorwort von Max Horkheimer, Frankfurt am Main 1976.
Jessop, Bob: The Capitalist State. Marxist Theories and Methods, Oxford 1982.
Ders.: Nicos Poulantzas. Marxist Theory and Political Strategy, New York 1985.
Ders.: State Theory. Putting the State in its Place, University Park 1990.
Ders.: Kapitalismus, Regulation, Staat – Ausgewählte Schriften, Berlin 2007.
Kannankulam, John: Autoritärer Etatismus im Neoliberalismus. Zur Staatstheorie von Nicos Poulantzas, Hamburg 2008.
Ders.: Zur westdeutschen Staatsableitungsdebatte der siebziger Jahre. Hintergründe, Positionen, Kritiken, in: associazione delle talpe / Rosa-Luxemburg-Initiative Bremen (Hg.): Staatsfragen. Einführungen in die materialistische Staatskritik, Berlin 2009, S. 42–57.
Kasakow, Ewgenij: Von der Staats- zur Herrschaftskritik? Notizen zur Entwicklung der anarchistischen und marxistischen Staatstheorie,

in: Kellermann, Philippe (Hg.): Begegnungen feindliche Brüder III. Zum Verhältnis von Anarchismus und Marxismus in der Geschichte der sozialistischen Bewegung, Münster 2014, S. 185–205.
Ders.: Den Anarchismus gibt es nicht! Kritik einer Strömung, die sich der Kritik zu entziehen sucht, in: Phase 2, Nr. 50, 2015, S. 6–9.
Kebir, Sabine: Dekonstruktion von Wackelkandidaten und Diskurspiraten. Gramsci, Brecht und Anverwandlung linker Signifikanten durch rechte Politik, in: Wamper, Regina / Kellershohn, Helmut / Dietzsch, Martin (Hg.): Rechte Diskurspiraterien. Strategien der Aneignung linker Codes, Symbole und Aktionsformen, Münster 2010, S. 54–79.
Keil, Daniel: Territorium, Tradition und nationale Identität. Eine staatstheoretische Perspektive auf den Wandel nationaler Identität in der europäischen Union, Münster 2015.
Kellermann, Philippe (Hg.): Begegnungen feindlicher Brüder. Zum Verhältnis von Anarchismus und Marxismus in der Geschichte der sozialistischen Bewegung, Münster 2011.
Ders. (Hg.): Begegnungen feindlicher Brüder II. Zum Verhältnis von Anarchismus und Marxismus in der Geschichte der sozialistischen Bewegung, Münster 2012.
Ders. (Hg.): Begegnungen feindlicher Brüder III. Zum Verhältnis von Anarchismus und Marxismus in der Geschichte der sozialistischen Bewegung, Münster 2014.
Kershaw, Ian: Der NS-Staat. Geschichtsinterpretationen und Kontroversen im Überblick, Reinbek bei Hamburg 1999.
Kettner, Fabian: Das Verhältnis des Theoretikers zur Bewegung. Eine Fallstudie: John Holloway, 2006, http://www.rote-ruhr-uni.com/texte/kettner_holloway.pdf
Kistenmacher, Olaf: Arbeit und «jüdisches Kapital». Antisemitische Aussagen in der KPD-Tageszeitung Die Rote Fahne während der Weimarer Republik, Bremen 2016.
Koenen, Gerd: Das rote Jahrzehnt. Unsere kleine deutsche Kulturrevolution 1967–1977, Köln 2001.
Koltan, Michael: Lenins Staat und Revolution, in: jour fixe initiative berlin: Souveränitäten. Von Staatsmenschen und Staatsmaschinen, Münster 2010, S. 85–106.
Kostede, Norbert: Die neuere marxistische Diskussion über den bürgerlichen Staat. Einführung – Kritik – Resultate, in: Gesellschaft. Beiträge zur Marxschen Theorie Nr. 8/9, 1976, S. 150–196.
Krauth, Stephan: Kritik des Rechts, Stuttgart 2013.
Kropotkin, Peter: Die Eroberung des Brotes, Grafenau 1989 (EA 1892).
Kunow, Fabian / Wörsching, Mathias: Faschismutheorien. Eine Einführung, Stuttgart 2017.
Laclau, Ernesto / Mouffe, Chantal: Hegemonie und radikale Demokratie. Zur Dekonstruktion des Marxismus, Wien 2000 (EA: engl. 1985, dt. 1991).
Laclau, Ernesto: Warum Populismus?, in: Luxemburg. Gesellschaftsanalyse und linke Praxis, Heft 1/2014, S. 6–13.
Landauer, Gustav: Entstaatlichung. Für eine herrschaftslose Gesellschaft, Wetzlar 1978.
Lemke, Thomas: Eine Kritik der politischen Vernunft. Foucaults Analyse der modernen Gouvernementalität, Hamburg 1997.

Lent, Lilly / Trumann, Andrea: Kritik des Staatsfeminismus. Oder: Kinder, Küche, Kapitalismus, Berlin 2015.
Linden, Marcel van der: Western Marxism and the Soviet Union. A Survey of Critical Theories and Debates since 1917, Leiden 2009.
Loick, Daniel: Kritik der Souveränität, Frankfurt am Main 2012.
Longerich, Peter: Politik der Vernichtung. Eine Gesamtdarstellung der nationalsozialistischen Judenverfolgung 1933–1945, München 1998.
Ludwig, Gundula / Sauer, Birgit / Wöhl, Stefanie (Hg.): Staat und Geschlecht. Grundlagen und aktuelle Herausforderungen feministischer Staatstheorie, Baden-Baden 2009.
Luxemburg, Rosa: Die Akkumulation des Kapitals. Ein Beitrag zur ökonomischen Erklärung des Imperialismus, in: dies.: Gesammelte Werke, Band 5, Berlin (EA 1913).
Marcuse, Herbert: Der Kampf gegen den Liberalismus in der totalitären Staatsauffassung, in: Zeitschrift für Sozialforschung Jg. 3, Nr. 2, 1934, S. 161–195.
Ders.: Feindanalysen. Über die Deutschen. Schriften aus dem Nachlass, herausgegeben von Peter-Erwin Jansen, Springe 2007.
Marx, Karl: Der achtzehnte Brumaire des Louis Bonaparte. Kommentar von Hauke Brunkhorst, Frankfurt am Main 2007.
Marxistische Gruppe: Der bürgerliche Staat, in: Resultate. Theoretisches Organ der Marxistischen Gruppe Nr. 3, München 1979.
Mason, Paul: Postkapitalismus. Grundrisse einer kommenden Ökonomie, Frankfurt am Main 2016.
Mattick, Paul: Die Revolution war für mich ein großes Abenteuer, Münster 2013.
Mense, Thorsten: Kritik des Nationalismus, Stuttgart 2016.
Merkel-Melis, Renate: Die Staatstheorie im Spätwerk von Friedrich Engels, in: Salzborn, Samuel: «ins Museum der Altertümer» – Staatstheorie und Staatskritik bei Friedrich Engels, Baden-Baden 2012, S. 49–80.
Merkens, Andreas / Diaz, Victor Rego: Mit Gramsci arbeiten. Texte zur politisch-praktischen Aneignung Antonio Gramscis, Berlin 2008. Minu, Aurelie: «Good Bye, Gramsci!» Wie den No-Globals ihr Tafelsilber genommen wird, in: Phase 2 Nr. 12, Juni 2004, S. 57–60.
Müller, Wolfgang / Neusüss, Christel: Die Sozialstaatsillusion und der Widerspruch von Lohnarbeit und Kapital, in: Prokla-Sonderheft Nr. 1/1972.
Mühsam, Erich: Ascona, Berlin 1978 (EA 1905).
Ders.: Befreiung der Gesellschaft vom Staat, Berlin 2009 (EA 1932).
Ders.: Das seid ihr Hunde wert! Ein Lesebuch, Berlin 2014.
Ders.: Tagebücher, Berlin 2011 ff.
Musto, Marcello (Hg.): Karl Marx's Grundrisse. Foundations of the critique of political economy, London/New York 2008.
Ders.: Marx und die Kritik der politischen Ökonomie. Von den frühen Studien bis zu den «Grundrissen», in: Bonefeld, Werner / Heinrich, Michael (Hg.): Kapital und Kritik. Nach der «neuen» Marx-Lektüre, Hamburg 2011, S. 130–154.
Neumann, Franz: Behemoth. Struktur und Praxis des Nationalsozialismus 1933–1944. Neuauflage. Frankfurt am Main 2004 (EA: engl. 1942/1944, dt. 1977).

Neumann, Franz / Marcuse, Herbert / Kirchheimer, Otto: Im Kampf gegen Nazideutschland. Die Berichte der Frankfurter Schule für den amerikanischen Geheimdienst 1943–1949. Herausgegeben von Raffaele Laudani, Frankfurt am Main 2016.

Neupert, Alexander: Staatsfetischismus. Rekonstruktion eines umstrittenen Begriffs, Münster 2013.

Neusüss, Christel: Imperialismus und Weltmarktbewegung des Kapitals, Erlangen 1972.

Nowak, Jörg: Poulantzas, Geschlechterverhältnisse und die feministische Staatstheorie, in: Bretthauer, Lars u. a. (Hg.): Poulantzas lesen. Zur Aktualität marxistischer Staatstheorie, Hamburg 2006, S. 137–153.

Nowak, Jörg: Geschlechterpolitik und Klassenherrschaft. Eine Integration marxistischer und feministischer Staatstheorien, Münster 2009.

Opratko, Benjamin: Hegemonie. Politische Theorie nach Antonio Gramsci. Zweite überarbeitete Auflage Münster 2014.

Opratko, Benjamin / Praussmüller, Oliver (Hg.): Gramsci global. Neogramscianische Perspektiven in der Internationalen Politischen Ökonomie, Hamburg 2011.

Paech, Niko: Befreiung vom Überfluss. Auf dem Weg in die Postwachstumsökonomie, München 2012.

Pannekoek, Anton / Mattick, Paul: Marxistischer Antileninismus, Freiburg 2008.

Paschukanis, Eugen: Allgemeine Rechtslehre und Marxismus. Versuch einer Kritik der juristischen Grundbegriffe, Freiburg 2003 (EA: russ. 1924, dt. 1929).

Pohrt, Wolfgang: Gewalt und Politik. Ausgewählte Reden und Schriften, Berlin 2010.

Poliakov, Leon: Vom Antizionismus zum Antisemitismus, Freiburg 1992 (EA frz. 1969).

Pollock, Friedrich: Ist der Nationalsozialismus eine neue Ordnung?, in: Horkheimer, Max / Pollock, Friedrich / Neumann, Franz / Kirchheimer, Otto / Gurland, Arkadi / Marcuse, Herbert: Wirtschaft, Recht und Staat im Nationalsozialismus. Analysen des Instituts für Sozialforschung 1939–1942, Herausgegeben von Helmut Dubiel und Alfons Söllner, Frankfurt am Main 1981, S. 111–128.

Postone, Moishe / Brick, Barbara: Critical Theory and Political Economy, in: Benhabib, Seyla / Bonß, Wolfgang / McCole, John (Hg.): On Max Horkheimer. New Perspectives, Cambridge/London 1993, S. 215–256.

Postone, Moishe: Die Grenzen des traditionellen Marxismus und die pessimistische Wende der Kritischen Theorie, in: ders.: Zeit, Arbeit und gesellschaftliche Herrschaft, Freiburg 2003, S. 141–193.

Ders.: Critique, State and Economy, in: Rush, Fred (Hg.): The Cambridge Companion to Critical Theory, Cambridge 2004, S.65–193.

Ders.: Antisemitismus und Nationalsozialismus, in: ders.: Deutschland, die Linke und der Holocaust, Freiburg 2005, S. 119–164.

Poulantzas Nicos : Faschismus und Diktatur. Die Kommunistische Internationale und der Faschismus, München 1973 (EA frz. 1970).

Ders.: Staatstheorie. Politischer Überbau, Ideologie, Sozialistische Demokratie, Hamburg 2002 (EA: frz. 1977, dt. 1978).

Rakowitz, Nadja: Einfache Warenproduktion. Ideal und Ideologie, Freiburg 2000.
Dies.: Die Kritik am Zins – eine Sackgasse der Kapitalismuskritik, in: associazione delle talpe / Rosa-Luxemburg-Initiative Bremen (Hg.): Maulwurfsarbeit. Aufklärung und Debatte, Kritik und Subversion, Reihe rls papers, Berlin 2010, S. 17–21.
Reichardt, Sven: Authentizität und Gemeinschaft. Linksalternatives Leben in den siebziger und frühen achtziger Jahren, Frankfurt am Main 2014.
Reichelt, Helmut: Zur Staatstheorie im Frühwerk von Marx und Engels, in: Henning, Eike / Hirsch, Joachim / Reichelt, Helmut / Schäfer, Gert: Materialien zur Rekonstruktion der marxistischen Staatstheorie, Frankfurt am Main 1974.
Ders.: Zum Verhältnis von Staat und Gesellschaft im Marxschen Frühwerk, in: Hirsch, Joachim / Kannankulam, John / Wissel, Jens: Der Staat der Bürgerlichen Gesellschaft, Baden-Baden 2008, S. 25–40.
Reinhard, Wolfgang: Geschichte der Staatsgewalt. Eine vergleichende Verfassungsgeschichte Europas von den Anfängen bis zur Gegenwart. Dritte durchgesehene Auflage. Frankfurt am Main 2002.
Rudel, Gerd: Die Entwicklung der marxistischen Staatstheorie in der Bundesrepublik, Frankfurt am Main / New York 1981.
Ruschig, Ulrich / Schiller, Hans-Ernst (Hg.): Staat und Politik bei Horkheimer und Adorno, Baden-Baden 2014.
Saage, Richard: Faschismus. Konzeptionen und historischer Kontext, Eine Einführung, Wiesbaden 2007.
Salzborn, Samuel: Kritische Theorie des Rechts. Staat und Recht bei Franz L. Neumann, Baden-Baden 2009.
Ders.: Staat und Nation. Die Theorien der Nationalismusforschung in der Diskussion, Stuttgart 2011.
Ders.: «…ins Museum der Altertümer». Staatstheorie und Staatskritik bei Friedrich Engels, Baden-Baden 2012.
Sauer, Birgit: Die Asche des Souveräns. Staat und Demokratie in der Geschlechterdebatte, Frankfurt am Main 2001.
Dies.: Staat, Demokratie und Geschlecht – aktuelle Debatten, in: associazione delle talpe / Rosa-Luxemburg-Initiative Bremen (Hg.): Staatsfragen. Einführungen in die materialistische Staatskritik, Berlin 2009, S. 66–78.
Schäfer, Gert: Franz Neumanns Behemoth und die heutige Faschismusdiskussion, Nachwort in: Neumann, Franz: Behemoth. Struktur und Praxis des Nationalsozialismus 1933–1944, Frankfurt am Main 2004, S. 663–776.
Schneider, Udo: Hello Gramsci. Über Sinn und Unsinn des Hegemoniebegriffs für die Kritik der neuen Weltordnung, in: Phase 2. 13, September 2004, S.35–39.
Seidman, Michael: Gegen die Arbeit. Über die Arbeiterkämpfe in Barcelona und Paris 1936–1938, Nettersheim 2011 (EA engl. 1991).
Seyferth, Peter (Hg.): Den Staat zerschlagen! Anarchistische Staatsverständnisse, Baden-Baden 2015.
Siepmann, Eckhard: Montage: John Heartfield. Vom Club Dada zur Arbeiter-Illustrierten Zeitung, Berlin 1992 (EA 1977).
Slee, Tom: Deins ist meins. Die unbequemen Wahrheiten der Sharing Economy, München 2016.

Sohn-Rethel, Alfred: Ökonomie und Klassenstruktur des deutschen Faschismus. Vorwort von Johannes Agnoli, Bernhard Blanke, Niels Kadritzke, Frankfurt am Main 1973.

Ders.: Die deutsche Wirtschaftspolitik im Übergang zum Nazifaschismus. Analysen 1932–1948, Freiburg 2016.

Steffen, Michael: Geschichten vom Trüffelschwein. Politik und Organisation des Kommunistischen Bundes 1971–1991, Berlin 2002.

Sternhell, Zeev / Sznajder, Mario / Asheri, Maia: Die Entstehung der faschistischen Ideologie. Von Sorel zu Mussolini, Hamburg 1999 (EA frz. 1989).

Stowasser, Horst: Anarchie! Ideen – Geschichte – Perspektiven, Hamburg 2007.

Stützle, Ingo: Von Stellungs- und Bewegungskriegen. Kämpfe in und um den Staat. Eine Einführung in die materialistische Staatstheorie, in: associazione delle talpe / Rosa-Luxemburg-Initiative Bremen (Hg.): Staatsfragen. Einführungen in die materialistische Staatskritik, Berlin 2009, S. 58–65.

Ders.: Austerität als politisches Projekt. Von der monetären Integration Europas zur Eurokrise, Münster 2013.

Thalheimer, August: Über den Faschismus, in: Bauer, Otto / Marcuse, Herbert / Rosenberg, Arthur: Faschismus und Kapitalismus. Theorien über die sozialen Ursprünge und die Funktion des Faschismus. Herausgegeben von Wolfgang Abendroth, Frankfurt am Main 1967, S. 19–38.

Thomas, Peter: The Gramscian Moment. Philosophy, Hegemony and Marxism, Leiden 2009.

Ten Brink, Tobias: Geopolitik. Geschichte und Gegenwart kapitalistischer Staatenkonkurrenz, Münster 2008.

Teschke, Benno: Bourgeois Revolution, State-Formation and the Absence of the International, in: Historical Materialism 13.2/2005, S. 3–26.

Ders.: Mythos 1648. Klassen, Geopolitik und die Entstehung des europäischen Staatensystems, Münster 2007.

Thompson, Edward Palmer: The Making of the English Working Class, London 2013 (EA engl. 1963).

Trumann, Andrea: Feministische Theorie. Frauenbewegung und weibliche Subjektbildung im Spätkapitalismus, Stuttgart 2002.

… ums Ganze!: Staat, Weltmarkt und die Herrschaft der falschen Freiheit. Zur Kritik des kapitalistischen Normalvollzugs, keine Ortsangabe 2009.

Wallat, Hendrik: Fetischismus und Verdinglichung. Eine Einführung in die ökonomiekritische Form- und Fetischtheorie von Karl Marx, in: associazione delle talpe / Rosa-Luxemburg-Initiative Bremen (Hg.): Maulwurfsarbeit II – Kritik in Zeiten zerstörter Illusionen, Berlin 2012a, S. 100–107.

Ders.: Staat oder Revolution. Aspekte und Probleme linker Bolschewismuskritik, Münster 2012b.

Ders.: Fundamente der Subversion. Über die Grundlagen materialistischer Herrschaftskritik, Münster 2015.

Walt, Lucien van der / Schmidt, Michael: Schwarze Flamme. Revolutionäre Klassenpolitik im Anarchismus und Syndikalismus, Hamburg 2013 (EA engl. 2009).

Weiß, Volker: Deutschlands Neue Rechte. Angriff der Eliten – Von Spengler bis Sarrazin, Paderborn 2011.
Ders.: Moderne Antimoderne. Arthur Moeller van den Bruck und der Wandel des Konservatismus, Paderborn 2012.
Ders.: Die autoritäre Revolte. Die Neue Rechte und der Untergang des Abendlandes, Stuttgart 2017.
Wildt, Michael: Die politische Ordnung der Volksgemeinschaft. Ernst Fraenkels «Doppelstaat» neu betrachtet, in: Mittelweg 36 (Jg. 12) 2003, S. 45–61.
Ders.: Volksgemeinschaft als Selbstermächtigung. Gewalt gegen Juden in der deutschen Provinz 1919 bis 1939, Hamburg 2007.
Wippermann, Wolfgang: Faschismustheorien. Die Entwicklung der Diskussion von den Anfängen bis heute, Darmstadt 1997.
Wissel, Jens: Die Transnationalisierung von Herrschaftsverhältnissen. Zur Aktualität von Nicos Poulantzas' Staatstheorie, Baden-Baden 2007.
Wissel, Jens / Wöhl, Stefanie: Staatstheorie vor neuen Herausforderungen – Analyse und Kritik, Münster 2008.
Wissel, Jens (2015): Staatsprojekt Europa. Grundzüge einer materialistischen Theorie der Europäischen Union, Münster.
Woelk, Volkmar: Tertium non datur. Anmerkungen zum Widerschein des revolutionären Nationalismus in der «Neuen» Rechten, in: Wamper, Regina / Kellershohn, Helmut / Dietzsch, Martin (Hg.): Rechte Diskurspiraterien. Strategien der Aneignung linker Codes, Symbole und Aktionsformen, Münster 2010, S. 102–123.
Wolf, Siegbert: «Wo Geist ist, ist Staat» – Gustav Landauers Lust zum Ohnestaat als Brücke zwischen klassischem und postmodernem Anarchismus, in: Peter Seyferth (Hg.): Den Staat zerschlagen! Anarchistische Staatsverständnisse, Baden-Baden 2015, S. 191–202.
Wood, Ellen Meiksins: Der Ursprung des Kapitalismus. Eine Spurensuche, Hamburg 2015 (EA engl. 2002).
Zeiler, Moritz: Doppelstaat oder Unstaat? Die Analysen von Ernst Fraenkel und Franz Neumann über die nationalsozialistische Herrschaft, in: associazione delle talpe / Rosa-Luxemburg-Initiative Bremen (Hg.): Maulwursarbeit. Aufklärung und Debatte, Kritik und Subversion, Berlin 2010, S. 96–119.
Ziege, Eva-Maria: Antisemitismus und Gesellschaftstheorie. Die Frankfurter Schule im amerikanischen Exil, Frankfurt am Main 2009.
Zizek, Slavoj: Die Revolution steht bevor. Dreizehn Versuche nach Lenin, Frankfurt am Main 2002.

Hannah Arendt – Leben und politisches Denken

Alexandra Popp

Hannah Arendt

Eine Denkbiografie

229 Seiten, kartoniert, 12,80 EUR

ISBN 3-89657-020-X

Bei Hannah Arendt gibt es einen engen Zusammenhang zwischen dem eigenen Erleben und den Themen, die sie behandelt. Dieses Verhältnis nimmt das Buch von Alexandra Popp als Leitfaden und erläutert das Werk von Hannah Arendt vor dem Hintergrund ihres Lebens. In einen biografischen Teil werden Themen angerissen, die für Arendts Denken später Bedeutung erlangen. Bei Arendts politischer Theorie liegt das Hauptaugenmerk liegt auf der Bedeutung der Pluralität für das menschliche Zusammenleben. Auch das für Arendt so wichtige Thema der Freiheit wird umfassend beleuchtet, genauso wie die berühmte These von der Arbeitsgesellschaft, der die Arbeit ausgeht.

Weiterhin stehen zwei konkrete politische Ereignisse im Mittelpunkt, mit denen Arendt sich befasste. Das erste von Arendts zentralen Themen ist der Totalitarismus und damit zusammenhängend die Erfahrung der systematischen Vernichtung von Menschen in Konzentrationslagern. Der zweite Themenkomplex, auf den Arendt Zeit ihres Lebens immer wieder zurück kommt, ist der Zusammenhang zwischen Revolutionen, Freiheitserfahrung und Gründung von Gemeinwesen aus dem Erleben des gemeinsamen Handelns heraus.

... hat die Autorin Alexandra Popp für alle, die sich erstmals mit Arendt befassen wollen, eine bestens lesbare, geradezu spannende Einführung verfasst. .... Nicht zuletzt erörtert der Band, in welcher Richtung Arendts Denken in der globalisierten Welt, die uns gegenwärtig durch die Flüchtlingskrise und den Terror des IS so nahe ist, wie nie zuvor, weiter zu entwickeln wäre.

Micha Brumlik in «Die Tageszeitung»

Kritik des bürgerlichen Rechts

Stefan Krauth

Kritik des Rechts

180 Seiten, kart., ISBN 3-89657-668-2, 12,00 EUR, Schmetterling Verlag

Im Mittelpunkt dieses Einführungsbandes steht der Begriff der «Rechtsform», d.h. der abstrakten, allgemeinen Herrschaft ohne Ansehung der Person als Errungenschaft der Bürgerlichen Gesellschaft, im Gegensatz zur unmittelbaren, persönlichen Herrschaft etwa durch persönlichen Befehl. Stefan Krauth rekapituliert die tragfähigen marxistischen Kritiken der Rechtsform, insbesondere Eugen Paschukanis und seine Darstellung von «Freiheit» und «Gleichheit» als materielle Notwendigkeit der warenproduzierenden Gesellschaft. Demnach ist Recht nicht als eigentlich neutrales Werkzeug, das in der Hand der Herrschenden pervertierte, zu verstehen, sondern als Form, in der sich die Reproduktion der Produktionsbedingungen bewegt.

Schließlich wird das Recht auf zwei Ebenen aus herrschaftskritischer Perspektive hinterfragt: Erstens als «objektive» Herrschaft abstrakter Allgemeinheit, die das Gesetz mechanisch anwendet und dabei ohne Ansehung von Hautfarbe und Geschlecht den stummen Zwang der Verhältnisse umsetzt und damit verselbstständigte gesellschaftliche Herrschaft am Leben hält, und zweitens als «subjektiver» Exzess der grundlosen, von keinem Kalkül gedeckten, aber dennoch in Rechtsform und als Willkür anzutreffenden Gewalt.

Die Einführung deckt alle Rechtsgebiete ab und ist theoretisch fundiert. Der Wert des Buches besteht darin, dass der Autor Kenntnisse im Rechtlichen mit breiten Kenntnissen im Bereich der Politischen Ökonomie vereinigt und viele im Mainstream unterbelichtete Aspekte in dankenswerte Weise aufarbeitet.

Daniel Uhlig in «Kritische Justiz. Vierteljahreszeitschrift für Recht und Politik»

Agnolis Kritik des bürgerlichen Staats

Johannes Agnoli:
Staat und Kapital

142 Seiten, kartoniert, 16,80 EUR
ISBN 3-89657-171-0

Neu editierte Ausgabe von zentralen Texten Johannes Agnolis, die erstmals 1975 unter dem Titel «Überlegungen zum bürgerlichen Staat» erschienen sind. Der Aufsatz «Der Staat des Kapitals», basierend auf einer Vorlesung an der Universität Turin, gilt als Schlüsseltext materialistischer Staatstheorie. Darin legt Johannes Agnoli in seiner Bestimmung des Verhältnisses von Staat und Kapitalismus schlüssig dar, warum linke Regierungen, die das Wirtschaftssystem unangetastet lassen, notwendig scheitern müssen. Er umreißt ein notwendiges Antidot gegen die in der linken Staatstheorie vorherrschende Interpretation der Gramsci-Poulantzas-Linie, die die linke Bewegung nur als Partei im Parlament verortet. Im Text «Klasse und Staat in Deutschland» erklärt Agnoli streikenden Fiat-Arbeitern die BRD und diskutiert anschließend in hochspannender Weise mit ihnen die politische Strategie. Der Text «Revolutionäre Strategie und Parlamentarismus» schließlich handelt vom «historischen Kompromiss» in Italien und sagt weitblickend dessen Scheitern voraus.

In allen drei Aufsätzen stellt Agnoli Fragen, auf die die Linke tragischerweise auch 45 Jahre danach noch keine überzeugenden Antworten entwickelt hat.

Editiert und mit einem aktuellen Vorwort versehen von Michael Hewener.

Agnoli, Johannes:
Die Subversive Theorie.
«Die Sache selbst» und ihre Geschichte

266 Seiten, kartoniert, 18,80 EUR, ISBN 3-89657-066-8

... von Althusser bis Gramsci

Diethard Behrens
und Kornelia Hafner

Westlicher Marxismus

902 Seiten, englische Broschur,
39,80 EUR
ISBN 3-89657-083-8

Antonio Gramsci — Walter Benjamin — Galvano Della Volpe — Henri Lefèbvre — Jean-Paul Sartre — Lucien Goldmann — Louis Althusser — Lucio Colletti — Maurice Merleau-Ponty — Socialisme ou barbarie — und andere

Die AutorInnen gehen einem schillernden Begriff auf den Grund, dem so unterschiedliche Denker wie Althusser, Gramsci, Horkheimer und Adorno zugerechnet werden.

Von dem Philosophen Merleau-Ponty bereits in den 1950ern aufgebracht, wurde der Begriff vor allem durch Perry Andersons vielbeachtete Studie «Über den Westlichen Marxismus» (1978) populär und avancierte so in dessen Perspektive zum Synonym für einen «philosophischen» Marxismus, der die Marx-Rezeption im 20. Jahrhundert entscheidend beeinflusste.

Die AutorInnen zeichnen diese Rezeption sowie ihre politischen und theoretischen Ursprünge nach. Dabei wird auf die Vorgeschichte der Neuen Linken sowie auf einzelne Autoren wie Althusser und Gramsci eingegangen. Da für ein Verständnis der Auseinandersetzungen, die in der Neuen Linken über Ökonomie und Philosophie, Staat und Politik, Kultur und Ästhetik herrschen, eine genaue Kenntnis der «Westlichen Marxisten» unerlässlich ist, wird mit diesem Buch ein wertvolles umfassendes Standardwerk zur Verfügung gestellt.

schmetterling verlag

Gramcis Kritik des bürgerlichen Staats

Johannes Bellermann,
Gramscis politisches Denken
Eine Einführung

200 Seiten, kartoniert, 12 EUR
ISBN 3-89657-679-8

Antonio Gramsci ist eine linke Ikone. Er ist bekannt für seine Hegemonietheorie und steht für einen undogmatischen Weg zur Revolution. Er nahm in der italienischen Arbeiter*innenbewegung eine führende Rolle ein und starb als antifaschistischer Märtyrer. So relevant und populär sein Werk auch ist, so komplex und schwer zugänglich ist es auch.

Johannes Bellermann setzt Gramscis politisches Denken in den Kontext seines Entstehens und seiner Zeit – und beginnt damit weit vor den berühmten Gefängnisheften. Diese Einführung ist ein Wegweiser für alle, die Gramscis bedeutendes Werk wirklich verstehen möchten.

«Kenntnisreich zeichnet er nach, wann und wie Gramsci seine Theorien und Begriffe entwickelte: Integraler Staat, Organischer Intellektueller oder die ‹Superstruktur› (das Analogon zu Marx' Überbau). So erfüllt sein Band gleichsam exemplarisch das Ziel des Verlages, mit seiner vor elf Jahren aufgelegten ‹theorie.org›-Reihe ‹einen Einstieg in zentrale Themen linker Theorie› zu bieten.»
Ingo Arend in «die tageszeitung», 4.5. September 2021

«Es ist das Verdienst des Einführungsbandes von Johannes Bellermann, dass er Gramsci gewissenmaßen seiner eigenen Rezeptionsgeschichte entreißt. Das gelingt, indem er dem Leben des politischen Aktivisten und Journalisten Antonio Gramsci viel Raum gibt.»
Benjamin Opratko, «Philosophie der Praxis»

Peter Kropotkin

Die Eroberung des Brotes

Herausgegeben von Jürgen Mümken
237 Seiten, kartoniert, Euro 15.-
ISBN 978-3-86569-163-7

In *Die Eroberung des Brotes* umreißt Peter Kropotkin (1842-1921) seine Vorstellungen einer libertären Gesellschaft. Ausgehend von der Kritik der Verhältnisse am Ende des 19. Jahrhunderts entwickelt er die Utopie einer Gesellschaft, in der andere Eigentums- und Arbeitsverhältnisse existieren als im Kapitalismus. Ein zentraler Punkt bei Kropotkin ist die Ablehnung jedwedes Lohnsystems. Kropotkins Werk ist insofern nicht nur ein „Klassiker", der einen grundlegenden Beitrag zur Theorie des Anarchismus liefert, sondern enthält auch für aktuelle Debatten noch Denkanstöße.

Peter Kropotkin

Ethik

Ursprung und Entwicklung der Sitten
Vorwort von Michael Schmidt-Salomon
334 Seiten, kartoniert, Euro 18.-
ISBN 978-3-86569-160-6

Peter Kropotkin zeigt in seinem Spätwerk auf, wie eine Ethik zu begründen ist, die auf einer naturalistischen Basis beruht und ohne metaphysische, transzendente bzw. religiöse Fundierung auskommt. In einer großen historischen Perspektive geht Kropotkin dem Ursprung der Sitten nach und untersucht, wie durch die Jahrhunderte und Jahrtausende ethisches Denken von den Naturvölkern über die Antike bis in unsere Zeit sich entfaltet.

Peter Kropotkin

Gegenseitige Hilfe im Tier- und Menschenreich

Mit einem Vorwort von Franz M. Wuketits
ISBN 978-3-86569-905-7, 253 Seiten, kartoniert, Euro 16.-

Die *Gegenseitige Hilfe in der Tier- und Menschenwelt* ist nicht nur ein Klassiker der anarchistischen Literatur, sondern kann auch als früher Vorläufer soziobiologischen Denkens gelten. Geschrieben als Antwort auf zahlreiche Publikationen, die Darwins Evolutionstheorie zu einem menschenverachtenden Sozialdarwinismus verkürzen wollten, argumentiert Kropotkin, dass in Natur und Gesellschaft keineswegs nur ein Kampf aller gegen alle stattfindet, sondern dass ebenso ein kooperatives Prinzip obwaltet, das er „gegenseitige Hilfe" nennt.

Alibri Verlag, Fon (06021) 581 734, www.alibri.de